La puissance des émotions

Données de catalogage avant publication (Canada)

Larivey, Michelle
La puissance des émotions: comment distinguer les vraies des fausses

1. Émotions. I. Titre.

BF532.L37 2002 152.4 C2002-940024-4

DISTRIBUTEURS EXCLUSIFS:

- Pour le Canada
et les États-Unis:
MESSAGERIES ADP*
955, rue Amherst
Montréal, Québec
H2L 3K4
Tél.: (514) 523-1182
Télécopieur: (514) 939-0406
* Filiale de Sogides ltée

- Pour la France et les autres pays:
VIVENDI UNIVERSAL PUBLISHING SERVICES
Immeuble Paryseine, 3, Allée de la Seine
94854 Ivry Cedex
Tél.: 01 49 59 11 89/91
Télécopieur: 01 49 59 11 96
Commandes: Tél.: 02 38 32 71 00
Télécopieur: 02 38 32 71 28

- Pour la Suisse:
VIVENDI UNIVERSAL PUBLISHING SERVICES SUISSE
Case postale 69 - 1701 Fribourg - Suisse
Tél.: (41-26) 460-80-60
Télécopieur: (41-26) 460-80-68
Internet: www.havas.ch
Email: office@havas.ch
DISTRIBUTION: OLF SA
Z.I. 3, Corminbœuf
Case postale 1061
CH-1701 FRIBOURG
Commandes: Tél.: (41-26) 467-53-33
Télécopieur: (41-26) 467-54-66

- Pour la Belgique et le Luxembourg:
VIVENDI UNIVERSAL PUBLISHING SERVICES BENELUX
Boulevard de l'Europe 117
B-1301 Wavre
Tél.: (010) 42-03-20
Télécopieur: (010) 41-20-24
http://www.vups.be
Email: info@vups.be

Pour joindre l'auteur:
http://redpsy.com/mlarivey.html
lariveym@redpsy.com

Pour en savoir davantage sur nos publications,
visitez notre site: **www.edhomme.com**
Autres sites à visiter: www.edjour.com
www.edtypo.com • www.edvlb.com
www.edhexagone.com • www.edutilis.com

Dépôt légal: 1er trimestre 2002
Bibliothèque nationale du Québec

ISBN 2-7619-1702-2

L'Éditeur bénéficie du soutien de la Société de développement des entreprises culturelles du Québec pour son programme d'édition.

Nous reconnaissons l'aide financière du gouvernement du Canada par l'entremise du Programme d'aide au développement de l'industrie de l'édition (PADIÉ) pour nos activités d'édition.

MICHELLE LARIVEY

La puissance des émotions

Comment distinguer les **vraies** des **fausses**

LES ÉDITIONS DE L'HOMME

PRÉFACE

J'ai rencontré Michelle Larivey au début des années 1970. Elle travaillait alors avec Jean Garneau à l'Institut de formation par le groupe qui, à l'époque au Québec, était le phare de la psychologie humaniste. Pour ma part, après avoir œuvré douze ans en pédopsychiatrie comme travailleuse sociale et thérapeute auprès des familles, j'arrivais à l'Institut animée par un besoin de ressourcement. Et durant trois ans, je m'y suis formée.

C'est au cours de cette période, au contact de Michelle Larivey et de Jean Garneau, que j'ai apprivoisé mon monde émotionnel et appris à en reconnaître progressivement la valeur, l'utilité et l'importance pour mon équilibre mental. Grâce à mon travail de formation auprès d'eux et en me fondant sur mon expérience personnelle, j'ai découvert que les émotions ressenties sont une source de vitalité pour chacun, et que si elles restent refoulées, maintenues à l'écart ou non reconnues par la personne qui ne se les approprie pas, elles diminuent l'éventail des possibilités qu'offre la vie et peuvent être la cause de maladies mentales ou physiques et d'actes de violence.

Cette époque a été le début d'une libération personnelle et d'un changement de position intérieure face au monde émotionnel. Désormais, je tenais compte de la personne dans son processus de changement. Ce fut pour moi une étape importante qui, j'en suis sûre, a beaucoup influencé ma façon actuelle d'être analyste. J'en ai toujours gardé une profonde reconnaissance pour Michelle Larivey et Jean Garneau. C'est dans cet état d'esprit que j'ai accepté avec grand plaisir l'invitation que Michelle Larivey m'a adressée d'écrire quelques mots d'introduction à son nouveau livre, *La Puissance des émotions*.

Une caractéristique de Michelle Larivey est la préoccupation qu'elle a d'offrir aux personnes qui le souhaitent les outils nécessaires à leur développement personnel en partageant avec elles ses connaissances. Je me risquerais à dire qu'à travers tous ses écrits, elle travaille à démocratiser le monde des psychothérapeutes et celui de la psychothérapie, généralement fermés au grand public. Peu de professionnels en santé mentale écrivent sur l'univers émotionnel, et encore moins de façon rigoureuse et accessible, pour ceux qui ne font pas partie du monde « psy », pour le profane, celui qui consulte, devra consulter, ou ne consultera peut-être jamais. Michelle Larivey pense que l'individu peut faire une grande part de travail personnel seul, s'il dispose des instruments nécessaires. C'est pour cette raison qu'elle écrit comme elle le fait. En tant qu'analyste, je crois que beaucoup d'analysants auraient intérêt à apprivoiser leur monde intérieur avant d'entreprendre une analyse. Il me semble qu'ils perdraient moins de temps sur le divan s'ils savaient d'emblée faire la différence entre penser, sentir et agir, s'ils savaient déjà reconnaître, autant que faire se peut, la différence entre monde intérieur et monde extérieur. Ce faisant, une partie de leur peur de « leur inconnu » se transformerait peut-être en une curiosité intéressée par les manifestations de leur inconscient. Écrire « psy » pour le profane est extrêmement difficile. En effet, comment traduire en mots simples, non réducteurs, la complexité du monde émotionnel? Comment, par ailleurs, réussir à ne pas laisser entendre que la personne seule, dépourvue de soutien thérapeutique, peut tout? C'est le pari que Michelle Larivey me semble avoir gagné dans *La Puissance des émotions*.

Dans un ouvrage précédent, écrit en collaboration avec Jean Garneau, *L'Auto-développement,* on relevait une volonté franche de partager des connaissances, de donner à tout un chacun un outil pour reconnaître et suivre son propre processus intérieur. Dans l'écrit suivant, *Les Émotions source de vie,* c'était le monde émotionnel qui était abordé. *La Puissance des émotions* traduit une profonde volonté pédagogique. L'auteur déploie ici une grande rigueur dans sa manière de distinguer les types d'émotions et de révéler les quiproquos qui peuvent faire prendre pour une émotion ce qui n'en est pas, de nous apprendre à différencier les attitudes défensives qui masquent des émotions enfouies, refoulées et qui font peur. Le lecteur s'aventurant ici sera récompensé, car éclairé sur lui-même. Il se sentira pris dans une histoire, la sienne, pleine de rebondissements, de secrets à décrypter. Bref, à cette lecture, il se sentira intéressé, impliqué, vivant.

Michelle Larivey partage ce qu'elle sait avec générosité. Elle réussit à mettre à la portée de tout le monde un univers riche, complexe, en le rendant accessible et passionnant sans pour autant laisser entendre que ce travail personnel «guidé» peut remplacer une psychothérapie.

Jacqueline C. Prud'homme, t.s.
Psychanalyste et thérapeute familiale

Introduction

Nous savons que les problèmes de santé mentale prennent leur source dans la vie affective et se manifestent par des dérèglements du processus émotionnel. Dans la schizophrénie, par exemple, les émotions sont totalement réprimées. La personne est en proie au délire et aux hallucinations; elle est également envahie par une angoisse insoutenable. Les mécanismes de l'obsession et de la compulsion servent essentiellement à éviter de ressentir. Chez certaines personnes, l'ampleur et la constance de l'évitement sont si considérables que leur vie en est totalement perturbée. Elles diront qu'elles ne fuient pas leurs émotions puisqu'elles sont assaillies par l'angoisse, la culpabilité, la douleur et le découragement. En fait, l'angoisse et la culpabilité, comme plusieurs autres expériences émotionnelles, ne sont pas des émotions, mais bien des effets de la répression émotionnelle.

Chez la plupart d'entre nous, le fait de négliger notre vie émotive provoque des problèmes moins dramatiques mais qui influent tout de même sur notre qualité de vie. Fortes tensions, anxiété, maladies psychosomatiques, dépression, *burnout,* usure émotionnelle due à la retenue, crises de panique, phobies sont vécus de nos jours par un nombre grandissant de personnes. Ces maux sont attribués au siècle dans lequel nous vivons, à l'inévitable stress qui le caractérise. Le stress n'est pas une émotion, mais bien l'effet de la compression que les exigences extérieures imposent à nos émotions. Ce qu'il faut, ce n'est donc pas éliminer le stress; c'est être en contact avec nos émotions et *nous servir de l'information qu'elles contiennent pour agir sur le stress en tenant compte de nos besoins.* La qualité de notre vie repose en grande partie sur cette capacité.

Il ne fait pas de doute, aux yeux des spécialistes de la santé mentale, que la perturbation des processus émotionnels est au cœur des problèmes psychologiques. Mais la connaissance de la fonction des émotions dans l'organisme humain n'est pas encore suffisamment répandue pour avoir un effet manifeste sur la qualité de vie de nos sociétés. Cela est tellement vrai, que c'est souvent sur recommandation du médecin que les gens absorbent (parfois à contrecœur) les médicaments qui feront disparaître les symptômes émotionnels du mal-être. Ainsi, l'antidépresseur sert à éliminer la douleur de vivre, la dépression, la tristesse et même la panique et les phobies. L'anxiolytique réduit l'anxiété et l'angoisse. Les barbituriques permettent de faire échec à l'insomnie souvent révélatrice de problèmes latents. Cette tendance se généralise: par les temps qui courent, une publicité télévisée nous invite à essayer «gratuitement» un antidépresseur à la mode. C'est le moyen moderne de trouver ou de retrouver la joie de vivre!

Nous ignorons que nos émotions nous sont indispensables pour nous guider dans nos actions. Nous ignorons également que les préoccupations qui surgissent ou qui nous assaillent lorsque nous faisons la sourde oreille, sont des messages (et parfois des cris) de notre «tendance actualisante», cette force de vie décrite par Maslow[1], qui ne cessera pas, tant que nous serons vivants, de nous

1. Abraham H. MASLOW, *Motivation and personality,* New York, Harvard, 1954. Jean GARNEAU et Michelle LARIVEY, «Une théorie du vivant», http://redpsy.com/infopsy/vivant.html

pousser à maximiser notre vie. De plus, nous savons peu de chose sur le processus par lequel l'émotion évolue. Par conséquent, nous ne savons pas comment intervenir pour le faciliter. Bref, bon nombre d'entre nous ne savent pas comment composer avec leurs émotions pour qu'elles deviennent un atout dans leur vie.

Ce que nous avons appris sur la vie émotionnelle nous vient de notre famille et de notre culture. Nous reprenons donc à notre compte les problèmes de notre milieu à ce sujet, et héritons de ses préjugés. L'école consacre un temps considérable à nous fournir des connaissances sur tous les sujets se rapportant à la vie en général, mais les apprentissages concernant la vie émotionnelle y sont à peu près inexistants.

Par ailleurs, pour nous servir efficacement de nos émotions, nous devons savoir distinguer les expériences émotives qui sont réellement des émotions de celles qui n'en sont pas. Dans ce cadre, tenter de ressentir son angoisse est une aberration, car l'angoisse n'est pas une émotion. Cela ne pourra que nous conduire à une plus grande angoisse, encore plus stérile. Il est difficile également de ressentir la culpabilité de manière productive parce que la culpabilité est composée de diverses expériences auxquelles il faut avoir accès pour pouvoir évoluer intérieurement.

C'est en constatant de tels culs-de-sac qu'en tant que psychothérapeute, j'ai commencé à vouloir voir plus clair dans les émotions. Mes observations cliniques, autant que les influences de la psychanalyse, de la Gestalt et de l'analyse bioénergétique, ont alimenté mes réflexions durant un quart de siècle. Mais ce livre n'aurait jamais vu le jour si je n'avais assimilé la technique d'*experiencing* d'Eugene T. Gendlin[2]. C'est grâce à l'influence de ce disciple de Carl Rogers, le premier à introduire la notion de *processus émotionnel* en psychothérapie, que je me suis intéressée de

2. Eugene T. GENDLIN, *Le focusing,* Montréal, Le Jour éditeur et Actualisation, 1992.

façon toute particulière à ce sujet. C'est en maîtrisant l'*experiencing* que j'en suis arrivée à saisir certaines dimensions et nuances de l'expérience émotionnelle.

Les nombreuses discussions avec mes collègues de même que des ateliers de formation que nous dispensons à nos stagiaires en psychothérapie à Ressources en développement m'ont aussi permis d'approfondir et de raffiner ma compréhension des phénomènes émotionnels. Le manuscrit qui voit le jour dans ces pages a donc été «cent fois remis sur le métier». Publié par tranches dans la revue électronique *La lettre du psy* depuis septembre 1997, il s'est avéré fort utile. Le Guide des émotions est la deuxième section la plus visitée de notre site Web. Ce fait, ainsi que les témoignages sur l'aide précieuse qu'il constitue, a grandement contribué à ma détermination à porter ce livre à terme. Des commentaires tels que ceux-ci ont constitué un puissant stimulant pour moi.

> *Merci ! Grâce à vous, je suis maintenant en mesure de cerner mes émotions et de coller de plus en plus à ma vraie nature.*

> *Un soir, j'ai tapé «tristesse» et j'ai atterri sur votre site. Depuis, j'ai de la difficulté à m'en séparer. En deux jours, grâce à vous, j'ai entrepris un ménage exceptionnel dans le fouillis de mes émotions. J'y vois enfin clair ! Grâce notamment à votre classification. Vos articles sont riches d'informations, simples et efficaces à la fois. Qu'une émotion soit la traduction d'un besoin et qu'elle soit vitale, bon sang mais c'est bien sûr ! Qu'elle ait une vie, comment n'y avais-je pas pensé ! Ce n'est pas évident d'échapper au piège de la formulation négative. J'ai fait le pari avec moi-même que je ne considérerai jamais plus mes émotions comme des intruses…*

Je suis très sensible à la volonté qui vous anime de donner à chacun la possibilité d'accéder dignement à une meilleure connaissance de soi et, par là, à plus de pouvoir sur sa propre vie.

Je comprends maintenant le rôle de mes émotions et pour moi, c'est une découverte extraordinaire !

Démystification et vulgarisation sont à mon avis de belles qualités que vous parvenez à mettre en valeur d'admirable façon, sans être réductionniste.

Je considère que le fait de recevoir de telles réactions est une opportunité extrêmement précieuse pour un auteur. J'apprécierai vivement les commentaires, les critiques et les témoignages des lecteurs. La recherche fine sur les émotions est une chose à poursuivre et nous avons besoin de l'expérience des humains pour le faire.

Michelle Larivey

CHAPITRE PREMIER

Les genres d'émotions

Les émotions sont indispensables à la vie. Elles s'apparentent à des guides dont la fonction consisterait à nous aider à répondre à nos besoins d'êtres vivants. Mais il existe toutes sortes d'expériences émotives. Certaines proviennent du refoulement d'émotions. D'autres sont faites pour empêcher de ressentir les émotions réelles, comme nous le verrons à propos de certaines émotions mixtes.

Aux psychothérapeutes qui accordent une importance aux émotions, de même qu'à tous ceux qui s'intéressent à leur vie émotionnelle et à leur développement psychique, les distinctions apportées peuvent s'avérer utiles. Elles leur permettront de mieux se servir des informations que leur fournissent les émotions.

Le présent chapitre présente une catégorisation des expériences émotionnelles. L'objectif essentiel de cette classification est de permettre de distinguer les émotions réelles de celles qui n'en sont pas[3]. Avant d'entrer dans le vif du sujet, il convient de distinguer les expériences émotives que l'on appelle «sentiments» des émotions.

---

3. La fonction des émotions et les problèmes engendrés par les émotions mises de côté ou vécues incomplètement sont des thèmes abordés par trois ouvrages se situant dans la même optique que celui-ci : Jean GARNEAU, Michelle LARIVEY, *Savoir ressentir* (programme d'auto-développement), Montréal, Red éditeur, 1994, 2001, http:/redpsy.com/letpsy/index.html; Jean GARNEAU, Michelle LARIVEY, Gaétane LA PLANTE, *Les Émotions source de vie,* coll. La lettre du psy, Montréal, Red éditeur, 2000 ; Jean GARNEAU, Michelle LARIVEY *et al., L'Enfer de la fuite* (à paraître), Montréal, Red éditeur, 2002.

SENTIMENT, ÉMOTION ET EXPÉRIENCE ÉMOTIVE

Il existe une différence entre sentiment et émotion. Le sentiment se réfère à une expérience émotionnelle s'apparentant à un *état* émotif: la tendresse, l'affection ou l'amertume, par exemple. Ces expériences, contrairement aux émotions, ne s'accompagnent pas de multiples sensations corporelles fortes. Même lorsqu'il devient intense, le sentiment n'a pas le caractère envahissant de l'émotion. Il faut une écoute attentive de soi pour en prendre conscience et le ressentir. *Délicatesse* et *subtilité* caractérisent les sentiments. Nous parlons d'ailleurs de personnes sentimentales pour dire qu'elles sont faciles à atteindre, à émouvoir, à attendrir et qu'elles valorisent la subtilité émotionnelle.

L'émotion renvoie au contraire à une réaction intérieure vive, caractérisée par son intensité. Elle est ponctuelle alors que le sentiment est plus durable. Elle s'accompagne de réactions physiques plus ou moins nombreuses et fortes. C'est le cas de la peine, de la colère, de la rage, de la peur. L'émotion surgit et parfois envahit, contrairement au sentiment qui s'installe plus discrètement même s'il est important.

Les deux termes seront employés presque indifféremment dans ce livre pour éviter les répétitions. Cela ne pose pas de problème, car la fonction que les sentiments et les émotions remplissent dans l'organisme est identique, de même que la façon dont nous pouvons nous y rapporter pour comprendre notre expérience.

Quant à l'expression «expérience émotive», elle sera utilisée dans cet ouvrage pour désigner plusieurs choses. Du latin *experiencia,* signifiant «faire l'essai de», le mot expérience se réfère à ce qui est éprouvé, expérimenté, ressenti. La locution «expérience émotionnelle» désigne donc parfois l'émotion elle-même (comme la tristesse), d'autres fois une expérience diffuse et les multiples sensations qui l'annoncent ou en découlent (comme l'angoisse), parfois enfin un ensemble d'émotions et de sensations vécues, alimenté par des pensées ou entraînant des pensées (comme la panique). Le terme d'« expérience » n'est donc pas un équivalent du terme *experiencing* employé par Eugene T. Gendlin[4]. Il désigne plutôt le *résultat* du processus d'*experiencing*. Pour ce qui est de la locution « expérience immédiate », elle sera employée dans le même sens qu'en Gestalt, désignant l'expérience qui se déroule et qui change continuellement au fil du présent immédiat. Enfin, « se centrer » signifie faire soigneusement et volontairement porter son attention sur son expérience immédiate dans le but de l'accueillir afin d'y accéder.

Les références au processus émotionnel dans les sections Que faire ? se rapportant à chacune des émotions concerneront toujours le « processus naturel de croissance[5] ». Ce dernier porte maintenant le nom de « processus vital d'adaptation[6] ». Il est décrit succinctement au chapitre II.

Il n'y a pas de vérité absolue dans les descriptions des expériences émotionnelles rapportées dans ce livre. Le vécu émotionnel est complexe et multidimensionnel. Il est possible que le lecteur qui prête attention à son expérience trouve des différences importantes entre ce qu'il vit et ce qui est présenté ici. Si son expérience contredisait ce qu'il lit, il devrait se fier à sa propre expérience plutôt que de tenter de se conformer au livre.

---

4. Eugene T. GENDLIN, *Experiencing And The Creation Of Meaning,* New York, Free Press, 1962.
5. Jean GARNEAU, Michelle LARIVEY, *L'Auto-développement: psychothérapie dans la vie quotidienne,* Montréal, Red éditeur, 1979.
6. Jean GARNEAU, Michelle LARIVEY, « L'Auto-développement 20 ans après », *Revue québécoise de psychologie,* vol. 20, nº 1, 1999, p. 65-96.

L'IMPORTANCE DES ÉMOTIONS

Les émotions, comme les sensations, nous habitent constamment:

> *La discussion m'ennuie alors que l'homme que j'aime m'attend pour dîner. La décision est facile à prendre: je quitte la réunion et je me rends chez lui.*
> *Mon enfant est malade, je suis inquiète. Malgré mon immense fatigue, j'accepte les nuits blanches qu'il m'impose.*

Voilà deux décisions prises à partir de l'information fournie par les émotions.

La plupart des émotions passent presque inaperçues, car elles ne posent pas de problème. C'est lorsqu'elles nous dérangent que nous élevons des objections, tentons d'y mettre un terme, de les manipuler ou de les transformer artificiellement. Pourtant, qu'elles nous dérangent ou non, elles jouent le même rôle, et celui-ci est capital.

Un système d'information

Les émotions sont aussi importantes pour nous orienter sur le plan psychique que les sensations le sont sur le plan physique. Elles nous montrent que nous sommes «atteint» par des événements. Leur intensité nous indique combien fortement et profondément nous sommes touché. L'intensité de l'émotion est donc révélatrice de l'importance de ce que nous vivons. En effet, si un geste, un événement nous atteint, c'est qu'il résonne en nous, qu'il revêt une signification subjective particulière. Or, ce qui nous touche correspond à un besoin. Il peut s'agir d'un besoin plus ou moins important, mais il est certain qu'il l'est suffisamment pour que nous soyons remué sur le plan émotif.

Mon employeur annonce une mise à pied prochaine. Si je viens de gagner un gros lot, cela ne m'affecte aucunement. Mais si je n'ai rien gagné et que par ailleurs je viens d'acheter une maison, je me ferai sans doute du mauvais sang. Dans ce cas, mon équilibre, lié à mon sentiment de sécurité, est menacé. La situation éveille mon besoin actuel de sécurité.

Le besoin révélé par une émotion est toujours un besoin actuel, comme c'est le cas pour les sensations. Les sensations sont elles aussi ressenties dans le présent et nous informent de la situation immédiate. Chaque genre de sensations fournit des renseignements particuliers qui nous permettent de tenir compte de nos besoins physiques et physiologiques.

Je vois un trou sur la chaussée, j'allonge le pas pour l'enjamber.
J'éprouve un inconfort au niveau du dos, je change de position.
Mon estomac gargouille, je sais que j'ai faim.
Je sens que je perds l'équilibre, j'essaie de me rattraper par divers mouvements.

Tout comme nous disposons de plusieurs types de sensations (vue, ouïe, odorat, toucher, goût, mouvement) internes qui nous informent sur différents aspects de la réalité, nous éprouvons divers types d'émotions qui nous renseignent sur les dimensions multiples de notre existence. Ainsi, la tristesse révèle un manque affectif, l'impatience est une réaction à l'absurdité d'une situation, la colère surgit parce qu'un obstacle s'oppose à la satisfaction.

Les émotions surviennent à l'occasion d'un contact avec le monde extérieur, mais elles peuvent aussi être suscitées par ce qui se passe en nous. Par la seule pensée, nous pouvons déclencher une émotion :

Un souvenir ravive ma nostalgie.
Constater que je reproduis un comportement inadéquat me découragе.
L'idée que mon ami pourrait se mettre en colère m'affole.
Anticiper sa présence m'excite.
Je me sens coupable d'un fantasme.
Je m'en veux d'être jalouse de ma sœur.

Le vécu corporel peut aussi déclencher des émotions :

Mon mal de dent m'exaspère.
Dès que je commence à avoir de la difficulté à respirer, je m'affole.
J'ai encore la migraine et ça me déprime.
Les symptômes de ma maladie réapparaissent : j'ai très peur.

Nos émotions ne sont pas toujours faciles à vivre. Celles qui sont déplaisantes sont généralement considérées comme étant « négatives ». Il n'existe pourtant pas d'émotions positives et négatives au sens de valables ou non. Toutes sont bonnes et utiles. L'important est d'avoir à leur égard une attitude qui permette de bien les décoder. Nous verrons dans cet ouvrage qu'il n'est pas rentable de faire obstacle à ce que nous ressentons, ou de tenter de le transformer artificiellement. Il est bien préférable, pour notre équilibre psychique, que nous acceptions nos émotions telles qu'elles sont, car elles constituent un instrument précieux, propre à nous orienter. Les exemples qui suivent nous le montrent :

La tristesse m'envahit. Elle me fait prendre conscience, encore une fois, du grand vide de ma vie. Je sais que j'ai besoin de tendresse, je sais même ce que j'ai à faire pour m'occuper de ce besoin.

Mon impatience me dit non seulement que je suis en train de perdre mon temps, mais aussi quelle est ma priorité actuelle. Assister à la joute verbale de mes deux collègues ne m'intéresse aucunement, d'autant que je suis coincé par une échéance importante. J'ai actuellement le choix entre faire avancer la réunion ou la quitter.

Me laissant aller à mon découragement, je me suis rendu compte que je m'y prenais toujours de la même façon pour engager une relation avec une fille… et que de cette manière, les choses ne marchent jamais ! Cela me met devant l'alternative qui me fait peur (et que j'ai tenté d'éviter jusqu'ici), mais y faire face est mon seul espoir pour qu'autre chose se passe.

La peine que j'ai à l'idée que mon ami pourrait me rejeter me donne l'occasion de mesurer l'importance que revêt cette relation pour moi. Il me semble nécessaire de lui dire combien je tiens à lui.

Un système de communication

Nous sommes ébahi par la variété des sons qui semblent servir aux échanges chez les cétacés. Nous devrions être médusé par l'ampleur et la sophistication du registre émotionnel humain ! Nous disposons d'une quantité phénoménale de mots et d'expressions pour rendre compte des nuances multiples de nos joies et de nos peines. Les mots et les autres formes d'expression de nos sentiments servent aussi à nous « dire » aux autres.

Cette musique me transporte.
J'ai à cœur de te remettre un travail de grande qualité.
Je tiens à obtenir ce contrat.
Je suis fière de toi, mon fils.

J'admire ta compétence.
Ton soutien m'est précieux.
Je t'aime et je serai toujours là pour toi.

Sans émotion, nos échanges seraient fades. Imaginons seulement que tous les gens avec lesquels nous sommes en rapport nous soient indifférents. Quel ennui ! Imaginons que les livres, les œuvres d'art, les films, la musique ne déclenchent aucune émotion en nous. Quel vide ! Imaginons une relation amoureuse exempte d'émotion. À l'évidence, ce ne serait pas une relation amoureuse. Ce sont les émotions qui font que nos relations avec les autres sont riches. À ce titre aussi, elles ont une valeur inestimable. Plus nous sommes capable de les ressentir, plus nous sommes en mesure de nous nourrir sur le plan affectif. Nous nous alimentons par le biais de notre expression ou de celle des autres parce que nous *absorbons,* en quelque sorte, en ressentant. Plus nous sommes capable d'exprimer et d'extérioriser nos émotions, plus le contact avec nous est enrichissant pour ceux qui nous côtoient. Entre autres parce que nous leur communiquons des choses qui sont importantes pour nous, leur donnant ainsi accès à notre vie intérieure. Or, ce que nous vivons les concerne souvent.

Quatre genres d'expériences émotives

Dans ce livre, les expériences émotionnelles sont divisées en quatre genres. En premier lieu sont présentées les émotions proprement dites, les *émotions simples.* Leur composition les rend faciles à ressentir. Et c'est ce qu'il y a de mieux à faire, dans un premier temps, avec une émotion[7].

7. Jean GARNEAU, « La vie d'une émotion », *Les Émotions…*, *op. cit.*, p. 49-69.

Suivent, en deuxième lieu, les *émotions mixtes*. Elles contiennent des émotions simples, mais souvent beaucoup d'autres choses qu'il est nécessaire d'identifier. Nous devons absolument décomposer nos expériences émotives jusqu'à leur plus simple expression de façon à en dégager l'émotion essentielle et à pouvoir ressentir celle-ci.

En troisième lieu viennent les *contre-émotions* ou manifestations de résistance émotionnelle. Il s'agit des phénomènes, souvent à dominance corporelle, qui proviennent du blocage du processus émotionnel. Ces expériences corporelles doivent être traitées de telle façon que l'émotion ou l'expression refoulée ou réprimée puisse être identifiée.

Enfin, en quatrième lieu, dans la catégorie *pseudo-émotions,* sont regroupées diverses expériences qui n'ont des émotions que l'apparence. Nous devons absolument les traduire en langage émotionnel si nous voulons avoir complètement conscience de notre expérience et lui permettre d'évoluer.

LES ÉMOTIONS SIMPLES

Elles se divisent en deux grandes classes, les positives et les négatives. Les positives rendent compte de la satisfaction, les négatives, de l'insatisfaction. Chacune de ces classes comprend trois catégories.

Les émotions qui se rapportent au besoin lui-même sont *les émotions par rapport au besoin*. Celles qui se rapportent au responsable de la satisfaction ou à ce qui y fait obstacle sont les *émotions par rapport au responsable ou à l'obstacle*. Enfin, celles qui ne portent pas sur le présent mais sont déclenchées par l'imagination sont appelées les *émotions d'anticipation*. Voyons de plus près en quoi consistent ces distinctions.

L'émotion : indicateur de satisfaction ou d'insatisfaction

L'organisme vivant, que ce soit sur le plan physique ou sur le plan psychique, est toujours dans un équilibre instable parce qu'il est assailli par une multitude de besoins. Quand ces besoins sont satisfaits, il se trouve en équilibre, mais dès qu'un nouveau besoin apparaît, l'équilibre est rompu. Dans ce cadre, la petite plante sauvage aussi bien que l'humain le plus évolué a pour tâche de veiller à ses besoins si elle veut demeurer en vie. Se maintenir en vie, croître et maximiser son potentiel est le devoir de tout organisme vivant. L'arbre doit assimiler l'eau, les minéraux et la lumière pour survivre et grandir. Il doit capter le gaz carbonique et produire de l'oxygène. Il est indispensable qu'il s'adapte au lieu où il se trouve, en contournant des pierres s'il le faut, pour trouver le soleil et pousser.

Pour l'humain et pour les animaux, se maintenir en vie signifie répondre à leurs besoins de maintien et de croissance sur le plan physique autant que psychique. De nombreux besoins physiques sont impérieux et les négliger aurait des conséquences si graves qu'on les prend volontiers en charge. Il est clair, par exemple, que le sommeil est une nécessité, et qu'on ne peut vivre sans se nourrir de façon appropriée. Sur le plan psychique, ce sont nos émotions qui sont chargées de nous révéler si nos besoins sont satisfaits ou non et à quel degré ils le sont.

Je m'aperçois que j'éprouve le besoin d'un contact stimulant parce que ma solitude me pèse et que j'ai soudain envie de voir quelqu'un. Si je m'adresse à un ami qui est plutôt demandant, je réaliserai rapidement que mon besoin n'est pas satisfait. Je m'impatienterai et trouverai pénible sa demande d'être écouté. Mes sentiments m'auront informé et de mon besoin et de la qualité de ce que j'ai fait pour y répondre. En fait, mon impatience me dit que je n'ai pas trouvé la réponse appropriée.

Nous connaissons parfois des états de grand manque, comme c'est le cas dans la dépression. Ce n'est pas parce que nous ne sommes pas un professionnel de la psychologie que nous sommes démunis devant ces états. C'est plutôt parce que nous ne nous fions pas aux émotions que nous éprouvons. Il faut toutefois dire que le décodage est parfois rendu difficile parce que le langage que nous employons pour nommer ce que nous ressentons n'est ni adéquat ni précis.

Les émotions ont donc pour fonction de nous dire notre *degré de satisfaction,* et cela, de façon continue. Les *positives* signalent la satisfaction, et les *négatives,* l'insatisfaction. Pour marquer la satisfaction, nous disposons d'une variété de sentiments qui s'étendent du simple contentement à l'euphorie. Entre ces deux extrêmes, il s'en trouve un grand nombre parmi lesquels : le plaisir, la joie, le ravissement, la jouissance. Chacun d'entre eux traduit une expérience différente en nature et en intensité, mais tous sont indicateurs de satisfaction.

Pour marquer *l'insatisfaction,* il existe aussi une longue série d'émotions allant du simple mécontentement à la rage et à la douleur. Entre celles-ci se situent l'ennui, la tristesse, la déception, la mélancolie, la colère, etc. Chaque émotion de ce répertoire traduit aussi un vécu différent en nature et en intensité, mais elle exprime toujours l'insatisfaction.

Les émotions et les besoins

Certaines émotions témoignent directement du besoin. C'est le cas de la tristesse, de l'ennui, de l'impatience, du mécontentement, de l'écœurement. En voici quelques exemples :

> *Mon ami vient d'avoir des propos blessants à mon égard, je suis extrêmement triste. Moi qui ai tant besoin d'affection, je trouve insupportable d'être rudoyée si souvent par lui.*

Je m'ennuie terriblement au travail. Le temps me paraît long, car il n'y a rien d'intéressant dans ce que je fais.
Je suis exaspéré par cette discussion stérile. J'espérais une solution qui ne vient pas.
Je suis mécontente de mes résultats d'examen. Ces résultats ne me conviennent pas.
J'en ai assez de porter les problèmes de tout le monde sur mon dos. J'en ai trop fait. J'ai dépassé mes limites, je suis écœuré et j'ai le sentiment d'un trop-plein.

Les émotions positives ont leur équivalent :

Je suis contente de mon article. J'ai réussi à rendre clair un sujet difficile.
Je suis joyeux, rempli par l'affection de cet homme qui est comme un père pour moi.
J'ai un plaisir fou à faire ce que je fais.

Dans tous ces cas, mon sentiment rend compte du besoin satisfait. J'avais à cœur de bien réussir mon article. J'y suis arrivée. J'ai besoin de me sentir aimé. Ce besoin est rempli par mon ami. Ce que je fais correspond à ce que j'aime. J'adore cela !

Le seul fait de ressentir nos sentiments nous donne un accès direct au besoin. C'est si clair que lorsqu'il s'agit d'une insatisfaction, il est facile d'identifier la direction à prendre pour remédier à la situation :

Pour que ma tristesse disparaisse, je dois trouver le moyen de me nourrir davantage dans cette relation ou dans une autre.
Mon ennui ne disparaîtra que si je dois relever de nouveaux défis au travail.

Il me faudra mettre fin à cette discussion stérile pour faire cesser mon exaspération.
Je ne puis rien faire pour les résultats de ces examens. Je devrai donc travailler doublement pour me rattraper dans les prochains.
Mon exaspération ne diminuera que si je cesse de faire ce qui ne me convient plus.

Les émotions, ce qui en est responsable et ce qui y fait obstacle

Certaines émotions reflètent nos réactions à ce que nous identifions comme étant la *source* de notre contentement ou un *obstacle* à ce dernier. La source, autant que l'obstacle, peut être soi-même, une autre personne ou une personne morale (une institution, un groupe). L'affection, la fierté, l'amour sont du nombre des émotions positives éprouvées à l'égard du responsable de notre satisfaction. L'impatience, la colère et la haine font partie des émotions négatives liées à l'obstacle :

J'ai raté mon train et j'en veux à l'individu discourtois qui est monté dans le taxi que j'ai hélé. Je m'en veux aussi de l'avoir laissé faire.
J'ai une immense affection pour cet enfant. Je lui attribue une partie de mon bonheur de vivre parce qu'avec lui je me sais utile et aimée.
Je suis fier de ce que j'ai accompli jusqu'ici dans ma vie. Je reconnais mes efforts et ma persévérance dans l'exigence de qualité que je poursuis.
Je suis en colère contre la collègue de mon mari avec laquelle il a l'air d'aimer passer tout son temps. Je lui en veux, car je pense qu'elle est responsable de la détérioration de notre couple.

Les émotions que suscitent la source et l'obstacle nous informent également sur notre besoin, mais cette information ne se situe pas au premier plan. Pour cette raison, il peut nous arriver de perdre notre besoin de vue et de nous acharner à retrouver la source ou à éliminer l'obstacle. Dans ces deux cas, il est possible que nous fassions fausse route pour arriver à la satisfaction.

Si je m'impatiente parce que je trouve la discussion inutile et que ma solution consiste à accuser les autres d'insipidité, il y a de fortes chances que je ne sois pas satisfait. Si, au lieu de m'attaquer à l'obstacle, j'introduis un sujet qui me tient à cœur et que je m'efforce de gagner l'adhésion des membres du groupe, j'ai davantage de chances d'être satisfait.
De la même façon, la colère que j'éprouve contre la collègue de mon mari me dit que je la rends responsable des difficultés qu'éprouve notre couple, et que cette détérioration m'affecte beaucoup. Je pourrais ne tenir compte que de ma colère et consacrer toute mon énergie à détruire l'image de cette femme auprès de mon mari. Dans ce cas, on dira avec raison que l'arbre cache la forêt, parce que ce n'est pas en mettant toute mon énergie à lutter contre cette femme que je redonnerai vie à mon couple.

Les émotions d'anticipation

Les émotions de cette catégorie concernent ce qui pourrait survenir. Elles sont donc déclenchées par un mécanisme intellectuel, soit l'imagination. Il est important de reconnaître ce type de sentiments afin de les utiliser pour ce qu'ils sont.

L'anticipation peut être positive comme dans les émotions de type désir : l'excitation, l'appétit. Elle peut être négative comme dans le cas de l'inquiétude, de la peur, de la panique, de la terreur. Ou encore mixte : le trac est fait à la fois de la crainte d'échouer et de l'excitation à l'idée de réussir.

Bien que les émotions de cette catégorie reposent sur l'imagination, elles nous donnent autant d'indications que les autres sur nos besoins. La peur, par exemple, nous permet d'identifier un danger potentiel et de prendre des mesures pour y faire face en protégeant ce qui nous importe. De ce fait, elle met en lumière ce qui nous est cher. Il arrive même que la peur nous révèle nos besoins de façon surprenante :

> *Je pensais ne plus éprouver de sentiments amoureux pour mon épouse. Voilà qu'elle est menacée du cancer et que la peur de la perdre m'envahit.*

Même lorsqu'elles sont irréalistes, nos peurs nous permettent d'identifier ce à quoi nous tenons. Elles sont donc précieuses. Quoi qu'en disent les tenants de la pensée positive, c'est la conscience que nous avons de nos peurs et la façon dont nous agissons à partir d'elles qui peuvent s'avérer inefficaces, et non nos peurs elles-mêmes ou le fait de les ressentir.

LES ÉMOTIONS MIXTES

Elles ont l'apparence d'émotions. Elles sont souvent un amalgame d'émotions et de subterfuges que nous utilisons pour nous voiler ce que nous éprouvons réellement. Le procédé est parfois assez efficace pour déjouer notre propre vigilance. Et à moins d'avoir affaire à des gens avertis, nous bernons aussi les autres. Certaines de ces expériences sont en partie défensives.

Contrairement aux émotions simples, dont le but est de nous informer, on pourrait dire de certaines émotions mixtes qu'elles tentent de nous «désinformer». Il faut donc les examiner soigneusement afin d'identifier de quoi elles sont faites. À défaut de quoi, elles peuvent nous maintenir dans la stagnation.

Savoir précisément de quoi elles sont composées permet également de comprendre pourquoi elles ont un effet pernicieux sur nous et sur nos relations. La reine des émotions mixtes est sans doute la culpabilité. Mais il faut distinguer la culpabilité saine de celle qui est malsaine. La jalousie, le mépris, la pitié, le dégoût et la honte font aussi partie de cette boîte à malice.

LES CONTRE-ÉMOTIONS

Les expériences relevant de cette catégorie sont à forte composante corporelle. Elles désignent différents *malaises* résultant du fait que nous avons repoussé une émotion ou empêché son expression. Il peut s'agir d'une émotion que nous avons réussi à faire disparaître (en ce cas, nous parlerons de refoulement) ou, plus simplement, que nous cherchons à minimiser, à étouffer ou à censurer. Il peut aussi s'agir d'une préoccupation importante dont nous voulons nous détourner.

Certains des phénomènes corporels de cette catégorie sont considérés comme des émotions à cause de leur portée émotionnelle. L'angoisse en fait partie. En fait, l'angoisse consiste en une peur diffuse accompagnée d'un inconfort physique plus ou moins intense résultant du fait qu'un sujet important de notre vie se trouve ignoré ou négligé. Les symptômes physiques reliés à l'angoisse sont très pénibles et parfois même incommodants. Ils suscitent de la peur, parfois même de la panique chez celui qui les vit. L'angoisse est un phénomène très répandu. Malheureusement, de plus en plus de personnes fuient systématiquement leurs préoccupations majeures et, en conséquence, sont en proie à des crises de panique. La peur de ces crises les porte à éviter toute situation où elles sont susceptibles de se produire. Voilà comment certaines phobies voient le jour.

Outre l'angoisse, cette variété de manifestations comprend la fébrilité, l'anxiété, la tension musculaire. Qui n'a pas connu la douleur dans le dos, la migraine du conflit, la tension à la nuque, la mâchoire barrée, le nœud à l'estomac ? La surexcitation, la difficulté de concentration et d'attention, la perte de conscience, quand elles ne sont pas dues à des troubles d'ordre physique, peuvent être considérées comme résultant d'émotions refoulées ou mises de côté.

Les mêmes symptômes physiques peuvent prendre place lorsqu'on s'efforce non pas de repousser ce qui est ressenti, mais d'en éviter l'expression. La tension musculaire sert aussi à contenir ou à empêcher l'expression émotionnelle : *Je suis très en colère, je parle les dents serrées.* Le bégaiement est une illustration spectaculaire de ce genre de retenue. À d'autres moments, le contrôle que nous exerçons sur notre expression est tel que nous avons l'impression d'être figé, paralysé. Des maux de tête, des nausées sont parfois la manifestation d'un vécu auquel nous n'osons pas être fidèle : *J'en ai assez de cette corvée, mais je n'ai pas le courage de dire non. Il en résulte un mal de tête débilitant.* On connaît aussi la boule dans la gorge provoquée par la peine refoulée, les tremblements dus à une retenue excessive, les tics nerveux.

Tous ces cas et beaucoup d'autres dont il sera question dans ce livre nous montrent combien il est essentiel de décoder ces réactions si nous désirons les dépasser et reprendre contact avec les émotions elles-mêmes. À défaut de cela, nous stagnerons dans divers symptômes qui, la plupart du temps, créeront beaucoup plus de malheur dans notre vie que n'en provoquerait une vraie confrontation avec ce que nous vivons.

LES PSEUDO-ÉMOTIONS

Le fait de commencer une phrase par «je me sens» ne garantit pas que j'évoque un sentiment. Nous confondons souvent nos émotions avec les situations auxquelles elles sont liées, ou encore avec des états de fait, des images, des métaphores ou des évaluations. Nous prenons aussi des états d'âme ou des attitudes pour des émotions. Voyons quelques exemples de ce genre. Cela nous permettra de montrer qu'il importe de traduire ces expressions en sentiments.

Des états de fait

Être rejeté, savoir que certaines personnes n'apprécient pas notre présence, nous retrouver seul chez nous, sont des états de fait objectifs. Mais ils peuvent être vécus de manières diverses: être rejeté peut me laisser indifférent ou me peiner. Le fait que certaines personnes ne m'apprécient pas m'ennuiera simplement, mais pourrait aussi me mettre très mal à l'aise au point que je décide de partir parce que *Je me sens de trop.* J'envisage avec plaisir de me retrouver seul à la maison, ou bien je réagis par l'anxiété, car *Je me sens seul,* abandonné.

Quant à l'ambivalence, elle peut concerner aussi bien un comportement objectif que des attitudes ou des émotions: nous faisons deux choses contraires, nous hésitons entre deux choix, nous aimons quelqu'un mais nous lui en voulons pour quelque chose.

On voit ici qu'il importe de bien distinguer l'état de fait, la situation objective, des sentiments qui y sont liés et qui peuvent être très différents suivant les personnes, voire chez la même personne à des périodes diverses de sa vie.

Des images

Nous employons très souvent des images pour traduire ce que nous ressentons. Se sentir « au-dessus », « petit », « loin », « étouffé », « écrasé », « coincé » sont des *approximations de sentiments.* Ces expressions imagées et toutes faites nous évitent parfois de faire l'effort de préciser ce que nous ressentons. Quelquefois, par contre, elles nous donnent l'impression de traduire plus justement ce que nous vivons.

Des états d'âme

Je suis calme, serein, confus, déprimé, vide. Il s'agit d'états. Ceux-ci sont inévitablement teintés d'émotions. Je suis calme, mais il peut s'agir du calme froid de quelqu'un qui est extrêmement en colère et qui veut maîtriser la situation. Je puis aussi être calme et m'ennuyer, ou être calme et triste. Suis-je déprimé et plein de tristesse, ou déprimé et plein d'une colère sourde que je réprime ? Par définition, un état est stable, alors que l'émotion est toujours mouvante.

Des attitudes

Enfin, il n'est pas rare non plus de confondre des attitudes avec des émotions. Être curieux, ouvert, chaleureux, hostile sont des façons d'être. Être curieux signifie que je suis toujours prêt à connaître et à expérimenter de nouvelles choses. Être chaleureux veut dire que je suis porté à être aimant avec les gens. *Je me sens généreux* signifie, en fait, que je suis disposé à l'être. Quelqu'un qui a une attitude hostile est toujours prêt à s'opposer, à se quereller. Être ouvert signifie que je suis disposé à laisser être ce qui est, à me laisser toucher. Il s'agit donc de prédispositions à agir dans un sens ou dans un autre.

Des évaluations

Les méprises les plus pernicieuses viennent de ce que nous prenons nos jugements pour des émotions: *Je me sens stupide, nul, ridicule.* Il serait plus juste de dire *Je me trouve stupide, nul, ridicule,* car il est impossible de ressentir la stupidité, la débilité et la nullité. Or, par définition, une émotion se ressent.

Lorsque nous voulons être en contact avec nous-même et prendre conscience de ce que nous vivons, il est capital que nous allions au-delà de ces formulations imprécises. Nous pouvons, par exemple, nous demander ce que nous ressentons. *Je me sens stupide* pourrait alors se traduire par *Je viens de faire une bêtise, je me sens vraiment mal,* ou *Je me trouve stupide et je crains fort que vous me jugiez ainsi.* Dans ce dernier cas, *Je me sens stupide* est devenu *J'ai peur du jugement que vous porterez sur moi.*

Je me sens ridicule est souvent une manière de dire que je suis embarrassé: *Je me suis conduit d'une manière que je juge ridicule et j'en crains les conséquences.*

CONCLUSION

Les exemples contenus dans ce chapitre nous montrent que notre langage ne rend pas toujours compte de notre réalité intérieure. Malgré cela, nous avons entrevu qu'il nous est toujours possible d'identifier nos émotions. Il se peut qu'ayant un aperçu des émotions réelles et des autres types d'expériences émotionnelles, nous puissions plus facilement répondre à la question: « Qu'est-ce que je ressens ? »

Il est souhaitable que nous cernions avec précision notre expérience émotionnelle, car cela est indispensable pour la faire évoluer. Il est par exemple impossible d'aller loin dans la compréhension de ce qui se passe en nous si nous nous limitons à des expressions vagues telles que *Ça va, C'est cool, Je me sens super, Je me sens mal.* Pour que notre expérience émotionnelle immédiate évolue, il est nécessaire qu'elle prenne forme dans notre conscience. C'est en la nommant précisément au moment où elle émerge que nous permettons au processus de s'enclencher[8]. Ensuite, c'est en ressentant notre émotion que nous pouvons avancer dans la compréhension de ce que nous vivons. Ce n'est donc qu'en faisant l'expérience de nos émotions que nous pouvons compléter les boucles du processus émotionnel. C'est pourquoi il est si important de savoir les reconnaître et d'être capable de les nommer avec précision.

Le chapitre qui suit permettra de mieux comprendre ce que nous venons d'évoquer en ce qui concerne le processus.

---

8. *Ibid.*

CHAPITRE 2
Le processus émotionnel

L'INFORMATION FOURNIE PAR LE DÉROULEMENT DU PROCESSUS ÉMOTIONNEL

Comme nous l'avons vu dans le premier chapitre, nos émotions nous révèlent nos besoins. Non seulement elles reflètent notre état de ce point de vue, mais aussi sa singularité au moment présent. Il est donc capital que nous les ressentions pour avoir une conscience précise de ce qui nous habite intérieurement. Par ailleurs, ce n'est que de cette façon que nous pouvons savoir avec certitude ce qui se passe en nous. Mais nous avons tendance à les «deviner» plutôt qu'à les écouter, comme l'illustrent les exemples qui suivent.

> *Je suis triste, ce doit être à cause de ce temps moche!*
> *Habituellement, quand je suis triste, c'est parce que je me sens seule.*

Nous contenter de ce genre d'approximation revient à nous priver de savoir avec assurance ce qui se passe dans notre vie et d'en connaître l'importance exacte. Et, bien entendu, cela revient à banaliser, voire à annuler notre émotion, comme en témoignent les propos suivants.

Je suis triste, mais je n'ai pas vraiment de raison de l'être, j'ai tout pour être heureuse!
L'irritation va passer. Ce n'est pas grave. Il s'agit simplement que je prenne un peu sur moi.

Interpréter nos émotions produit un effet semblable. Cela nous prive d'avoir accès à leur signification juste et précise.

Je me suis mis en colère pour rien du tout. Ce doit être la fatigue.
Je m'ennuie avec elle. C'est sûrement parce qu'elle ne m'attire pas beaucoup physiquement.
Pourquoi suis-je d'aussi mauvaise humeur? C'est sans doute mon syndrome prémenstruel qui en est responsable!

Dans ce cas, l'explication a peu de valeur parce qu'elle est prématurée. Elle ne tient pas compte de la nature de ce qui est ressenti ni de son intensité, pas plus qu'elle ne donne d'indication sur sa signification au présent. Si nous utilisons nos émotions de cette façon, il n'est pas étonnant que nous les trouvions inutiles. C'est comme si nous mangions sans prendre le temps de savourer les aliments. Si tel était le cas, il nous faudrait peu de temps avant de perdre tout intérêt pour la nourriture! Traitées de cette manière, les émotions sont même encombrantes. En effet, qu'ai-je à faire d'une tristesse qui n'a pas de raison d'être? Si je pense réellement qu'elle n'est motivée par rien, il apparaît logique que je l'ignore ou encore que je la fasse disparaître, même par des moyens artificiels. La question se pose : À quoi me conduit une affirmation telle que *Je me suis mis en colère pour rien du tout. Ce doit être la fatigue* ? À me reposer ? C'est peu probable. À tenter d'identifier la raison de ma colère ? C'est encore moins probable. À quoi donc me sert une telle « explication » ? En vérité, elle me sert à clore la question. Elle me sert à faire cesser le cours de mon émotion.

En ce qui concerne le deuxième exemple évoqué, il n'est peut-être pas faux de penser que le manque d'attrait soit pour quelque chose dans l'ennui que j'éprouve en compagnie de cette personne. Mais est-ce réellement et principalement cela qui explique mon sentiment ? Nous arrêter à nos émotions pour en tirer de l'information si peu pertinente n'est d'aucune utilité. D'ailleurs, si nous voulions prouver que les émotions sont inutiles, nous procéderions exactement de cette manière. Mais ce n'est pas ce que nous voulons réellement. La preuve en est que nous adoptons une autre attitude devant les émotions que nous acceptons. Nous accueillons celles-ci et les vivons sans même nous apercevoir du déroulement du processus émotionnel. Nous ne leur imposons aucune entrave. De la même manière, si nous ne faisions pas obstacle aux émotions déplaisantes, celles-ci pourraient aussi jouer leur rôle : nous transmettre une information précieuse sur nous-même, qui nous permet de nous orienter en tenant compte de tout ce qui nous importe. Voyons en quoi consiste ce processus.

LE PROCESSUS NATUREL DE CROISSANCE[9] (OU PROCESSUS VITAL D'ADAPTATION)

Le processus naturel de croissance comprend cinq phases qui se succèdent naturellement. Ces phases ne sont pas interchangeables et aucune d'elles ne peut être sautée sans que la suite du processus soit considérablement perturbée et que la qualité de l'expérience soit grandement affectée. De plus, il est indispensable que la phase qui est en cours de développement soit tout à fait complétée pour qu'on puisse passer à l'étape suivante. Il s'agit d'un processus circulaire, donc perpétuellement en fonction. Toutes nos émotions passent par ce processus tant que nous sommes vivant, car notre expérience émotionnelle suit un mouvement continuel, tout comme nos sensations. Voyons, succinctement résumées, quelles sont la nature et la fonction de chaque étape du processus vital d'adaptation.

L'émergence est l'étape où «apparaît» l'émotion ou la préoccupation la plus importante du moment. Au début de cette phase, l'expérience n'est pas toujours clairement identifiée. D'abord vague, elle se précise si nous demeurons en contact avec elle (tout comme se dessine de plus en plus distinctement un objet lointain qui se rapproche). L'émotion peut prendre forme à travers des sensations ; c'est le cas de la peur. Quelques micro-secondes avant d'être conscient que nous avons peur, nous éprouvons une sensation au plexus. Parfois, les battements du cœur devancent le malaise qui s'installe graduellement dans une situation gênante. Mais d'autres fois, l'émotion surgit tout d'un coup : elle est claire et nette. On considère que l'émergence est terminée lorsque l'émo-

9. Jean GARNEAU, Michelle LARIVEY, « Le processus naturel de croissance », *L'Auto-développement, op. cit.*, p. 49-69.

tion ou la préoccupation est identifiée avec précision (mais non pas sa cause). L'émotion est alors nommée.

Suit naturellement la seconde étape appelée *immersion*. Il s'agit alors essentiellement de «ressentir» l'émotion qui est apparue ou celle qui accompagne la préoccupation qui a émergé. Malgré la simplicité qui la caractérise, c'est souvent la phase du processus qui soulève le plus de résistances (du moins chez les esprits cartésiens occidentaux). Elle est difficile parce qu'il faut s'abandonner à l'émotion telle qu'elle est. Nous devons, en effet, éprouver complètement notre émotion, ce qui veut dire dans toute son intensité, si nous voulons passer à l'étape suivante. Lorsque nous consentons à ressentir totalement notre émotion, la transition vers la troisième étape, soit le développement, se fait naturellement.

Au cours du *développement*, parce qu'elle a été complètement éprouvée, l'expérience peut se ramifier et se déployer de manière à laisser apparaître toutes ses facettes. C'est durant cette étape que surgissent les diverses dimensions de l'expérience et que se révèlent ses couleurs particulières. Il peut ainsi s'avérer que ma tristesse d'aujourd'hui ne soit pas exactement similaire à celle d'il y a une semaine même si je pleure une solitude identique. Elle est plus intense ou elle l'est moins, elle est relative au rejet que j'ai subi cette semaine lorsque j'ai tenté de faire des avances, ou encore elle s'accompagne du mécontentement que j'éprouve vis-à-vis de moi-même parce que je n'ai pas osé prendre un risque dans une situation prometteuse.

Lorsque l'expérience émergente est complexe, il est nécessaire de faire une «exploration active» pour traverser avec succès cette étape. La joie est une expérience simple. Son développement ne demande pas d'exploration active. Mais un sujet tel que la peur de la colère est plus complexe. Il exigera de nous que nous prenions la peine de le cerner dans son ensemble. Ce n'est que lorsque nous sommes conscient de l'ensemble des éléments qui font partie de notre expérience que la lumière peut enfin se faire.

Vient alors le moment de la *prise de signification* (l'*insight* dans l'orientation psychanalytique). C'est l'étape grâce à laquelle nous saisissons de l'intérieur le sens de notre expérience, celle de la «compréhension». Si le processus suit naturellement son cours, la réponse au «pourquoi est-ce que je ressens cela?» s'impose d'elle-même. De plus, la compréhension ne fait pas de doute, contrairement aux explications prématurées. En comprenant ce que nous vivons et en saisissant son importance, ce que nous indique aussi cette étape, nous savons automatiquement comment en tenir compte et dans quelle direction agir. C'est ce que nous devrons faire au cours de l'étape qui suit.

La dernière étape est appelée l'*action unifiante*. Elle consiste essentiellement à terminer le cycle d'une manière qui «respecte tout ce qui est important pour soi». Cela se fait par l'action ou l'expression verbale, ou les deux à la fois. L'expérience n'est toutefois réellement complétée que si cette phase est vécue «en contact direct». Autrement dit, l'action ou l'expression doit traduire exactement ce que nous vivons. De plus, elle doit comporter un contact avec l'interlocuteur qui permette de vivre et d'assumer ce qui est vécu devant lui. Ces éléments sont responsables du «sentiment d'unification» que cette étape procure.

Une fois l'action terminée et son effet assimilé, l'organisme devient disponible pour l'émergence d'une nouvelle émotion ou question. Le processus reprend alors, sur un thème connexe ou différent. Pour mieux le comprendre, examinons-le par le biais d'un exemple.

J'entre dans le restaurant où j'ai rendez-vous avec mon copain. Je suis de bonne humeur. J'ai hâte de le retrouver. Je l'aperçois, au fond de la salle, en conversation animée avec une de ses amies, en fait, une ancienne amoureuse. Ils ont l'air de beaucoup s'amuser et d'apprécier leur présence mutuelle. Mon cœur se met à bondir, mon sang ne fait qu'un tour. Je sens la jalousie m'envahir tel le venin d'une vipère. Vais-je faire une scène comme à l'accoutumée? (Ce serait passer à l'action dès que l'expérience émerge plutôt que de la laisser suivre son cours et de passer à travers les étapes intermédiaires.) *J'essaie quelque chose de nouveau: je décide de demeurer en contact avec le sentiment de jalousie qui m'habite de la tête aux pieds tellement il est intense. Mon ami ne m'a pas vue. J'en profite pour sortir du restaurant afin de me sentir plus libre de ressentir à fond cette émotion.* (Immersion) *C'est pénible. Dieu que c'est douloureux! Mais, étonnamment, je me calme un peu. Non pas que la jalousie ait disparu, au contraire, je la ressens très intensément, mais le fait de me concentrer sur moi et d'être ainsi à l'écoute de ce que je ressens m'apaise. Et je me rends compte que la colère commence à faire surface.* (C'est le début du développement.) *Je marche rapidement dans le froid et les souvenirs s'amoncellent dans mon esprit: toutes ces fois où je l'ai surpris à s'amuser et à rire avec d'autres que moi, souvent avec son ex-amie, ou avec des collègues qui flirtent avec lui. Les crises que j'ai faites. Les scènes en public qui l'ont humilié à maintes reprises. Et il recommence! Je le hais! Comment peut-il encore me faire cela? Pourtant, il savait que nous avions rendez-vous! A-t-il fait exprès pour que je les surprenne? Essaie-t-il de me dire quelque chose de manière indirecte?* (Le développement suit son cours.) *Je sais que cela ne va pas très bien entre nous depuis un certain temps. Il est plus distant. Moi aussi d'ailleurs. Peut-être en a-t-il assez de moi? Je ne suis pas de très bonne humeur et je fais souvent des drames. Peut-être suis-je allée trop loin. J'ai peur de le perdre. Je suis maintenant revenue sur mes pas, je repasse devant le restaurant. Je décide d'y entrer de nouveau, le plus discrètement possible pour les regarder ensemble, encore une fois. Je veux encore voir l'effet que cela me fait. Cette fois, ce n'est pas pour alimenter ma colère et me faire souffrir, comme il me le dit souvent. C'est pour essayer de saisir ce que cela me fait vraiment de les voir ensemble.* (Ce faisant, j'aide mon expérience à se développer davantage.) *Je trouve une table où je suis invisible de leur place et je les observe. Je sens un nœud dans ma gorge. Elle s'appuie légèrement sur son épaule. Oh! la vache… J'ai l'estomac retourné. J'ai peur. Mon ami lui sourit. Ma peur augmente. Il prend sa main, l'air enjoué, et y pose un baiser, cérémonieusement. Je crois que je vais craquer. Mais je respire. C'est alors que la tristesse commence à poindre. Je l'envie! J'aimerais tellement qu'il ait ce genre de gestes avec moi, qu'il joue de cette manière. Il y a longtemps que je ne l'ai pas vu s'amuser avec moi. Je me laisse aller à la tristesse: je suis très inquiète de nous. Même si nous nous voyons beaucoup, le plaisir que nous avons ensemble a nettement diminué. Je ronge souvent mon frein. Et il ne s'occupe guère de moi dans ces moments-là. Cela m'inquiète parce que dans les débuts de notre relation, il venait toujours vers moi lorsque je m'éloignais de lui. J'ai peur d'être en train de le perdre. Je ne le veux pas. Je tiens à lui plus qu'à tout au monde! Je comprends mieux ma jalousie tout à coup* (C'est la prise de signification): *Je ne me sens pas en sécurité dans notre relation. Je suis presque certaine de ne pas être une partenaire intéressante pour lui qui a eu plusieurs femmes brillantes dans sa vie. Il n'a probablement qu'une idée en tête: me remplacer. C'est ce qu'il fera dès qu'il rencontrera quelqu'un de plus satisfaisant. Je suis toujours sur la corde raide. En même temps, je ne veux pas me séparer de lui. Il est la personne la plus importante pour moi; être aimée de lui est ce qui m'apporte le plus dans ma vie actuelle. Il faut que je lui dise cela...* (J'entrevois l'action que je dois mener pour tenir compte de toutes les dimensions de mon expérience.) *Je pressens que ce ne sera pas facile. Je n'ai pas l'habitude de me dévoiler de cette façon. Je fais bien des crises où je lui lance ma colère au visage ou pleure de rage, mais cette fois, ce n'est pas la même chose. Je m'apprête à lui dire ce que je vis profondément, à lui parler de ma tristesse, de mon inquiétude. Je serai vulnérable et cela me fait peur. S'il s'en moquait? S'il m'envoyait promener?* (J'identifie mes résistances à entreprendre cette action unifiante.) *Je décide de prendre le risque. Je tremble intérieurement lorsque je m'approche de la table où ils sont tous les deux, mais je ne suis plus fâchée. Je suis plutôt triste et je ne m'en cache pas. Je les salue. Son amie nous laisse. Je le regarde et je pense qu'il s'attend à une tempête...* (Ce qui suit constitue l'action unifiante.) *Je me mets à pleurer avec de gros sanglots. Je lui dis que j'ai peur de le perdre, et ce que je crains: de ne pas être à la hauteur, qu'il soit attiré par une autre femme plus intéressante que moi, cette ex-amie, par exemple. Mon regard n'a pas quitté ses yeux durant tout ce temps. À mesure que je parle, je sens une sorte de paix se lier à ma tristesse. Ses yeux sont bons. Je le lui dis. Je lui dis la chaleur que me procure sa réaction qui me semble affectueuse. Il m'ouvre ses bras. Je m'y engouffre et je pleure comme une enfant qui a eu peur d'être abandonnée. Après quelques minutes d'étreinte, je me sens différente. Une certaine joie et beaucoup de fatigue. Je me retire de ses bras. Je lui souris. Je remarque qu'il est très ému. Cela me fait un drôle d'effet. Je demeure attentive au malaise qui se dessine en moi.* C'est le début d'une nouvelle boucle du processus émotionnel.

LA RÉSISTANCE AUX ÉMOTIONS

Ce processus émotionnel est qualifié de naturel parce qu'il semble inhérent à l'expérience émotive humaine. Nous pouvons nous en rendre compte en observant les jeunes enfants qui ne présentent pas d'objection à ce qu'ils ressentent et qui se conduisent en le respectant. Avec le temps, l'influence de la famille, de l'école et de la société, ils renoncent à certaines émotions, rejettent des préoccupations, escamotent ce qu'ils vivent, agissent sans contact avec leur expérience... Aucun de nous n'est à l'abri de ces accrocs au processus émotionnel. De fait, nous faisons tous l'expérience d'influences multiples depuis notre tendre enfance, une période de notre vie durant laquelle notre adaptation à l'environnement est une question de survie. Il n'en demeure pas moins qu'à la suite de ces expériences, nous atteignons l'âge adulte avec un certain handicap émotionnel. Ce sont notre satisfaction, notre vitalité et notre développement psychique qui souffrent des réductions que nous avons imposées à notre processus émotionnel.

Nous éprouvons tous certaines difficultés à favoriser le développement naturel de nos émotions, en particulier de celles que nous craignons le plus. La peur nous empêche aussi de laisser libre cours à toutes les préoccupations qui cherchent à se frayer un chemin dans notre conscience. La résistance à la vie émotionnelle est un phénomène normal. Elle est une réaction de protection contre la souffrance, la déstabilisation, et parfois, simplement l'inconfort. Elle se manifeste par un refus de compléter une étape du processus. Imaginons, par exemple, que je sois quelqu'un qui n'aime pas renoncer au contrôle et m'abandonner à une émotion. Il n'est alors pas étonnant que je résiste à m'immerger dans mes sentiments. Par conséquent, j'évite de passer par cette étape pour toutes les émotions qui me mettent mal à l'aise :

tristesse, colère, jalousie… La vie émotionnelle ne se laisse pas facilement effacer. Si nous voulons nous en couper, il nous faudra inventer des moyens efficaces. Par exemple, lorsque je sens monter un sentiment indésirable, je me raisonne si bien que son intensité diminue et qu'il disparaît. D'autres mangent pour atteindre le même objectif, d'autres encore se lancent dans des activités qui les absorbent. Si, par exemple, je suis quelqu'un qui n'aime guère les remises en question, je m'abstiendrai de considérer les préoccupations qui me dérangent. Je les écarterai systématiquement en me disant que, de toute façon, je n'ai pas la solution. L'émotion a à peine émergé que je pense déjà à l'étape ultérieure pour laquelle je ne suis évidemment pas prêt ! À moins que je sois quelqu'un qui ait peu d'intérêt pour me comprendre et savoir comment les choses me touchent. Je m'occupe continuellement et me laisse rarement absorber par ce qui m'habite. Si bien qu'il n'y a pas de lien entre mon action et mes émotions. Il m'arrive même souvent d'agir dans le sens contraire de ce que je ressens.

Le phénomène de résistance à la vie émotionnelle est suffisamment important pour faire l'objet d'un livre[10]. Le présent ouvrage poursuit un double objectif: montrer la fonction informative de l'expérience émotionnelle et faire comprendre que l'obstruction aux émotions a des conséquences néfastes. Il est important de savoir que ce n'est pas parce qu'elle n'est pas bienvenue qu'une expérience disparaît. Nous pouvons la chasser de notre conscience, mais elle continue d'avoir des effets et de produire des effets, notamment des contre-émotions. Imaginons par exemple qu'une émotion tente d'émerger en nous et que nous la réprimions. Elle disparaît alors de la conscience, mais elle est remplacée par une autre expérience émotive, telle que l'angoisse. Assailli par cette contre-émotion, nous tentons de la repousser,

10. Jean GARNEAU, Michelle LARIVEY *et al.*, *L'Enfer de la fuite, op. cit.*

mais celle-ci revient avec plus de force. Nous voilà aux prises avec une angoisse croissante, des crises de panique, que nous tentons de fuir, mais qui n'ont de cesse de revenir sous forme d'insomnie, de maux physiques…

Il est toutefois réconfortant de savoir que nous pouvons nous débarrasser de nos résistances à certaines étapes du processus émotionnel. Il est en effet possible de « réapprendre » ce qu'autrefois, nous savions faire d'instinct. Cette problématique est d'ailleurs un des sujets qui se trouvent au cœur de l'approche psychothérapeutique appelée Auto-développement[11].

LE TYPE D'INFORMATION TRANSMISE

Toutes les expériences émotionnelles nous transmettent de l'information sur ce qui se passe en nous. Même celles qui ne sont pas des émotions à proprement parler le font. Ce qui suit est un rappel des caractéristiques que présente chacune des quatre catégories présentées dans le premier chapitre.

Les émotions simples sont des émotions qui nous apparaissent dans leur plus simple expression. *Ressentir* une émotion est le critère qui permet de l'identifier, comme il permet aussi d'identifier une sensation. De plus, tout comme la sensation, l'émotion se modifie à mesure que nous l'éprouvons. Elle peut varier en intensité, mais aussi présenter des nuances et des dimensions nouvelles. C'est ce que nous appelons le « mouvement de l'expérience ». Une première subdivision nous permet de différencier les émotions indiquant la satisfaction de celles qui traduisent l'insatisfaction. Pour chacune de ces dimensions, nous retrouvons celles qui se rapportent au besoin lui-même, celles qui sont vécues par rapport à la source de la

11. Jean GARNEAU, Michelle LARIVEY, *L'Auto-développement…, op. cit.*

satisfaction ou de l'insatisfaction, et enfin, les émotions d'anticipation qui comprennent des émotions positives et négatives.

Les émotions mixtes sont un amalgame d'expériences émotionnelles qui contiennent au moins une émotion simple et parfois plusieurs. La rage, par exemple, est la forme de colère vécue devant l'impuissance. Elle est considérée comme mixte même si elle ne comprend qu'une émotion, la colère, parce que l'impuissance, même si elle n'est pas une émotion, doit absolument être prise en compte pour que la rage soit vécue d'une façon qui permette un aboutissement. La révolte s'apparente à la rage : elle est formée de colère et d'indignation devant l'injustice. La réaction à l'injustice que constitue la révolte en fait intégralement partie, et doit elle aussi être prise en compte pour que l'expérience soit vécue jusqu'au bout.

Certaines émotions mixtes, telles la pitié ou la jalousie, comprennent aussi des réactions de défense, mais avec au moins une émotion dans leur sein. Pour retrouver cette émotion, comme la peur dans la culpabilité de dissimulation, il est nécessaire d'identifier toutes les composantes de l'expérience et de traiter chacune pour ce qu'elle est.

Les contre-émotions sont des expériences émotives provoquées par la résistance émotionnelle, qui se caractérisent souvent par de fortes réactions physiques. Elles sont à dominance corporelle parce que dans l'opposition à ce qui est ressenti, le corps est largement sollicité (comme dans les divers types de tension). Le corps ne peut plus contenir la charge imposée par la retenue ou le refoulement. C'est ce qui se produit pour les crises de panique, entre autres. Reconnaître notre résistance et rechercher l'émotion ou la préoccupation que nous avons écartée nous permettra de nous servir de ces expériences pour reprendre contact avec nous-même.

Les pseudo-émotions ne sont ni des émotions ni des manifestations de résistance à l'émotion. C'est par méprise ou à défaut de faire l'effort de cerner ce que nous vivons que nous les confondons avec nos émotions. *Je me sens seul, Je me sens rejeté* sont autant d'expressions qui n'expriment pas de sentiments. Elles décrivent une situation de fait *(Je suis seul)* ou le geste d'autrui *(Elle me rejette)*. Il s'agit parfois d'images ou de métaphores par lesquelles nous tentons de parvenir à une approximation de ce que nous vivons : *Je me sens emprisonné, comme le canard boiteux, coincé ou petit.* Nous en restons toutefois à ces approximations pour nommer notre expérience, parce que nous ignorons l'importance qu'il y aurait à la cerner avec précision. Le fait de savoir que l'expérience doit être nommée avec justesse pour que le processus émotionnel puisse se dérouler naturellement peut au contraire nous motiver à faire l'effort de dépasser ces représentations incomplètes pour nommer notre expérience avec précision.

Il en est de même des formulations floues : *Je me sens mal, Je me sens bien, Je suis correct. C'est cool !* Ces expressions, impropres à traduire ce qui est ressenti, ne constituent pas des émotions. Par contre, avec un minimum d'effort, elles peuvent toutes être rapidement transformées en une formulation juste de ce qui est vécu : *Je me sens mal* devient *J'ai peur, Je me sens bien : Je suis content, Je suis correct : Je suis rassuré, C'est cool : J'adore ce que tu fais.* Mieux cernées, toutes ces expériences peuvent suivre le cours naturel du processus émotionnel, pour éventuellement atteindre une issue bénéfique.

Les préambules terminés, nous pouvons maintenant aborder le cœur de cet ouvrage, soit la description d'un bon nombre d'expériences émotives appartenant aux quatre catégories mentionnées. Même en tentant d'être exhaustif, il aurait été impossible de traiter de toutes les expériences émotionnelles qui existent. Celles qui, généralement, posent davantage de problèmes ont donc été privilégiées parce qu'il est plus important de les comprendre et de savoir quoi faire avec elles.

CHAPITRE 3

Les émotions simples

L'attendrissement

DES EXEMPLES

1. *Mon enfant fait ses premiers pas en s'élançant dans mes bras et me voilà en larmes.*
2. *Je parle de moi dans un groupe et tout le monde se tourne vers moi. Je suis étonnée de susciter tant d'attention et j'en suis émue.*

QU'EST-CE QUE L'ATTENDRISSEMENT ?

C'est une tendresse très intense qui s'accompagne habituellement de pleurs. À cause de cela, elle est souvent confondue avec la tristesse. Parfois, elle débouche sur de la tristesse, d'autres fois elle demeure tendresse. Nous disons souvent que nous sommes « touché », « bouleversé », « remué » pour exprimer notre attendrissement.

À QUOI SERT L'ATTENDRISSEMENT ?

L'attendrissement est le signe que ce qui se produit est important d'une manière toute particulière : c'est « nourrissant » pour moi. Cela signifie que ce que je vis répond à un besoin de nature affective. Il se pourrait ainsi que je voie dans mon enfant qui s'avance vers moi en faisant ses premiers pas la confiance et l'amour qu'il me porte (exemple 1). Il comble, à ce moment-là, le besoin que j'ai de me sentir aimé et important. Lorsque je constate que l'attention de tout le monde est tournée vers moi, j'ai l'impression d'être quelqu'un (exemple 2). Mon besoin d'être reconnue est alors comblé. Je suis bouleversée, « heureuse ». Par contre, lorsque mon besoin est important et mal comblé, je suis en même temps confronté au manque. Mon attendrissement contient alors de la tristesse ou se transforme carrément en peine.

QUE FAIRE AVEC L'ATTENDRISSEMENT ?

La meilleure chose à faire avec l'attendrissement, comme avec toute émotion, est de le laisser être et, éventuellement, se transformer en joie ou en tristesse. Ce n'est pourtant pas ce que nous faisons en général. Habitué à « penser » nos sentiments plutôt qu'à les ressentir, nous avons tendance à élever des objections dès les premiers signes d'attendrissement, surtout si cela se produit devant témoins : *Mais qu'est-ce qui me prend ? Qu'ai-je à pleurer, je ne me sens pourtant pas triste ?*

« Montant prématurément à la tête », nous éliminons la possibilité de savoir précisément quelle est notre expérience du moment. Nous nous privons aussi de la possibilité de la mener à terme : découvrir le besoin en cause. Ce faisant, nous nous enlevons la possibilité de voir à ce besoin, si jamais il est en souffrance.

La colère[12]

DES EXEMPLES

1. *J'en veux à mon patron d'ignorer notre entente sur mon augmentation salariale.*
2. *Je suis furieuse contre mon fils qui veut abandonner ses cours.*
3. *C'est le troisième problème que j'ai avec mon ordinateur aujourd'hui. Je suis hors de moi !*

QU'EST-CE QUE LA COLÈRE ?

La colère est une émotion simple qui traduit l'insatisfaction. Elle se manifeste à l'égard de ce que nous identifions, à tort ou à raison, comme étant responsable de notre frustration. Nous éprouvons donc de la colère envers ce qui fait obstacle à notre satisfaction. C'est sur ce dernier point que la colère se différencie fondamentalement de la tristesse (qui traduit aussi une frustration). Dans la tristesse, nous sommes en contact direct avec le manque, alors que dans la colère nous réagissons à ce qui cause la frustration.

Nous éprouvons fréquemment de la colère, car la vie quotidienne nous réserve de multiples occasions d'insatisfaction. De plus, certaines insatisfactions perdurent parce que nous négligeons de nous en occuper adéquatement.

La colère varie en nature et en intensité. Pour ne nommer que quelques-unes de ses manifestations, disons que le

12. Michelle LARIVEY, « Agressivité et affirmation », *Les Émotions…, op. cit.*, p. 141-159.

mécontentement et l'irritation se situent à une extrémité, alors que l'exaspération et la fureur sont à l'autre.

Divers *types* d'insatisfactions s'expriment par une gamme d'émotions relevant de la colère. L'impuissance à se soustraire à une situation non désirée provoque la rage. La révolte est spécifique aux situations où l'on perçoit une injustice. Plusieurs expériences émotives traduisant de la colère sont composites, comme le mépris, la jalousie, la déception, la rancune.

À QUOI SERT LA COLÈRE ?

Les organismes vivants cherchent à maintenir l'équilibre nécessaire pour conserver un degré optimal de vitalité et de croissance. Leur processus d'adaptation fonctionne continuellement pour veiller à cet équilibre. Chez l'homme, les émotions jouent, sur le plan psychique, un rôle d'informateur, spécifiquement pour ce qui concerne le degré de satisfaction des besoins[13].

La colère surgit lorsque l'équilibre est rompu dans un aspect de notre vie. Le déséquilibre prend la forme générale d'une insatisfaction. Celle-ci peut signifier qu'un besoin est insatisfait, qu'un désir n'est pas comblé, qu'une attente est restée sans réponse. Peut-être même s'agit-il d'un caprice. La colère porte un double message : elle signale à la fois *l'insatisfaction* et ce que nous considérons comme faisant *obstacle* à notre bien-être. La colère, en effet, est toujours vécue à l'égard de quelqu'un, qui peut être nous-même, ou de quelque chose. Nous en voulons « à » X de nous faire vivre telle chose, de nous empêcher de.

13. Jean GARNEAU, Michelle LARIVEY, « Des émotions pourquoi ? », *Les Émotions…*, *op. cit.*, p. 23-45.

La colère mobilise l'organisme en entier. L'esprit est concentré sur le problème (plus particulièrement sur l'obstacle). Des réactions physiologiques sont déclenchées; elles sont particulièrement visibles lorsque la colère est intense. L'expression «la moutarde me monte au nez» traduit bien la sensation physique que produit le début de la mobilisation physiologique qui nous prépare à «l'attaque». Nous sommes maintenant prêt à nous défendre, à conquérir ce qui nous apportera la satisfaction désirée. Le rôle essentiel de la colère est de nous fournir l'énergie nécessaire pour vaincre l'obstacle qui se dresse devant nous.

Comme toutes les émotions, la colère est une saine manifestation d'insatisfaction. Mais la façon dont nous la vivons peut parfois poser des problèmes. Tant qu'elle se développe selon le processus vital d'adaptation, elle conduit à une action «appropriée». Mais lorsque nous agissons impulsivement, en sautant des étapes du processus, les problèmes apparaissent (par exemple, en passant de l'émergence de la colère à l'action). Dans ce cas, l'action ne peut pas être «unifiante» comme le veut le processus vital d'adaptation. Elle est au contraire inutile ou nuisible.

LES ERREURS TYPIQUES RELIÉES À LA COLÈRE

Pour vivre sainement notre colère, nous devons d'abord nous considérer comme étant le principal responsable de notre vie. Dans ce cas, nos colères seront plus productives parce que nous serons rarement confronté à l'impuissance. Si nous estimons au contraire être à la merci des autres (ou de la vie) nous serons naturellement porté à les accuser de nos frustrations. Dans ce cas, le cortège des stratégies pour déplacer les obstacles peut devenir infini, car la plupart d'entre elles s'avéreront stériles ou malsaines.

Il est aussi faux d'affirmer que la colère est « mauvaise conseillère », ou encore qu'elle provoque l'emportement. Ce sont plutôt les *blocages* dans le processus émotionnel ou les *erreurs* dans l'attribution des responsabilités qui expliquent nos faux pas. Ainsi, sauter une étape du processus émotionnel déclenché par ma colère m'empêche d'agir en respectant tout ce qui importe. Si je ne prends pas la peine de ressentir ma colère dans son intégralité, de comprendre « comment et combien » je suis affecté, je ne trouverai pas le moyen d'aller au bout de mon expérience. Négliger une ou plusieurs étapes du processus m'empêchera également de savoir si ma colère est défensive ou fondée : sert-elle à camoufler ma tristesse ? ou est-ce que j'attaque au lieu de reconnaître que j'ai tort ?, etc.

Si, par ailleurs, j'ai tendance à faire porter aux autres la responsabilité de ma satisfaction, ma colère portera souvent sur des cibles impropres. Dans ce cas, je risque de stagner dans mes insatisfactions, car les personnes faussement accusées ne collaboreront pas. Je risque ainsi de porter indéfiniment un certain nombre de griefs qui empoisonneront ma vie et celle de mes proches[14].

Dévier de l'objectif de satisfaction

Dans le premier exemple, mon patron est la source de mon mécontentement, car il ne respecte pas une entente prise d'un commun accord. Au moment où je le réalise, ce n'est toutefois plus l'augmentation de salaire qui est en jeu, mais son respect à mon égard. Mon objectif est donc d'obtenir de lui le respect que je souhaite. Si je n'y parviens pas, mon nouvel objectif pourra consister à agir afin de me respecter moi-même.

14. Pour ce qui concerne le déni de la solitude, voir le chapitre « Les implications existentielles » dans Jean GARNEAU, Michelle LARIVEY, *L'Auto-développement…*, *op. cit.*, p. 253-299.

Dans cette perspective, lui exprimer mes sentiments actuels pourrait constituer une solution satisfaisante. Limiter mon implication dans le travail est une autre solution envisageable. Enfin, il se pourrait que la meilleure solution pour moi consiste à entreprendre des démarches pour quitter cet emploi. Si, au lieu des choix précédents, je décide de «faire payer» mon patron en adoptant une attitude boudeuse ou en négligeant mon travail, je n'aurai jamais la satisfaction d'être respecté et je perdrai probablement une partie de mon estime de moi. Le problème ne pourra qu'empirer.

En vouloir à la vie !

La vie nous confronte à des problèmes divers. Pour assurer notre satisfaction et notre confort, nous devons les régler. Dans cette perspective, m'en prendre à l'ordinateur est sans issue du point de vue de ma satisfaction (je ne peux tout de même pas attendre de lui qu'il égaie ma journée !). Je puis bien tenter de me soulager en l'accusant de tous les maux, mais si j'entreprends de le détruire, il est clair que je concentre mon énergie sur une mauvaise cible. Il en sera de même si je déverse ma frustration sur mes enfants ou sur mon chien, car je sais bien, au fond de moi, qu'ils n'y sont pour rien. Je me sentirai donc coupable en plus de faire un accroc à mon estime.

J'ai sans doute plus de chances d'être vraiment satisfait si j'accepte de consacrer le temps qu'il faut à la réparation de la machine. Je pourrais par exemple appeler un technicien et redéfinir mes priorités en fonction du problème. J'en sortirai sans doute plus satisfait que si je pleurais toute la journée sur mon sort. Quant à ma frustration, si je dois l'exprimer (ça libère et c'est parfois nécessaire), que je le fasse sans nuire à quiconque : pourquoi pas un bon rugissement, un juron intense, un coup au canapé ?!

Viser la mauvaise cible

Il n'est pas toujours facile de faire face à la personne ou à la situation qui nous cause une frustration. Et souvent, faire ce qu'il convient pour trouver la satisfaction désirée est exigeant. Il n'est donc pas rare qu'au lieu de nous confronter à ces difficultés, nous nous en prenions à un tiers pour déverser notre colère. Un grand sentiment d'injustice s'installe alors chez celui qui est ainsi utilisé. C'est là une des manières grâce auxquelles on parvient à empoisonner une relation…

QUE FAIRE AVEC LA COLÈRE ?

Comme c'est le cas pour toute émotion, si je m'efforce de vivre *complètement* ma colère, je comprendrai l'importance de ma frustration et je serai en mesure d'identifier le pouvoir réel que j'ai sur ma satisfaction. Je pourrai ainsi me mobiliser efficacement et parvenir à une solution.

EXEMPLE 1

Malgré mes multiples tentatives pour obtenir qu'il me dise au moins s'il a changé d'idée, mon patron ne répond pas. Je ne veux pas laisser tomber, car il s'agit pour moi d'une question de principe : une entente est une entente à moins que nous en prenions une autre qui nous convienne tout autant à tous deux. Je choisis donc de continuer de lui demander une réponse, en précisant en quoi cela est important pour moi. S'il s'obstine à éviter la question, j'amorcerai des démarches pour changer d'emploi. Et si je trouve un emploi qui m'intéresse, je quitterai celui-ci.

EXEMPLE 2

Ressentir ma colère m'a permis de comprendre que j'évalue la décision de mon fils à la lumière des rêves que j'ai pour lui. Je ferai donc tout ce que je peux pour le convaincre de son erreur « à mes yeux » et j'essaierai de consentir à le laisser vivre sa vie. Peut-être même que les rêves que j'ai pour lui traduisent des besoins qui me sont personnels ? Je pourrai alors employer l'énergie que je déployais inutilement à m'inquiéter de lui pour réaliser mes propres rêves.

VARIATIONS SUR LE THÈME DE L'INSATISFACTION-COLÈRE

L'agressivité est synonyme de colère. Mais elle désigne aussi l'énergie mise au service de la satisfaction.

Le *mécontentement* est une émotion simple indiquant l'insatisfaction.

La *déception**[15] désigne un mécontentement éprouvé lorsqu'une attente n'est pas comblée.

L'agacement s'apparente à un léger mécontentement dû à un dérangement, à une contrariété.

L'irritation est une colère de faible intensité, mais plus forte que l'agacement.

*L'écœurement** traduit une colère signalant qu'on en a assez, voire trop.

*L'indignation** est une forme de révolte déclenchée par une action qui heurte gravement nos valeurs.

L'exaspération est le signe que nous sommes à la limite de ce que nous pouvons supporter. C'est un mélange de colère et d'énervement.

15. L'astérisque indique au lecteur que le terme fait l'objet d'une analyse spécifique à laquelle il peut se reporter.

La *détestation* est synonyme d'aversion.

Abhorrer, c'est avoir en horreur. Ce sentiment traduit une haine particulièrement forte.

Fulminer signifie exploser d'une colère intense.

La *fureur* désigne aussi une colère très intense.

En ce qui concerne la *frustration**, *l'impatience**, la *jalousie**, la *haine**, la *rage**, la *révolte**, la *violence**, le *dégoût** et la *pitié**, le lecteur peut se reporter aux pages qui en traitent.

Le contentement

DES EXEMPLES

1. *Je viens de terminer une tâche qui avait de l'importance pour moi. J'ai enfin parlé à mon père. Je suis contente de l'avoir fait.*
2. *J'ai terminé l'œuvre que j'avais laissée en plan. Je suis contente du résultat. Je suis contente de moi.*

QU'EST-CE QUE LE CONTENTEMENT ?

Le contentement est une émotion qui traduit la satisfaction, plus particulièrement la satisfaction par rapport à un souhait : être satisfait du but atteint, de l'effort accompli, du désir comblé. Le contentement rend compte du fait que j'ai réussi à faire ou à obtenir quelque chose qui compte à mes yeux. Il peut s'agir de quelque chose que j'ai réalisé comme de quelque chose que j'ai reçu ou qui m'est arrivé. Il peut aussi s'agir d'un événement vécu par quelqu'un qui m'est cher. C'est de mon contentement qu'il s'agit quand je dis : *Je suis content pour lui !*

À QUOI SERT LE CONTENTEMENT ?

Le contentement m'informe qu'un événement important à mes yeux est survenu. C'est une marque de satisfaction. Il peut se présenter selon toute une gamme d'intensités.

QUE FAIRE AVEC LE CONTENTEMENT ?

Habituellement, au moment où j'éprouve le contentement, je sais pourquoi. Ce n'est pas le cas de toutes les émotions. Certaines, plus complexes, demandent un plus long temps d'immersion et de développement avant que la lumière se fasse. Souvent, par exemple, nous avons de la peine sans trop savoir pourquoi ou sans comprendre la raison de son intensité.

Comme avec toutes les émotions, il n'y a qu'une chose à faire avec le contentement : le ressentir. En m'abandonnant au processus naturel de l'émotion je saurai, de l'intérieur, quelle action ou expression est nécessaire pour que mon expérience soit complète.

Le désir

DES EXEMPLES

1. *Dès que je le vois, le désir monte en moi. Je n'ai qu'une envie, me retrouver au lit avec lui.*
2. *Je désire très fort avoir un enfant.*
3. *Je désire faire le tour du monde sur un voilier.*

QU'EST-CE QUE LE DÉSIR ?

Le désir est une émotion d'anticipation au même titre que la peur. Mais il s'agit de l'opposé de la peur. Désirer, c'est anticiper un plaisir et s'en réjouir d'avance. Le désir consiste à imaginer une situation concrète qui nous procurerait du plaisir, de la joie, de l'enchantement, et éprouver de l'excitation dans l'attente de sa réalisation.

Nous parlons du désir en tant qu'émotion, lorsque le plaisir anticipé, soit l'excitation, est relativement intense. Tout comme il est question de peur lorsque l'imagination provoque une poussée d'adrénaline ; sinon, il s'agit d'appréhension, de crainte. Dans le cas du désir de faible intensité, nous parlons de souhaits, d'envies, de rêves, de convoitise, toutes des opérations d'ordre intellectuel.

Lorsque j'éprouve un désir pour une situation connue, par exemple un contact avec quelqu'un qui m'est agréable, le plaisir qui accompagne mon désir est un plaisir « à l'idée de », c'est-à-dire par anticipation. Pour cette raison, la situation vécue est souvent différente de la situation imaginée. Mon désir s'attache en effet à ce que j'aimerais voir se produire, et non à tout ce qui pourrait arriver. Par exemple, lorsque j'éprouve un désir sexuel, je n'ai en tête que les images qui attisent ce désir, et non une vision de toute la relation durant cette période. Lorsque je suis en relation, je ne puis évidemment pas sélectionner uniquement les moments qui me transportent de plaisir et de joie. Les fantasmes mettent en effet en scène des situations beaucoup plus heureuses ou pénibles que ce que la réalité fait vivre.

À QUOI SERT LE DÉSIR ?

Que la situation désirée ne corresponde pas toujours exactement à la réalité n'enlève rien au fait que le désir est un sentiment extrêmement précieux. Ceux qui le perdent, dans un domaine ou dans un autre, se plaignent d'ailleurs de la tiédeur qui le remplace. N'est-ce pas le cas des gens blasés, désabusés ? Le désir m'informe d'un besoin, d'une aspiration, de conditions de satisfaction, de valeurs. Mes désirs sont une prolongation de ma personne, car ils révèlent mes besoins, mes aspirations et toutes sortes de choses qui comptent à mes yeux. Pour cette raison, le désir est un moteur pour la poursuite de mes aspirations, la recherche de l'équilibre et de la satisfaction.

Vivre avec nos désirs peut être exigeant, car nous devons parfois déranger pour les assumer. De plus, les désirs sont souvent couronnés de déceptions. Ceux qui choisissent de mettre leurs désirs de côté pour éviter de déranger ou d'être déçus ne savent peut-être pas qu'ils sabrent dans leur vitalité.

QUE FAIRE AVEC LE DÉSIR ?

Le désir, et le plaisir qu'il suscite, est une des émotions les plus agréables de l'existence. Il est aussi un signe de vitalité. Prendre conscience des désirs qui sont les plus importants pour nous est sans doute un gage d'actualisation, car c'est à travers nos désirs que nos aspirations se manifestent.

L'ennui

DES EXEMPLES

1. *Lorsque je ne suis pas occupé à remplir mes diverses obligations, il m'arrive souvent de ressentir de l'ennui. Je ne sais pas quoi faire de ma peau.*
2. *Durant les premiers temps de notre relation, j'étais si intéressée que je ne voyais pas le temps passer. Par la suite, je me suis mise à m'ennuyer.*
3. *J'ai trouvé le film très ennuyeux.*

QU'EST-CE QUE L'ENNUI ?

Je connais l'ennui (au sens de désœuvrement) quand je m'occupe à quelque chose qui est dénué de sens pour moi.

À QUOI SERT L'ENNUI ?

L'ennui m'indique que ce vers quoi je porte mon attention ne répond à aucun intérêt ou besoin actuel. Dans le cas de l'ennui, contrairement à l'impatience, ce n'est pas parce que je ne suis pas disponible que la chose ne m'intéresse pas. Ce n'est pas non plus parce qu'un de mes besoins est frustré. Pour ces raisons, il m'arrive souvent de demeurer passif devant l'ennui et d'attendre qu'il passe, ou de chercher à «meubler le temps» afin d'éviter de le ressentir trop clairement.

Pourquoi est-il si tentant de demeurer passif devant l'ennui ? Parce que pour chasser l'ennui, je dois m'occuper à quelque chose qui a du sens pour moi. Or, j'éprouve parfois de la difficulté à identifier mes intérêts ou mes besoins du moment. De ce fait, j'ai l'impression de ne pas savoir ce que je veux. Il est vrai que si elle est trop négligée, la faculté de cerner nos intérêts et nos besoins a tendance à s'atrophier. C'est ce qui arrive quand nous mettons trop longtemps de côté nos besoins en laissant aux autres le soin de décider ou en faisant passer leurs besoins avant les nôtres. C'est aussi le cas si nous passons la majeure partie de notre temps à faire « ce qu'il faut », sans nous soucier de nos intérêts et de nos besoins. Lorsque nous libérons enfin du temps pour nous, nous ne savons souvent plus comment l'occuper d'une manière satisfaisante. C'est ce que nous observons aussi si nous nous en remettons à d'autres pour la plupart des décisions. Notre faculté de choisir et d'assumer nos choix se développe peu ou s'atrophie.

QUE FAIRE AVEC L'ENNUI ?

L'ennui peut être *occasionnel*. Lorsqu'il apparaît, je dois prendre conscience que ce qui se passe n'a pas réellement d'intérêt pour moi et choisir une activité qui réponde mieux à mon besoin. Parfois, je n'aurai que peu à faire pour modifier la situation de manière à ce qu'elle tienne davantage compte de mon besoin. Parfois, je devrai carrément changer d'activité.

L'ennui *chronique* existe aussi. Il est le signe que je consacre peu d'énergie et de temps à mes besoins. Il n'y a, dans ce cas, pas d'autre solution que de m'employer à satisfaire davantage mes besoins et de m'occuper à des choses qui m'intéressent. Cette difficulté peut résulter d'un manque de pratique, de la peur de m'affirmer ou des deux.

Mais si je m'exerce si peu à identifier ce que je désire, il est possible que ce soit parce que je me désintéresse de ce que je vis. Dans ce cas, il est utile de faire les exercices suivants[16] :

• prêter davantage attention à ce que je vis ;

• m'habituer à identifier ce que j'aime, ce que je désire, ce à quoi je tiens ;

• faire souvent des choix, même si je ne suis pas sûr de moi.

16. Jean GARNEAU, Michelle LARIVEY, *Savoir ressentir, op. cit.*

La haine

DES SENS PROCHES

Détester, abhorrer, exécrer.

DES EXEMPLES

1. *Je hais mon mari chaque fois qu'il me méprise.*
2. *Je hais les profiteurs du système et ceux qui font des lois qui les encouragent.*
3. *Je déteste les araignées. Je les écrase toutes.*

QU'EST-CE QUE LA HAINE ?

La haine est l'envers de l'amour. Elle est une colère intense doublée de désirs malveillants : nous voudrions que l'objet de notre haine ne puisse pas nous avoir causé du mal impunément. En effet, la haine concerne une personne à qui nous accordons un pouvoir sur notre satisfaction.

La haine est surtout ressentie par rapport à d'autres êtres humains. Il arrive qu'elle soit provoquée par un animal : c'est la peur ou le mal qu'il nous a déjà fait qui la suscite alors. Lorsqu'il s'agit d'objets ou de situations, on parlera de détestation ou d'exécration plutôt que de haine.

À QUOI SERT LA HAINE ?

La haine trahit notre profonde insatisfaction. L'insatisfaction peut être de différentes natures, aller de la simple frustration, *Elle me prive de ce que je désire le plus au monde,* à l'outrage, *Elle m'a humilié en public,* jusqu'à un tort subi, *Sa fraude est à l'origine de ma débandade financière.*

L'insatisfaction provoque habituellement des émotions de colère. Quelle différence y a-t-il entre la colère et la haine? Pour éprouver de la haine au lieu de la colère, il faut une forme de dépendance à l'égard de la source d'insatisfaction contre laquelle nous en avons. Quelle que soit la nature de cette dépendance, affective, financière, politique, l'effet est le même: nous sommes à la merci de l'autre. L'épouse qui rage devant le mépris de son mari et qui le hait de la traiter ainsi réagit aussi fortement parce qu'elle attend l'opposé de lui (exemple 1). L'associé est lié au partenaire qui l'amène à la banqueroute. Les choix politiques de nos élus agissent petit à petit sur la mentalité de notre société qui s'éloigne de plus en plus des valeurs auxquelles j'adhère (exemple 2).

Le troisième exemple est une expression de la haine suscitée par la peur. Cette haine fait suite à une mauvaise expérience avec les araignées. Il peut aussi s'agir d'une phobie. Si c'est le cas, c'est une autre expérience émotive qui est transposée sur l'araignée. La haine à l'égard de l'insecte n'est alors qu'un «déplacement». Le pauvre insecte n'y est pour rien.

La haine est une émotion importante, comme toutes les émotions. C'est en la ressentant complètement que nous arrivons à comprendre ce qui nous affecte réellement.

QUE FAIRE AVEC LA HAINE?

L'éprouver dans son intégralité, en laissant tout le processus émotionnel avoir cours. C'est ce qu'il est nécessaire de faire avec toutes mes émotions si je veux prendre conscience de ce que je vis réellement et savoir ce que je dois faire pour préserver mon équilibre physique et mental.

EXEMPLE 1

Mon mari et moi venons d'avoir une de nos disputes destructrices. Une fois de plus, il m'a traitée comme si je n'étais rien. Je suis blessée et je le hais profondément. D'habitude, je chasse rapidement ce sentiment. Je mets ses propos sur le compte de l'alcool et cela m'aide à repousser la haine. Cette fois, je décide de demeurer dans cette émotion, même si j'ai très peur. Où cela va-t-il me (nous) mener? Je soupçonne que ce que je vis devant son mépris n'est pas léger et que si je m'y arrête, je ne pourrai plus supporter cela (je commence à comprendre pourquoi je fuis toujours cette émotion).

Je laisse aussi libre cours à mes fantasmes*, en les prenant pour tels et non pour des intentions d'action: Je voudrais le battre quand il me traite ainsi. J'ai envie de le quitter, de ne plus jamais avoir affaire à lui. Je ne veux plus qu'il me touche — jamais.*

Je le trouve minable... encore une baisse dans l'estime que j'ai pour lui. En laissant aller mes fantasmes, je me rends compte que je suis profondément dérangée par sa manière de me traiter. Je le suis beaucoup plus que je ne le pensais. J'hésite... la peur me pousse à vouloir chasser de mon esprit tout ce que je vis et tout ce que je pense. Mais je ne le fais pas. Je décide de demeurer dans ma haine, blessée. Je me fais distante... Je n'ai aucun désir d'avoir des rapports avec quelqu'un qui me traite ainsi. Il réagit, étonné (il est habitué à ce que je lui pardonne). Je lui dis ce que je ressens. Il tente de dédramatiser et même de me séduire. Cette fois, ça ne fonctionne pas. Il ne me touche pas et je n'ai pas envie de me forcer pour qu'il puisse m'atteindre...

Ma distance dure plusieurs jours. Mon mari est inquiet et je ne fais rien pour le rassurer. Je suis inquiète, moi aussi, je ne sais pas où je me dirige exactement. Je sais seulement que je demeure fidèle à ce que je vis et que je n'efface rien de ce que j'éprouve ou de ce qui est important pour moi. Je me rends compte que lui non plus n'est pas comme d'habitude. Il a l'air soucieux. Depuis notre dernière querelle, à aucun moment il n'a eu cette attitude méprisante que je lui reproche. À aucun moment il ne m'a traitée comme si je n'étais rien. Pour cette raison, j'éprouve un certain contentement, mais cela ne change pas mes sentiments et je n'ai pas davantage envie de me rapprocher de lui. Durant cette période, je fais des rêves dans lesquels j'ai l'impression que je me débats contre des agressions.

Après plusieurs jours de « marinade », à l'occasion d'une scène dans un film, j'éclate en sanglots… Je me revois m'effacer devant un père qui n'en avait que pour son fils et traitait ses filles comme du menu fretin. On dirait que la douleur accumulée et la colère me reviennent à travers les larmes… Il est évident que je ne veux plus supporter cela.

Évident aussi que je vais dire à mon mari ce qu'il me fait vivre et que je ne supporte plus la situation. J'ignore ce qui se passera s'il persiste dans son attitude, mais je sais profondément en moi que je ne la subirai plus. Quelque chose est changé irrémédiablement en moi.

L'impatience

DES EXEMPLES

1. *Le comité s'attarde sur des détails sans importance alors qu'il est clair que nous ne passerons pas à travers l'ordre du jour. L'impatience me gagne.*
2. *Le trafic avance à pas de tortue. Que de temps perdu !*
3. *Le patineur trépigne sur son banc en attendant l'évaluation des juges.*

QU'EST-CE QUE L'IMPATIENCE ?

Je suis impatient lorsque je m'occupe à quelque chose qui est sans importance à mes yeux tout en négligeant au même moment ce qui en a.

L'impatience peut être agréable si je vis la situation présente dans l'attente d'un moment que j'espère heureux ; c'est le cas dans l'exemple du patineur. L'émotion est désagréable et s'accompagne rapidement d'irritation lorsque j'accepte trop longtemps une situation qui n'a pas de sens.

Il faut distinguer l'impatience de l'impulsivité. L'impulsif est une sorte d'impatient chronique qui cherche souvent à se débarrasser de ce qu'il vit au présent. Mais ce n'est pas parce qu'il a mieux à faire qu'il s'impatiente. L'impulsif est irrité parce que son émotion présente le met mal à l'aise. C'est d'elle qu'il cherche à se débarrasser. Contrairement à ce qui se passe pour l'impatient, la situation que connaît l'impulsif a beaucoup de sens. Mais, pour une raison ou une autre, il refuse de la vivre et de l'assumer.

À QUOI SERT L'IMPATIENCE ?

Elle m'indique que j'ai mieux à faire que ce que je fais. L'exemple 1 est significatif: je considère que nous perdons notre temps sur des sujets qui ont moins d'importance que ceux que nous avons laissé tomber. L'exemple 2 est du même genre: je pourrais employer mon temps à quelque chose de beaucoup plus valable à mes yeux que d'attendre aux feux de circulation. L'exemple 3 illustre la même chose, mais avec une connotation agréable: peu de chose, dans le présent du patineur, pourrait capter son attention tant il a hâte de connaître sa note.

QUE FAIRE AVEC L'IMPATIENCE ?

L'impatience cédera la place à une autre émotion si je donne la priorité à ce qui a de l'importance pour moi à ce moment-là. L'état du psychisme est en tout temps accessible et donne toujours lieu à une expérience émotionnelle. Il suffit que je sois à l'écoute de moi.

EXEMPLE 1

J'interromps le comité pour lui faire part de mes craintes concernant l'ordre du jour. Mais lorsque ma satisfaction dépend des efforts d'autres personnes, me contenter d'indiquer le problème est généralement insuffisant. Mes collègues ont leurs propres raisons de s'attarder à des détails de peu d'importance et de couper les cheveux en quatre. Comme il s'agit de « mon » besoin (et peut-être également de celui d'autres collègues, mais qui demeurent muets sur la question), j'ai la responsabilité, envers moi-même, de me mobiliser pour y voir. Plusieurs interventions de ma part seront peut-être nécessaires pour les convaincre. Ou encore je devrai me mêler de l'animation de la réunion, si l'animateur n'est pas suffisamment rigoureux pour nous aider à avancer dans l'ordre du jour.

EXEMPLE 2

Que puis-je dans un trafic semi-paralysé ? Pas grand-chose pour améliorer la circulation. Toutefois, je puis employer le temps que j'y perds à réfléchir, à me préparer mentalement à une activité importante, etc. (Certains téléphonent !)

La nostalgie

DES EXEMPLES

1. *J'ai la nostalgie de mon pays.*
2. *J'ai la nostalgie des vacances.*
3. *Chaque fois que je regarde ces photographies, je trouve que c'est la plus belle époque de ma vie. Je deviens nostalgique.*

QU'EST-CE QUE LA NOSTALGIE ?

La nostalgie est une forme de tristesse qui a trois caractéristiques : son intensité est peu élevée ; elle est reliée à une situation de vie passée qui était satisfaisante à plusieurs égards ; elle est déclenchée par des situations ou des gestes précis dont on a gardé un bon souvenir.

À QUOI SERT LA NOSTALGIE ?

Comme la tristesse, la nostalgie indique un manque sur le plan affectif. Il ne s'agit pas d'un manque intense ni de toute première importance, mais néanmoins de besoins en souffrance. Avoir la nostalgie de son pays, c'est éprouver un manque par rapport à un certain nombre de choses agréables de ce pays-là. La nostalgie des vacances est avivée par la soudaine absence d'activités, de contacts, ou de manières de vivre vivifiants. La vue des photographies (exemple 3) me fait réaliser que je manque d'une nourriture affective dont j'ai besoin.

QUE FAIRE AVEC LA NOSTALGIE ?

La manière dont je formule mes besoins donne l'impression que ce n'est qu'en retrouvant la situation d'antan que je pourrais les combler. C'est la dimension paralysante de la nostalgie. Si, au contraire, j'évoque mes souvenirs en cherchant à identifier les éléments qui rendaient cette situation aussi satisfaisante, je puis sortir de l'immobilisme. Cela me donne l'opportunité de rechercher, voire de reproduire, au présent, les facteurs qui sont susceptibles de contribuer à ma satisfaction.

La peur

EXPÉRIENCES CONNEXES

La crainte, l'effroi, l'épouvante, la frayeur, la terreur, l'appréhension, le trac, l'anxiété, l'inquiétude, la panique, la phobie.

DES EXEMPLES

1. *Au volant, tout à coup, j'ai peur d'être heurté par une automobile dont le chauffeur semble avoir perdu le contrôle.*
2. *J'ai peur d'être emporté par une vague et de me noyer.*
3. *J'ai peur que mon amoureux me quitte si j'exprime ma colère.*

QU'EST-CE QUE LA PEUR ?

La peur est une émotion d'anticipation. Elle informe l'organisme d'un danger potentiel. Ce n'est pas ce qui se produit au présent mais ce qui pourrait survenir dans un avenir plus ou moins rapproché (dans quelques secondes, quelques jours) qui représente un danger.

La peur est subjective

L'évaluation du danger est toujours subjective. La peur, donc, comme toutes les émotions, est subjective. Dans le premier exemple, nous sommes enclin à considérer la peur comme «objective», mais elle ne l'est pas plus que dans les deux autres. Dans la situation décrite, un pilote de voiture de course ne verrait en effet qu'un défi alors que moi je crains la catastrophe. Cette différence d'interprétation repose sur l'inégalité de notre expérience et de nos habiletés en tant que conducteurs.

La peur est réaliste ou irréaliste

La peur est déclenchée par la perception d'un danger. Cette perception n'est pas forcément réaliste même si celui-ci est vécu comme inéluctable. L'imagination joue un rôle important dans la formation de la perception. L'opération mentale qu'est la perception est constituée de quatre éléments: des faits, des émotions, une production de l'imaginaire et un jugement[17].

Dans le cas de la peur, c'est l'anticipation, c'est-à-dire le fait d'imaginer ce qui pourrait se produire, qui déclenche l'émotion. La peur de se noyer, emporté par une vague déferlante, comme dans le deuxième exemple, apparaît irréaliste à certains. Mais celui qui n'est pas familier avec les vagues ou qui craint l'eau pense que l'éventualité est plausible. Il s'imagine être emporté par le reflux ou encore paniquer si la force de la vague le maintient quelques secondes sous l'eau. Mais l'événement prédit ne se produit pas fatalement. Et en intervenant dans la situation, nous pouvons changer le cours des choses. Ceci est vrai dans le cas d'un accident potentiel. La perception du danger pousse à agir pour éviter que l'accident ne se produise: j'analyse rapidement le mouvement de la voiture sans contrôle, et je conduis mon véhicule de manière à l'éviter.

17. *Ibid.*

Cela est aussi vrai dans les rapports interpersonnels. Je peux craindre, comme dans le troisième exemple, que mon ami ne supporte pas l'expression de mon mécontentement et de ma colère. J'appuie cette prédiction sur des faits qui se produisent régulièrement : il m'en veut et s'éloigne pendant un certain temps chaque fois que je me montre mécontente. Mais je puis changer le cours des choses. Si je considère que mon expression est légitime et non abusive, je peux inviter mon ami à s'interroger sur les raisons qui l'amènent à répudier cette émotion particulière de façon constante. Il est possible qu'avec le temps et son évolution personnelle, je puisse exprimer ce genre d'émotion sans risquer de séparation.

Les manifestations physiques de la peur

La peur s'accompagne d'une série de réactions physiques de mobilisation. Lorsque l'organisme perçoit un danger, les glandes surrénales augmentent leur production d'adrénaline. L'organisme se mobilise alors pour la fuite ou la défense : accélération des battements du cœur, augmentation de l'acuité mentale, décomposition des graisses pour fournir plus d'énergie, etc. C'est seulement quand le péril est écarté qu'est ressentie l'intensité des effets physiologiques de la peur. C'est aussi à ce moment-là, lorsque l'attention se relâche, que surviennent les tremblements et que nous prenons complètement conscience de l'ampleur du danger auquel nous avons échappé.

À QUOI SERT LA PEUR ?

La peur nous avertit de la présence possible d'un danger. L'information qu'elle fournit nous permet de prendre les mesures propres à nous protéger. À ce titre, elle est précieuse et même indispensable à la vie. Les animaux disposent, eux aussi, de cette émotion protectrice. Cela dit, nous avons toutes sortes de réactions devant la peur. Il arrive que ces réactions soient tout à fait adaptées, mais à d'autres moments, elles peuvent aussi nous handicaper.

La paralysie

Dans certains cas, la paralysie est une réaction protectrice fort efficace. Si j'assiste à un cambriolage à main armée, il est sans doute préférable que je me fasse oublier plutôt que je tente de m'échapper ou de crier de peur. Mais face à un danger sur la route, il est généralement plus efficace de tenter de l'éviter que d'attendre passivement.

L'évitement

Il est tentant d'éviter tout ce qui nous fait peur sans discrimination. En vivant ainsi, toutefois, nous nous aménageons une existence qui deviendra de plus en plus restreinte. Pour gagner de la liberté, il est au contraire nécessaire d'apprivoiser nos peurs.

Jusqu'à quel point et sur lesquelles de nos peurs nous choisirons d'investir sont des décisions que nous devons prendre en fonction de ce qui nous importe. Certains mettront beaucoup d'énergie à vaincre leur peur des hauteurs parce que la montagne les attire, mais ils ne relèveront jamais le défi de donner une allocution ou de se produire devant les médias, parce que ce défi leur semble démesuré ou parce que ces activités ne présentent aucun intérêt à leurs yeux. L'important est d'évaluer le prix que nous paierons pour apprivoiser notre peur, comparativement à celui qu'il nous en coûtera de l'éviter.

La négation du danger

À l'opposé de l'évitement se trouvent les comportements dits « contre-phobiques » : la personne fonce, tête baissée, apparemment insensible au danger. Elle aborde le danger en le minimisant ou en ne le considérant pas comme réel. Une telle attitude amène ces personnes à se lancer dans des aventures qui sont nettement au-delà de leurs forces ou encore à négliger de prendre les précautions nécessaires pour minimiser les dangers.

QUE FAIRE AVEC LA PEUR ?

Il faut d'abord *être toujours réceptif* à l'information fournie par la peur, car c'est notre instinct de protection qui s'exprime à travers elle. L'instinct de protection est une manifestation de la force vitale qui pousse les êtres vivants à maximiser leur vie[18].

Il importe ensuite de *vérifier s'il existe un danger réel.* En effet, la peur est un avertissement que nous fournit l'évaluation d'une situation. Nous devons donc nous assurer de la justesse de notre perception afin de pouvoir nous prémunir contre le danger en cas de besoin.

Dans le premier exemple, dès que la peur m'avertit d'un péril potentiel, j'effectue une vérification ultrarapide : j'observe la trajectoire de la voiture, j'apprécie sa vitesse, j'en déduis qu'elle peut prendre telle direction, se comporter de telle façon, j'évalue ma position par rapport à celle-ci, celle des autres voitures, etc. C'est à la suite de ces opérations mentales que je prends les dispositions pour éviter ou minimiser l'accident. Dans le deuxième exemple, c'est seulement en affrontant la vague que je serai en mesure

18. Jean GARNEAU, Michelle LARIVEY, « Une théorie du vivant », http://redpsy.com/infopsy/vivant.html

d'estimer le risque que j'encours. Certains me conseilleront de m'aventurer en m'assurant qu'il n'y a pas de danger réel de noyade. Il est fort probable que je sois de leur avis sans que cela diminue ma peur. Il faudra donc que je me mette à l'épreuve en situation pour identifier quels sont les dangers réels en ce qui me concerne. Selon l'importance de ma peur, je procéderai progressivement ou je me lancerai dans l'aventure. Dans le troisième exemple, la peur que mon ami me laisse repose sur des indices d'insatisfaction que je perçois déjà. Il peut s'agir de l'insatisfaction de mon ami ou encore de la mienne que je lui attribue sans m'en rendre compte. C'est en examinant ces insatisfactions que je me ferai une idée réaliste de leur impact sur notre relation. C'est de cette façon que la peur de le perdre m'aura été utile : je serai en mesure d'envisager les changements qui s'imposent dans notre relation.

Enfin, il faut *apprivoiser l'objet de la peur.* Il arrive que la peur fasse obstacle à nos objectifs ou à notre épanouissement personnel. Avoir peur des femmes qui sont belles ou qui réussissent professionnellement peut empêcher un homme de développer une relation amoureuse qui soit stimulante et enrichissante pour lui. Avoir peur des hautes vagues me limite dans mon évolution de véliplanchiste. Ces constatations nous fournissent habituellement la motivation nécessaire pour nous attaquer au problème. Quant à l'apprivoisement, par définition, il se fait par étapes. Il s'agit de graduer le contact avec ce qui fait peur et de persévérer.

VARIATIONS SUR LE THÈME ANTICIPATION-PEUR

L'insécurité (pseudo-émotion) est un état dans lequel nous nous croyons en danger. Elle peut être vécue sur différents plans de l'existence : affectif, intellectuel, matériel, professionnel. Elle peut porter sur divers sujets : nos habiletés, nos connaissances. Du point de vue psychique, l'insécurité est synonyme de manque de confiance[19].

Si nous avons le sentiment que nous ne sommes pas réellement désirable, nous pouvons manquer de sécurité (ou de confiance en nous) dans nos relations amoureuses. Dans ce cas, nous risquons toujours d'être ignoré ou rejeté par les êtres qui nous attirent. Nous pouvons manquer de sécurité sur le plan matériel, parce que nous ne sommes pas protégé contre les imprévus. Dans ce cas, l'insécurité peut être latente ou se manifester lorsque survient un événement potentiellement précurseur du danger (maladie, perte d'emploi). Nous pouvons manquer de sécurité quand il s'agit de nous exprimer et que nous sommes peu sûr d'être capable de rendre nos sentiments avec justesse ou d'affronter notre interlocuteur. Dans cette situation, nous serons craintif.

L'insécurité consiste donc en un manque d'assurance qui se manifeste par des peurs. Lorsqu'elle concerne nos capacités, c'est la peur d'échouer qui est en cause. Lorsque l'insécurité est en rapport avec un facteur extérieur, c'est de la peur d'un danger qu'il s'agit.

L'appréhension est une peur de faible intensité.

La *crainte* désigne aussi une peur de faible intensité.

Le *trac* (émotion mixte) est le mélange de peur et d'excitation qui est ressenti avant une prestation : l'excitation à l'idée d'offrir une performance que nous voulons réussie, et la peur d'échouer. Le trac se dissipe lorsque le contact avec l'auditoire est établi avec satisfaction et que nous sommes rassuré par les réactions de celuici quant à la qualité de notre performance.

---

19. Jean GARNEAU, « La confiance en soi », *Les Émotions…*, *op. cit.*, p. 119-138 ou http://redpsy.com/infopsy/confiance.html

La *frayeur* traduit une peur très intense dont la durée est habituellement brève.

L'effroi est une frayeur mêlée d'horreur.

L'épouvante consiste en une peur violente et soudaine suscitée par quelque chose d'extraordinaire et de menaçant.

La *terreur* est une peur extrême qui tend à provoquer l'immobilité. Le danger perçu est si énorme que nous avons l'impression de ne pouvoir prendre aucune initiative. Les régimes de terreur, par exemple, comptent sur le fait que les gens n'oseront agir de peur de représailles. Les terroristes réussissent ainsi à manipuler la population par des menaces terrifiantes.

L'affolement est un comportement d'agitation. Déclenché par une peur d'intensité forte ou faible, l'affolement se nourrit habituellement lui-même (comme la panique), parce que nous avons perdu partiellement contact avec ce qui l'a déclenché.

Pour ce qui concerne *l'inquiétude** et les expériences émotionnelles survenant lorsque nous repoussons des émotions ou écartons des préoccupations que nous appréhendons, telles que *l'anxiété**, *l'angoisse**, la *panique**, la *peur-panique** et la *phobie**, le lecteur peut se rapporter à ces termes.

Le plaisir

DES EXPÉRIENCES ÉMOTIVES CONNEXES

La joie, le bonheur, la béatitude, l'euphorie, l'extase, l'agrément, la délectation, la jouissance, la volupté, le ravissement, l'enchantement, l'émerveillement.

DES EXEMPLES

1. *J'ai du plaisir à faire de l'escalade.*
2. *Le plaisir des sens… le plaisir esthétique.*
3. *La lecture est un de mes plaisirs dans la vie.*
4. *Ma relation avec ces gens est généralement plaisante.*

QU'EST-CE QUE LE PLAISIR ?

L'être vivant est un être de besoins. Le plaisir est le nom générique donné à la satisfaction d'un besoin physique, affectif ou intellectuel, ou encore à l'exercice harmonieux d'une fonction vitale. À l'extrémité opposée du continuum de satisfaction, c'est le déplaisir (malaise, mécontentement, désagrément, douleur). Le terme de «plaisir» connaît un grand nombre de synonymes désignant des différences plus ou moins subtiles dans l'expérience de satisfaction.

À QUOI SERT LE PLAISIR ?

Nous éprouvons du plaisir lorsqu'un besoin (il peut même s'agir d'un caprice) est comblé, lorsque nous agissons dans le sens d'une inclination qui nous est propre. Le plaisir est plus ou moins grand ou intense, selon l'importance du besoin ou de la tendance, et le degré de satisfaction de ceux-ci.

QUE FAIRE AVEC LE PLAISIR ?

Comme pour toutes les émotions, il s'agit de le ressentir totalement, dans toute son intensité. C'est uniquement de cette manière que je pourrai vivre une expérience « complète », c'est-à-dire qui me permette d'identifier l'importance et la signification de ce plaisir et de m'exprimer d'une façon unifiante.

VARIATIONS SUR LE THÈME SATISFACTION-PLAISIR

La *joie* exprime une satisfaction qui se caractérise par un sentiment de plénitude. Pour qu'il y ait joie, il faut que le contentement concerne un sujet important. Il faut également qu'il porte sur la totalité du sujet. De là vient le sentiment d'être comblé. La joie peut être profonde et tranquille, mais aussi intense et provoquant l'excitation, voire l'exaltation. À la différence du plaisir, la joie ne porte pas sur des satisfactions d'ordre physique. Et bien qu'elle puisse s'exprimer par de la gaieté, elle est de nature plus intériorisée que le plaisir. La joie est une émotion qui gagne toute notre personne. La joie, contrairement au bonheur, est une émotion de courte durée.

Le *bonheur* n'est pas une émotion. Il est un état provenant de plusieurs émotions indicatrices de satisfaction, y compris la joie et le plaisir, dans tous les secteurs névralgiques de notre vie. Bien qu'il repose sur des émotions d'intensité variable, le bonheur est une expérience paisible. Il peut être de courte ou de longue durée. Les instants de bonheur viennent de ce qu'un manque criant a été comblé. Plus rien ne compte que de dormir lorsque nous sommes épuisé : le bonheur, c'est un bon lit chaud. Étancher une grande soif avec une eau fraîche fait vivre un instant de bonheur. Être enfin dans les bras de l'être aimé après une longue attente est la seule chose qui compte : c'est le comble du bonheur.

La *béatitude* décrit un état de parfait bonheur. La satisfaction est à son comble dans tous les secteurs importants de notre existence.

L'euphorie est un contentement d'intensité extrême qui peut susciter de l'excitation et de l'agitation.

L'extase consiste en un état d'ivresse provoqué par une joie extrême.

L'agrément est un plaisir de peu d'intensité et de courte durée.

La *délectation* concerne un plaisir que l'on savoure.

La *jouissance* se rapporte à un très grand plaisir dont nous profitons pleinement. Il s'agit habituellement d'un plaisir d'ordre sensuel, intellectuel ou esthétique.

La *volupté* désigne un vif plaisir des sens pleinement goûté.

Le *ravissement* est une joie très forte. L'intensité de la satisfaction dépasse nos attentes et nous rend rayonnant.

L'enchantement consiste dans le plaisir vif d'être charmé.

L'émerveillement est un plaisir mêlé d'étonnement et d'admiration devant ce qui nous paraît extraordinaire.

La tristesse

DES SYNONYMES

La peine, le chagrin, la douleur.

DES EXEMPLES

1. *Je suis triste aujourd'hui. Je n'ai aucune idée de ce que j'ai, car tout va bien dans ma vie.*
2. *Quelqu'un me fait une gentillesse et je deviens vaguement ému, puis triste.*
3. *J'assiste aux funérailles d'une cousine lointaine. Je suis surprise d'avoir tant de peine.*

QU'EST-CE QUE LA TRISTESSE ?

La tristesse est une émotion simple. Elle révèle un manque de nature *affective* provoqué par la perte d'une personne, d'un animal, d'un objet qui m'était cher. J'éprouve aussi de la tristesse lorsque je passe à côté d'une occasion importante, ou quand je suis privé de quelque chose qui a de la valeur à mes yeux. Ma tristesse révèle alors un besoin affectif en souffrance. La tristesse est d'autant plus intense que la perte ou le manque est subjectivement considérable. Il est impossible de faire une liste exhaustive de tous les manques ou besoins affectifs que la tristesse peut traduire. Il en est de la tristesse comme de toutes les émotions : c'est en la ressentant complètement que l'on sait précisément ce qu'il en est.

EXEMPLE 1

En demeurant dans la tristesse (immersion[20]), je découvre que le départ de mon collègue me prive du seul support que je trouvais au travail. Depuis une semaine qu'il a quitté l'entreprise, je n'ai pas été sensible à son absence et je n'ai pris aucun moment pour m'arrêter à ce que cela me faisait. Mais ce matin, j'ai eu besoin de lui… C'est maintenant que je me rends compte que son absence me bouleverse, et que je m'autorise à ressentir ma tristesse devant la perte que son départ représente.

EXEMPLE 2

J'éprouve d'abord de la joie devant la gentillesse du geste, mais rapidement, la tristesse prend le dessus. En me laissant traverser ma peine, j'ai accès à quelque chose dont je suis rarement conscient : mon besoin de douceur… une douceur qui pourrait me donner l'impression d'être important pour un autre. Cela m'arrive à un moment inattendu. J'éprouve de la joie, mais surtout, toute la tristesse accumulée à la suite d'une longue privation.

EXEMPLE 3

Il est bien clair que ma tristesse n'a pas de rapport avec cette cousine lointaine. Défilent dans mon esprit des images de mon frère, mort voilà plusieurs années… C'est la tristesse attachée à son souvenir, que je n'ai jamais vécue complètement, qui remonte à présent.

Colère ou tristesse

Consentir à la tristesse, c'est accepter une certaine vulnérabilité. Ceux qui craignent leur sensibilité peuvent transformer leur

20. Voir la présentation qui en est faite dans le chapitre 2 consacré au processus émotionnel.

tristesse en colère. Ils se concentrent alors sur l'objet, la personne ou l'événement qu'ils considèrent comme étant responsable de leur frustration et l'attaquent (en pensée, en parole ou en action). Au point qu'ils en deviennent parfois obnubilés et perdent tout contact avec leur vrai besoin. Ce genre de détournement de l'attention donne également lieu à des joutes interpersonnelles aussi stériles qu'interminables, notamment dans la vie de couple. Combien de querelles sont déclenchées par le refus de nous montrer vulnérable en laissant voir nos besoins affectifs réels ?

D'autres au contraire sont mal à l'aise avec la colère ou l'affirmation. Ils ont tendance à pleurer lorsqu'ils sont en proie à la colère ou à la rage. La partie de tristesse que comportent alors les pleurs traduit à la fois la frustration et l'impuissance à obtenir satisfaction. Chez d'autres encore, enfin, la frustration ou le manque prend la forme d'une plainte hostile. Une telle transformation de leur expérience mène à l'impasse.

À QUOI SERT LA TRISTESSE ?

La tristesse est le signe d'un manque. Lorsqu'elle dure, c'est que dure aussi le manque.

Ressentir ma tristesse ne fera pas disparaître le manque, pas plus qu'éprouver complètement ma colère ne me satisfait. Mais cela me permettra d'identifier le besoin en souffrance. Il n'est pas rare d'entendre une protestation du genre : *Depuis le temps que je pleure à ce sujet, ma tristesse devrait être épuisée* ! Il faut mal comprendre la fonction de la tristesse pour réagir ainsi. C'est comme si j'estimais que l'indicateur lumineux du niveau d'huile, dans la voiture, doive s'éteindre après un certain temps même si je n'en ai pas ajouté. Mais s'il s'éteignait, je risquerais d'oublier d'y voir et de brûler le moteur! La tristesse joue le même rôle que l'indicateur: elle est le signe que le besoin est toujours en souffrance. Si elle disparaissait, je serais en réel danger! D'ailleurs, lorsque je la fais disparaître artificiellement, avec des antidépresseurs ou en m'étourdissant, je mets mon équilibre en péril.

Une *tristesse perpétuelle* indique simplement que le manque affectif persiste. Elle demeurera et s'amplifiera si, par exemple, après le décès d'une personne qui m'était chère, je n'essaie pas de trouver une nouvelle relation aussi enrichissante que l'était l'ancienne.

S'ils demeurent en déficit trop longtemps, le ou les manques auront toutes sortes de répercussions dans ma vie. Je sentirai que l'énergie me fait défaut et j'aurai de moins en moins d'enthousiasme pour entreprendre des choses qui pourraient m'apporter de la satisfaction. Comme c'est la satisfaction qui est responsable de l'énergie psychique, je me trouverai dans un cercle vicieux: être en besoin et n'avoir ni le goût ni l'énergie nécessaires pour faire ce qu'il faut pour m'en sortir[21].

Le *deuil*[22] provoqué par la perte d'un être cher est une forme de tristesse qui peut durer très longtemps, et qu'il est très important de vivre. Plus la personne prenait de place dans ma vie, plus elle me comblait affectivement, plus je ressens le manque consécutif à la perte de sa présence. Ma peine sera profonde. Elle le sera d'autant plus que la personne m'était proche dans plusieurs sphères de ma vie.

Vivant ma peine, ma douleur, je repasserai en pensée et en détail tous les moments de la vie, les journées et les nuits, durant lesquels sa présence me comblait. En pleurant ces manques

21. Jean GARNEAU, « Le *burnout* : prévention et solutions », http://redpsy.com/infopsy/burnout.html
22. Jean GARNEAU, « Deuils et séparations », http://redpsy.com/infopsy/deuils.html

jusqu'au bout, j'identifierai tous les besoins auxquels cette personne répondait et leurs nuances. Plus l'être disparu avait une place importante dans ma vie quotidienne, plus le processus sera long. Mais c'est le vivre à fond qui me permettra ultérieurement de me tourner vers d'autres relations importantes pour combler mes besoins.

QUE FAIRE AVEC LA TRISTESSE ?

Être triste n'est pas être déprimé. Mais omettre de combler mes besoins affectifs peut mener à la dépression. Aussi est-il crucial que j'accepte de ressentir cette émotion. Les objections sont nombreuses et surviennent aussitôt que la tristesse apparaît. Pour n'en citer que quelques-unes : *Je ne sais pas pourquoi je pleure (donc je m'arrête), Ça ne donne rien de pleurer, Je vais avoir l'air de quoi ! (sans compter mon maquillage qui coule...), Je pleure depuis longtemps et cela ne change rien, J'ai l'impression de m'apitoyer sur mon sort, Il y en a dont la situation est bien pire que la mienne, J'ai peur que ma tristesse soit sans fond, Je crains de sombrer dans la dépression.*

Aucune de ces objections ne tient devant l'importance de la tristesse. Bien entendu, pour que la tristesse porte tous ses fruits, il est nécessaire de la vivre adéquatement, c'est-à-dire de laisser libre cours à chaque phase du processus émotionnel, comme dans l'exemple qui suit :

> *Je suis au cinéma avec mes enfants. Je me surprends à devenir extrêmement triste lorsque la mère cane est tuée par le chasseur et que ses petits la cherchent désespérément. Je laisse s'exprimer ma tristesse et pleure abondamment. Des images se mettent à défiler dans ma tête en même temps que le film se déroule sous*

mes yeux. Chacune ne fait qu'alimenter ma peine. Certaines scènes me sont plus douloureuses: celle où les canetons se cachent, apeurés; celle où ils semblent désemparés. J'imagine mes propres enfants aussi désemparés, dans quelques mois, au moment où nous nous séparerons, mon épouse et moi. Cela me crève le cœur de leur faire ça! Je suis certain que je vais déprimer lorsqu'ils seront partis. Je suis désespéré. Ma douleur est vive. Je ne regarde plus le film. Je ressasse pour la nième fois d'autres possibilités que la séparation. Je me sens impuissant à leur éviter de vivre cela. L'option alternative qui consisterait à continuer de vivre avec ma femme est trop malsaine. Il est clair que je n'ai qu'une possibilité: avoir de nombreux contacts nourrissants avec mes enfants d'ici la date fatidique et, si possible, après. Cette pensée me calme. Immédiatement, j'étends le bras pour caresser la tête de ma petite fille. Elle m'embrasse... Je pleure. Je les regarde, elle et son frère, fascinés par le film. Je me dis que toutes les minutes comptent et que je vais les savourer. Ma tristesse a disparu. Je suis maintenant habité par la joie: celle que leur vue, leur proximité, l'observation de leur vie me procure.

VARIATIONS SUR LE THÈME DE LA TRISTESSE

Le *cafard* est synonyme de «déprime».

La *déprime* désigne un mélange de tristesse et de mécontentement vécu en surface sous la forme d'une humeur.

La *douleur** est une tristesse de très grande intensité. La douleur est parfois ressentie physiquement, dans le ventre, près du cœur. Dans ce cas, il s'agit d'une contraction musculaire qui sert à contenir la tristesse. Cette douleur physique disparaît lorsque nous nous abandonnons à la tristesse.

La *mélancolie* s'apparente à une profonde tristesse persistante et désespérée.

Être *malheureux* traduit un état d'insatisfaction qui peut se manifester par de la tristesse, mais aussi par d'autres émotions.

La *morosité* est une tristesse vague et stagnante mêlée d'irritation.

La *nostalgie** désigne une forme de tristesse dans laquelle nous nous remémorons un lieu, une expérience qui évoque un bien-être passé, un bonheur déjà vécu contrastant avec le présent.

Pour ce qui concerne la dépression* au sens d'être déprimé, le désespoir* et la nostalgie*, le lecteur peut se rapporter à ces termes.

Chapitre 4
Les émotions mixtes

L'amertume

DES EXEMPLES

1. *Je reste amer envers mes frères et sœurs pour la façon dont ils m'ont traité.*
2. *Après plusieurs années, je suis encore plein d'amertume en songeant à mon divorce.*
3. *J'éprouve de l'amertume face à la vie. Elle a toujours été dure pour moi.*

QU'EST-CE QUE L'AMERTUME ?

L'amertume est un mélange de colère et de tristesse, parfois aussi de déception, éprouvé à l'égard de souffrances qui nous paraissent injustes. Nous conservons de ces expériences un goût amer parce qu'il nous semble que ceux qui nous les ont infligées auraient pu nous les éviter. En d'autres termes, nous avons l'impression d'avoir été malmené sans l'avoir mérité.

L'amertume comprend une résignation que l'on ne trouve pas dans la révolte, qui est pourtant aussi une réaction à l'injustice. Mais dans l'amertume, la colère n'est pas mobilisée comme elle l'est dans la révolte. C'est comme si nous prenions le parti de « cuver » colère et tristesse à l'infini.

L'amertume renferme toujours de la rancune (mais cette dernière ne contient pas toujours de l'amertume). La rancune, quant à elle, est une colère persistante. Elle dure parce qu'elle n'a pas connu d'aboutissement. Il en va de même pour l'amertume qui perdure si l'on ne fait pas ce qui est nécessaire pour aller au bout de cette expérience et en finir.

Le goût amer propre à l'amertume provient d'émotions « emprisonnées », stagnantes. Celles-ci n'ont jamais été totalement exprimées, soit parce que nous jugions notre interlocuteur trop fermé, soit parce que nous trouvions dangereux de réagir, soit enfin parce que nous avions l'impression de ne pas avoir d'interlocuteur (comme lorsque nous avons affaire à une instance impersonnelle tel un service gouvernemental). De fortes émotions se mettent alors à stagner et empoisonnent notre vie.

À QUOI SERT L'AMERTUME ?

L'amertume est le signe d'une douleur encore vive. Elle témoigne du fait que nous ne sommes pas allé au bout de l'expérience fâcheuse. Par exemple, nous n'avons pas réussi à exprimer complètement nos émotions, ou nous n'avons pas agi en nous respectant complètement dans la situation. Dans l'exemple 1, j'ai subi leur traitement injuste sans exprimer à mes frères et sœurs le mal que cela m'a fait, sans réagir avec toute l'intensité des sentiments qui m'ont habité. L'exemple 2 montre que je suis demeuré avec des choses sur le cœur après le divorce. Le temps passe et il n'y a rien à faire ; je suis incapable de me débarrasser de mon amertume. Dans l'exemple 3, j'ai l'impression d'être traité de manière injuste par la vie qui s'acharne continuellement sur moi et ma famille. Mais je me sens impuissant : que voulez-vous que j'y fasse ? ai-je envie de dire devant ce qui me semble relever d'une force incompréhensible ou tout simplement de mon destin.

QUE FAIRE AVEC L'AMERTUME ?

L'amertume ne dérange pas toujours. Elle est parfois rattachée à d'anciennes expériences qui reviennent rarement à l'esprit. Toutefois, lorsqu'elle s'impose dans ma vie actuelle et gruge une bonne partie de mon énergie (en me rendant défaitiste ou cynique, par exemple), il importe que je m'en départe. Comment faire ?

Faire réapparaître les sentiments qui dorment sous le couvert de l'amertume. S'ils sont difficiles à cerner, me remettre en situation et essayer de me rappeler les événements qui ont déclenché l'amertume peut aider. Écrire, plutôt que faire cet exercice mentalement, peut faciliter la démarche. Et il faut y consacrer le temps nécessaire pour y parvenir.

Prendre ensuite le temps de *mûrir ces sentiments* pour trouver, de l'intérieur, ce qu'il conviendrait de faire afin de compléter ces expériences inachevées.

Formuler ce qui devrait être exprimé mais ne l'a jamais été.

EXEMPLE 2

Tu n'as jamais accepté notre séparation. Pourtant, tu sais comme moi que nous n'arrivions pas à être heureux ensemble. Tu m'as toujours rendu responsable de notre échec sans jamais admettre que tu avais aussi une responsabilité dans la dégradation de notre relation. Alors tu m'as fait payer. Tu as profité de tout ce que le système offre pour me faire la peau... sans égard pour le fait que j'ai toujours été correct avec toi. Tu as même tout fait pour me priver de notre fils dans ce qui à mes yeux a été, dix ans durant, une vengeance acharnée. Là aussi, sans égard pour le fait qu'il est aussi mon enfant, qu'il m'aime, que je l'adore, qu'il a besoin de son père et que je me suis toujours bien occupé de lui. Qui plus est, tu as profité du fait que j'étais ainsi « dépendant » de toi pour abuser de moi. Je t'en veux terriblement de cela. Mais je n'ai jamais pu te manifester ma colère et mon indignation parce que je savais que j'aurais subi des représailles. Par-dessus tout, je tenais à ne pas être séparé de notre fils. Tu le savais et te servais allègrement de cette arme... sans égard pour notre fils non plus, d'ailleurs.

Maintenant que je ne suis plus sous ta coupe, maintenant que Francis n'est plus totalement sous ta coupe, je puis enfin me vider le cœur ! Je t'ai haïe et je te haïs encore du plus profond de toutes ces années de souffrance que tu m'as infligées délibérément. Ce que tu as fait est vil ; je le condamne et je te méprise infiniment de l'avoir fait. Il est dommage d'éprouver de tels sentiments pour la mère de son fils et pour une femme que l'on a déjà aimée. Mais je n'y puis rien. Tu as été trop méchante, inconsciente, dure, féroce.

Ce que je te dis ne change rien à ce qui s'est passé. Mais pour la première fois, je me vide le cœur et crois-moi, ça me fait un bien immense !

Trouver le meilleur moyen d'*exprimer ces émotions aux personnes* ou aux instances *concernées*[23] : en personne ou d'autres façons, sous forme écrite par exemple. Lorsque le contact avec les personnes concernées est impossible parce qu'elles sont inaccessibles, ou qu'elles nous inspirent de la crainte, l'expression simulée est aussi une voie. Elle consiste à imaginer la personne et à s'adresser à elle comme si elle était réellement présente. Si l'amertume est grande, donc si une importante somme d'expériences inachevées se sont accumulées, il me faudra peut-être faire plusieurs tentatives pour m'en départir.

23. Gaëtane LA PLANTE, « L'expression qui épanouit », *Les Émotions..., op. cit.*, p. 73-91 ou http://redpsy.com/infopsy/expression.html

L'amour

SUR LE MÊME CONTINUUM ÉMOTIF

La sympathie, l'attachement, la tendresse, l'affection, la passion, chérir, adorer…

DES EXEMPLES

1. *J'aime la justice et l'honnêteté.*
2. *Je suis une passionnée de la nature.*
3. *J'aime mes parents.*
4. *J'aime profondément ma femme.*
5. *Je suis follement amoureuse.*

QU'EST-CE QUE L'AMOUR ?

L'amour est un mouvement affectif spontané vers un être qui nous procure une satisfaction. Cet attrait émotif peut s'adresser à un être vivant, à un objet ou même à une idée. Nous pouvons aimer intensément notre enfant, un endroit ou encore les manifestations de courage, pourvu qu'ils nous procurent des satisfactions. Nous pouvons même éprouver de l'amour lorsque nous n'avons encore que l'espoir d'une satisfaction, qu'un potentiel imaginaire de bonheur.

L'amour n'est pas une émotion en soi, mais une expérience émotive complexe qui comprend plusieurs émotions. Il est peut-être même la plus complexe de toutes les expériences émotives.

Parmi les émotions qu'il recouvre, citons la joie, l'attrait ou le désir, la tendresse, l'estime, l'attachement, etc. L'expérience de l'amour inclut aussi souvent de la colère ou du ressentiment ainsi qu'un sentiment de vulnérabilité. Un élément demeure toutefois constant dans les différentes expériences de l'amour : le *bien-être* ou le *bonheur que nous procure l'être aimé*. Plus précisément, nous aimons et considérons comme « bons » pour nous les êtres et les réalités dont nous percevons plus ou moins explicitement qu'ils sont aptes à répondre à nos besoins. Qu'ils y répondent déjà ou qu'ils soient porteurs d'une promesse de satisfaction, ils demeurent, subjectivement, une source de bonheur.

Les amours fortes et profondes sont, quant à elles, empreintes d'*estime*. Elles ont sur nous un effet d'élévation. Les personnes qui nous inspirent cet amour nous stimulent ; à leur contact, nous sommes porté à être meilleur, à exploiter davantage nos ressources, à nous dépasser.

Nous confondons parfois *l'amour vécu en imagination* avec l'amour réel. L'expérience subjective de l'adolescente amoureuse du chanteur populaire ressemble à l'amour de par les émotions qui en font partie et leur intensité, mais il y manque un ingrédient essentiel : le contact réel avec l'être aimé. La satisfaction éprouvée est uniquement déclenchée par les fantasmes. Comme simulation pour découvrir ce que signifie aimer, cette expérience est extrêmement utile car elle permet d'apprivoiser l'intensité de l'émotion amoureuse. Mais elle ne peut évidemment procurer une nourriture affective comparable à celle obtenue à l'occasion d'un contact réel.

L'amour romantique est une autre expérience qu'il faut distinguer de l'amour. Dans cette forme de relation, l'important consiste dans le plaisir d'être aimé et non dans un amour de l'autre inspiré par ce qu'il est. Que l'homme ou la femme en soit l'objet, c'est le regard admiratif de l'autre qui constitue dans ce cas l'essentiel de la relation. Et la satisfaction vient surtout de cela[24].

Je me délecte de son penchant pour moi et des avantages qu'il me procure: marques d'attention, réactions fortes à ma présence, désir manifeste. C'est l'effet de son regard sur moi qui me ravit, et non le contact réciproque. En sa présence, j'ai l'impression d'avoir beaucoup d'importance.

Comme l'illustre la série d'exemples présentée précédemment, nous nous servons du même verbe, «aimer», pour désigner différents genres d'attirances. Car il s'agit essentiellement de la même expérience de l'amour bien que les dimensions impliquées et l'intensité des émotions varient énormément.

EXEMPLE 1
J'aime la justice et l'honnêteté: ce sont des valeurs importantes à mes yeux. J'apprécie vivement qu'elles soient respectées; je réagis négativement lorsqu'elles ne le sont pas.

EXEMPLE 2
Mon contact avec la nature me procure toutes sortes de satisfactions. J'éprouve divers sentiments qui expliquent ce plaisir: plaisir esthétique, émerveillement devant la force, la fragilité et les subtilités du vivant, jouissance sensuelle éprouvée à l'occasion de certaines activités, joie procurée par les nombreux ébats physiques qu'elle permet. Au bout du compte, la nature me fournit la possibilité de répondre à de nombreux besoins.

24. Jean GARNEAU, « Les mythes amoureux », http://redpsy.com/infopsy

EXEMPLE 3

Mon amour pour mes parents est composé de divers sentiments. Je suis attaché à eux ; je tiens à notre relation et j'éprouve de l'affection pour eux. Il se pourrait que mon amour contienne aussi de l'estime pour ce qu'ils sont et de la reconnaissance à l'égard de ce qu'ils ont accompli pour moi. Mais il se peut aussi que mon amour se limite à une forme de compassion, à une propension à leur faire du bien.

L'amour recouvre donc diverses réalités émotives. Lorsqu'il s'applique à des êtres vivants, il implique habituellement une certaine dose d'affection.

L'amitié, l'amour, l'amour passion sont des variations sur le même continuum. Ils expriment, comme les autres formes d'amour, la valeur affective que l'objet représente pour nous. La passion peut être éprouvée pour une personne mais aussi pour une activité. Ces deux objets d'amour ont en commun de pouvoir remplir un besoin essentiel, et cela de manière agréable.

EXEMPLE 4

Mon immense amour pour cette femme repose sur le bien-être inégalé que j'éprouve en sa présence. C'est la seule personne qui m'ait jamais accepté tel que je suis ! En sa présence, j'ose être et cela est pour moi plus précieux que quoi que ce soit d'autre.

UNE AUTRE VERSION POURRAIT ÊTRE : *ma passion pour cet homme est déclenchée par l'intense agrément que me procurent nos contacts physiques et sexuels. Elle est sous-tendue par mon intense besoin d'être aimée et mon besoin de voir confirmer ma valeur de femme en ayant un effet puissant sur un être qui me plaît.*

EXEMPLE 2

Ma passion pour la planche à voile s'explique par le plaisir intense que j'éprouve à composer avec des éléments de la nature qui font appel à ma force subtile, à mon agilité et à mon sens de l'équilibre. Ce sport englobe de surcroît mon amour de la nature et le plaisir sensuel que je retire du contact avec l'eau, l'air et le vent. Enfin, et ce n'est pas la moindre des choses, il me permet d'admirer, en me confondant avec elles, la beauté de la nature qui se manifeste dans la force de la mer, la puissance des vagues et des tempêtes. Ces situations me transportent et j'adore cette sensation forte qui se transforme parfois en joie profonde.

À QUOI SERT L'AMOUR ?

L'amour est un indicateur de besoins. Il révèle la présence de besoins cruciaux, ou celle de besoins moins essentiels qui s'apparentent à des aspirations. Il suppose aussi qu'à tort ou à raison nous croyions trouver auprès de l'être aimé la satisfaction, réelle ou potentielle, de ces besoins.

Le besoin d'être reconnu comme être sexué et le besoin de contacts physiques de l'adolescent, par exemple, sont forts, voire envahissants. Ce dernier est prêt à jeter son dévolu sur le premier inconnu qui présente des caractéristiques laissant croire qu'il pourrait le combler : il est beau, donc attirant, fort, donc capable d'avoir un ascendant sur moi, sûr de lui, donc pouvant être affirmatif et rassurant, etc.

Du coup de foudre à l'amour

Le besoin impérieux que nous avons d'être aimé ou confirmé dans notre capacité à avoir un impact sexuel n'est pas spécifique à l'adolescence. Il est aussi présent chez la personne qui recherche le coup de foudre. Celle-ci voit dans l'attrait intense et spontané que lui manifeste un autre la preuve irréfutable qu'elle peut trouver en lui tout ce qu'elle cherche pour répondre à ses besoins affectifs. Ultérieurement, la découverte de la personne réelle provoque souvent le désenchantement. Le coup de foudre est le prototype de l'amour porté à une personne pour le potentiel de satisfaction que celle-ci représente. Aimer dans une relation toxique est un autre exemple d'amour porté à une personne pour ce qu'elle incarne de satisfaction virtuelle[25]. Cet attrait est incompréhensible sans l'éclairage que projette sur lui le phénomène du transfert[26]. Dans cette situation, celui qui aime tente d'obtenir de l'autre des confirmations essentielles à son identité. Habituellement, sa tentative est infructueuse[27].

Aimer en toute réalité

Nous aimons une personne parce que nous avons le sentiment d'être nourri par elle. Nous aimons une activité lorsqu'elle nous procure un plaisir significatif. Selon son intensité et la qualité de la satisfaction, l'amour peut prendre la forme de la sympathie, de l'affection, et peut même aller jusqu'à la passion.

Il est utile de préciser sur quoi porte notre amour si nous voulons y voir plus clair. En spécifiant ce que nous aimons, nous pouvons identifier plus facilement les besoins auxquels l'amour répond ou les aspirations qu'il éveille en nous.

---

25. Michelle LARIVEY, « Besoins humains et dépendance affective », http://redpsy.com/infopsy/dependance.html
26. Jean GARNEAU, Michelle LARIVEY, *L'Auto-développement...*, *op. cit.*, p. 185-215.
27. Michelle LARIVEY, « Conquérir la liberté d'être soi-même », http://redpsy.com/infopsy/noeuds3.html

QUE FAIRE AVEC L'AMOUR ?

Identifier les besoins qui sont liés à l'amour est essentiel. La nourriture affective, sensuelle ou de l'esprit que l'être aimé procure témoigne de leur importance. Pour savoir s'ils sont comblés dans les faits (ou s'ils pourraient l'être), je peux m'interroger sur ce que l'objet aimé m'offre. Par ailleurs, être plus lucide par rapport à mes besoins me permettra de mieux les satisfaire. Dans ce cadre, il faut bien distinguer le moyen du besoin. Nous disons volontiers, parfois par économie, parfois par ignorance *J'ai besoin de quelqu'un*, alors que l'expression juste devrait être *J'ai besoin de me sentir confirmé dans ma valeur. Or, cette personne m'apprécie réellement et me le montre. Elle est donc importante pour moi.*

Si nous différencions bien le moyen et le besoin, il est plus facile de nous réajuster lorsque nous n'obtenons pas satisfaction. Dans certains cas, ce sont les moyens que nous employons qui ne sont pas les bons. Les besoins, eux, ne sont jamais inappropriés.

> *Je voudrais par exemple être confortée par mon amoureux sur la place que j'occupe dans sa vie, car je suis loin de penser que je suis la personne la plus à même de le combler. Tant d'autres filles sont plus jolies et ont plus d'assurance que moi. Pour me rassurer, je lui demande souvent de m'embrasser, de me dire qu'il m'aime. Ou encore, je ne cesse de lui répéter qu'il préfère certainement telle fille qui est grande, mince et qui a un bagout du tonnerre. Au début, il répondait à mes demandes et m'assurait qu'il me préférait. Mais depuis quelque temps, mes propos l'agacent et il ne se gêne pas pour me le dire. Cela a pour effet de me rendre encore plus fragile sur mes sujets d'insécurité. Je m'enlise. Que faire ?*

Dans cet exemple, mon besoin n'est pas exprimé. Il est même possible que je ne le connaisse pas. Ce que je présente comme besoin c'est le baiser, la déclaration d'amour. Or, comme ceux-ci ne sont pas ce qui est vraiment recherché, ils ne peuvent pas jouer le rôle qu'ils devraient : nourrir, au sens de satisfaire mon besoin, en l'occurrence, me rassurer. Ainsi, mon besoin de confirmation n'est jamais rempli.

Lorsqu'une relation ne nous satisfait pas, nous devons nous *réajuster*. Je pourrais par exemple m'exprimer plus directement, faire part à mon ami de mon insécurité quant à ma valeur personnelle, lui dire combien son opinion est importante pour moi car je l'estime, lui demander clairement s'il me préfère réellement à sa collègue qui semble si extraordinaire ou s'il n'est avec moi que parce qu'elle lui paraît inaccessible. Voici d'autres exemples de réajustement :

> *J'ai longtemps tenté d'exprimer mes besoins d'intimité, d'être touché, caressé. J'ai souvent fait des avances sexuelles à mon épouse. J'ai été patient, essayant de comprendre son peu de disponibilité. Malheureusement, je dois me rendre à l'évidence : elle n'est pas la femme chaleureuse que je recherche. Je me résigne à me tourner vers d'autres personnes qu'elle.*
>
> Ou : *J'étais persuadé que ce cours de danse me permettrait de rencontrer de nouvelles personnes tout en m'aidant à me tenir en forme. Ce n'est pas le cas. Je décide de laisser tomber et de trouver une activité susceptible de mieux répondre à mes besoins.*

Il faut aussi *accepter que les objets d'amour puissent changer* parce que les besoins sont des réalités en mouvement. Lorsqu'ils sont comblés, ils disparaissent. Certains besoins qui sont à la base de notre identité disparaissent même définitivement une fois qu'ils sont complètement assouvis. Par exemple, une fois que nous sommes convaincu de notre valeur en tant que personne, nous n'avons plus besoin d'en avoir une nouvelle confirmation. Non seulement ce changement transforme notre façon d'être en relation, mais il modifie également les choix que nous faisons quant aux individus avec lesquels nous désirons être en relation.

La culpabilité

La culpabilité n'est pas une émotion en soi. Il s'agit d'une expérience émotive mixte qui comprend des sentiments, mais pas toujours ceux qu'elle laisse supposer. C'est pourquoi il est nécessaire d'examiner soigneusement sa composition si nous voulons savoir précisément ce que nous vivons lorsque nous disons nous « sentir coupable ».

Il existe une culpabilité saine et une culpabilité malsaine.

La culpabilité saine

UN EXEMPLE

> *Impulsivement, emporté par ma colère car mon amie m'a fait faux bond, je l'insulte. Mon attaque porte fruit : elle est atterrée et profondément blessée. Je suis dans tous mes états, la culpabilité m'envahit.*

QU'EST-CE QUE LA CULPABILITÉ SAINE ?

C'est l'expérience que je fais quand j'agis délibérément contre mes valeurs. La culpabilité saine suppose toujours deux choses : que j'aie dérogé à mes valeurs et standards, et que j'avais le choix de le faire ou non.

Que mon expression soit impulsive ne diminue en rien le caractère libre de mon action : la colère ne m'a pas emporté, je me suis laissé entraîner par ma colère.

À QUOI SERT LA CULPABILITÉ SAINE ?

La culpabilité est un terme générique recouvrant un ensemble d'émotions. Je suis en colère contre moi-même d'avoir outrepassé mes propres principes. En l'occurrence, je n'admets pas de blesser injustement et je viens de le faire. Je m'en veux aussi d'avoir cédé à l'impulsion. En outre, j'ai de la peine d'avoir fait mal à mon amie. Je le regrette, car elle ne mérite pas un tel traitement. Pour ces raisons, mon comportement m'a déséquilibré intérieurement. Ce déséquilibre consiste essentiellement en un désaccord avec moi. La culpabilité m'indique que je n'ai pas été fidèle à mes principes alors que je pouvais l'être.

QUE FAIRE AVEC LA CULPABILITÉ SAINE ?

Elle ressemble au regret. La solution se situe dans la même veine que pour ce dernier : il m'appartient d'assumer la responsabilité de mes actes et de réparer réellement le mal que j'ai fait. Dans ce cadre, il faut distinguer les excuses de la réparation et du regret.

Il est possible que ma culpabilité m'amène à me remettre en question et que je veuille agir aussi sur les facteurs qui ont motivé ma conduite. Par exemple, travailler sur mon impulsivité, apprendre à exprimer ma colère et ma déception autrement qu'en blessant ou en humiliant.

La culpabilité de dissimulation

Il s'agit de la culpabilité malsaine. Le terme « dissimulation » donne immédiatement un aperçu de ce caractère malsain.

UN EXEMPLE

Ma sœur désire fortement nous accompagner, mon ami et moi, pour nos vacances annuelles. Elle vient de se séparer et je la sais fragile. J'aime beaucoup ma sœur et trouve difficile de lui refuser ce qu'elle me demande, car elle en sera très déçue. Cela dit, l'inviter à partager nos vacances serait un gros sacrifice pour mon ami et moi. Je pense donc refuser tout en me demandant comment lui dire. D'autant que je me trouve égoïste et me sens coupable.

QU'EST-CE QUE LA CULPABILITÉ DE DISSIMULATION ?

La culpabilité de dissimulation est une manière de déguiser mon expérience pour la rendre plus acceptable aux yeux des autres, et même aux miens. Elle est un refus masqué d'assumer mes désirs, mes sentiments, mes choix, mes actes, voire mes pensées ou fantasmes. Ainsi, dans l'exemple mentionné, je sais ce que je veux, mais je ne suis visiblement pas prête à le dire ouvertement. Il est probable que j'inventerai une excuse pour ne pas inviter ma sœur, ou que je lui dirai que je me sens coupable de ne pas l'inviter.

Pourquoi considère-t-on la culpabilité de dissimulation comme une émotion mixte? Parce qu'elle recouvre plusieurs émotions dont certaines sont habilement masquées, habituellement: la colère, la peur et parfois la peine. Colère contre le fait de devoir supporter une situation donnée *(Avoir à trancher la question m'indispose !)*; colère contre celui que je tiens responsable de ladite situation *(J'en veux à ma sœur de désirer passer ses vacances avec nous)*; peur du jugement si j'affiche mes priorités *(Elle me considérera comme une égoïste)*, et peur des conséquences de mon choix *(Elle pensera que je ne l'aime pas et m'en voudra)*; enfin, peine à l'idée de la décevoir, car je lui veux du bien.

À QUOI SERT LA CULPABILITÉ DE DISSIMULATION ?

À éviter d'assumer mes actes. À mes yeux, en effet, me sentir coupable diminue ma responsabilité dans le choix que je ferai. Mon action me paraît moins grave, car je la pose «à regret». J'ai donc moins l'impression d'être égoïste, et j'obtiens grâce à mes propres yeux. Dans certains cas, sous prétexte de culpabilité, je n'agis tout simplement pas.

La culpabilité de dissimulation sert aussi parfois à *neutraliser la réaction de l'autre*. Si j'avoue que je pose un geste avec culpabilité, l'autre devrait m'en tenir moins rigueur. L'aveu de ma culpabilité est donc une manière de manipuler l'autre pour diminuer les conséquences de mon geste.

La culpabilité de dissimulation remplit souvent les deux fonctions à la fois: me donner bonne conscience et contrôler la réaction de l'autre. Elle est pernicieuse parce qu'elle est un subterfuge pour éviter de m'assumer.

Les personnes qui ont un problème avec la *liberté existentielle* ont beaucoup recours à la culpabilité. Ces personnes refusent typiquement de considérer que leurs choix ont des conséquences, déniant ainsi le *principe de cause à effet*. Elles sont donc continuellement aux prises avec le dilemme suivant: soit renoncer à ce qui leur importe, soit éprouver de la culpabilité si elles font valoir leurs besoins. Il n'est pas rare que, pour éviter cet entre-deux qui mine leur vie, elles s'insensibilisent progressivement à leurs désirs et à leurs volontés[28].

---

28. Jean GARNEAU, Michelle LARIVEY, *L'Auto-développement…, op. cit.*, p. 253-299.

QUE FAIRE AVEC LA CULPABILITÉ DE DISSIMULATION ?

Plus je gagne de l'autonomie sur le plan psychique, moins j'ai tendance à éprouver de la culpabilité. C'est donc dire que travailler à m'assumer, pour moi-même et devant les autres, me libère de la culpabilité malsaine. C'est essentiellement en prenant la responsabilité de ce que je vis et des conséquences qui y sont liées, en le « portant » devant l'autre, que je m'assume.

Cela dit, assumer mon choix devant la personne concernée ne me met pas à l'abri de la culpabilité comme beaucoup de gens veulent le croire. En effet, si mes actes dérangent des personnes qui me sont chères, comme dans l'exemple cité, je ne resterai pas indifférent à leur sort. Mais ma culpabilité malsaine aura disparu pour faire place à une expérience assumée : je regretterai, par exemple, qu'exprimer mon besoin prive ma sœur de réaliser son désir ; j'éprouverai du chagrin devant sa déception, etc. Ainsi, je vivrai mes émotions réelles et non cet amalgame informe que l'on nomme culpabilité. Si je m'assumais davantage, voici ce que je pourrais dire à ma sœur :

> *J'ai décidé de prendre mes vacances seule avec mon ami. (Je pourrais atténuer ma responsabilité en disant « nous » plutôt que « je ». Mais comme c'est ce que je veux, même si c'est aussi son choix à lui, je parlerai en mon nom. Ce qui n'exclut pas que je dise que c'est aussi le choix de mon ami si ma sœur me le demande.) C'est important pour moi de partager cette période d'intimité avec lui. Même si nous sommes très proches de toi, ça ne serait pas pareil que si j'étais seule avec lui. Je sais que tu souhaitais vivement faire ce voyage avec nous et ça me fait de la peine de te le refuser. Mais je le fais quand même. Bien sûr, je suis ennuyée à l'idée que tu te retrouves seule, car*

je sais que tu traverses une période difficile. J'ai peur aussi que notre relation s'en ressente, que tu m'en tiennes rigueur.

Je me sens toujours coupable (plus précisément, j'éprouve divers sentiments désagréables) de privilégier mon besoin et de décevoir ma sœur, mais j'ai la satisfaction d'avoir été claire et d'avoir agi ouvertement.

Le dégoût

DES EXEMPLES

1. *Je me dégoûte de m'être rendue jusque-là au travail !*
2. *Je suis dégoûté de ce genre de vie.*
3. *Certaines pratiques sexuelles me dégoûtent au point de me donner envie de vomir.*
4. *Les araignées velues me dégoûtent.*

QU'EST-CE QUE LE DÉGOÛT ?

Le dégoût est une forme de colère, parfois mêlée de peur. Il s'agit d'une réaction de trop-plein ou de répulsion, physique ou morale. En plus d'indiquer une insatisfaction considérable, le dégoût comprend un jugement moral sur l'objet du dégoût.

À QUOI SERT LE DÉGOÛT ?

Le dégoût a parfois une connotation de lassitude. Dans l'exemple 2, j'ai trop vécu ce genre de vie, je m'en suis lassé. Mais au sentiment de lassitude s'ajoute une réprobation, intrinsèque au dégoût. Il y a quelque chose que je réprouve dans ce genre de vie et c'est principalement pour cela que je le renie maintenant. Dans le dégoût, la réprobation s'appuie sur une aversion. Concernant cet exemple, on pourrait dire que des aspects de cette vie me répugnent. Parfois, le dégoût correspond à un refus, comme dans l'exemple 1 : Je m'en veux de ce que j'ai fait. Mais dans ce cas aussi, la désapprobation et le jugement de valeur, sévère, sont assez majeurs pour inspirer une révulsion. Sous le couvert de valeurs ou d'une antipathie « naturelle », le dégoût peut aussi cacher une réalité que nous refusons de nous avouer. Dans l'exemple 3, j'explique ma révulsion en restant à un premier niveau, celui des valeurs morales. On sait toutefois que les valeurs reposent sur des besoins et des évitements, et l'on peut supposer qu'elles cachent ici des peurs, des insécurités, et que ce sont ces dernières qui me rendent certaines pratiques sexuelles insupportables. Lorsque le dégoût semble exagéré, il y a lieu de l'examiner sous cet angle. L'exemple 4 est un bon modèle de réaction qui cache un problème. Ma réaction aux araignées velues est très forte ; elle est même disproportionnée. Ce genre de réaction est typique d'un *déplacement*. En réalité, la pilosité de l'araignée évoque pour moi quelque chose d'autre, et c'est ce quelque chose qui me révulse. Mais comme ce vécu m'est inavouable et que je cherche à éviter d'y faire face, je déplace la charge émotive sur les araignées. Les phobies sont un exemple typique de déplacement.

QUE FAIRE AVEC LE DÉGOÛT ?

Le dégoût peut être synonyme de *trop-plein*. Dans ce cas, s'il est relativement facile de savoir ce qu'il faudrait faire, passer à l'action ne l'est pas nécessairement. En effet, si je suis allée jusqu'au point où je suis dégoûtée de mon travail, peut-être ai-je été trop loin : il se peut que je ne dispose plus de l'énergie nécessaire pour changer d'emploi ; ou encore que je n'aie pas suffisamment de temps devant moi pour envisager une réorientation. Comme il faut de toute façon faire face un jour ou l'autre, il est préférable de porter attention aux premiers signes de dégoût et de les prendre en considération. Ceux-ci revêtent généralement la forme d'une baisse de motivation et d'intérêt de même que de réactions négatives telles que le désagrément, l'ennui, la lassitude.

Le dégoût peut aussi *cacher autre chose.* Lorsque ma réaction de dégoût me semble disproportionnée par rapport à ce qui l'a déclenchée, je ne règle rien en me raisonnant (ce que nous sommes souvent porté et invité à faire). Insister sur le fait qu'il s'agit d'une réaction irrationnelle ou déraisonnable n'ajoute rien à la compréhension du problème. Il est plus efficace d'examiner cette expérience «de l'intérieur». Dans un premier temps, je dois prendre soin d'identifier tout ce que je vis devant l'objet de mon dégoût de façon à en trouver le sens. C'est à partir de ce sens que je pourrai véritablement régler mon problème et, par conséquent, voir disparaître ma réaction de dégoût. Il ne faut toutefois pas imaginer que la seule prise de conscience du problème que cache le dégoût, dans le cas d'un déplacement, suffira à le régler. L'accès à la signification n'est habituellement que le point de départ qui permet de se focaliser sur la réalité subjective qui est en cause. Si, par exemple, ma peur des araignées concerne en réalité ma difficulté à repousser les personnes qui m'envahissent, à dire non, à refuser que d'autres me dictent ma vie, il est évident que j'aurai un travail d'évolution personnelle considérable à entreprendre pour me défaire de ce problème.

L'écœurement

DES EXEMPLES

1. *Je suis complètement écœurée par leurs stratagèmes. Je n'ai qu'une envie, démissionner.*
2. *Je suis écœuré à un point inimaginable. Il y a des mois que je me démène pour trouver un emploi et rien n'aboutit. Au contraire, on dirait que les obstacles se multiplient. Si je m'écoutais, je hurlerais !*

QU'EST-CE QUE L'ÉCŒUREMENT ?

L'écœurement est l'expérience combinée d'un trop-plein et d'un manque. Dans l'expérience de l'écœurement, la colère domine, mais lorsque celle-ci est vécue jusqu'au bout, elle cède la place à la tristesse. Il arrive que le découragement cohabite avec ces émotions.

À QUOI SERT L'ÉCŒUREMENT ?

L'écœurement survient quasi brusquement, comme si nous venions de traverser un seuil au delà duquel la tolérance n'est plus possible. Le message à décoder est d'abord celui-ci : je suis incapable de continuer à vivre ce que je vis. L'écœurement survient en effet à la suite d'un certain investissement d'énergie pour atteindre un objectif. Mais cet investissement apparaît maintenant inutile. C'est ce qui provoque la colère. Celle-ci est une réaction aux obstacles qui nous semblent désormais infranchissables ; soit parce que nous avons fait tout ce qu'il nous semblait possible de faire (le deuxième exemple est révélateur à ce sujet), soit que nous ayons l'impression que nous ne pouvons rien faire pour les vaincre (exemple 1). C'est l'impuissance. Mais ce n'est pas tout. Pendant que nous faisions cet investissement personnel, nous étions en attente. En attente de résultats qui ne sont pas venus. Et pour ce faire, nous avons puisé dans nos réserves. L'écœurement survient habituellement quand nous avons épuisé celles-ci. Le déficit affectif est alors important. C'est ce qui explique la tristesse, elle-même révélatrice du manque. L'exemple 2 illustre bien cet aspect : malgré toute cette dépense d'énergie, je n'obtiens aucun succès, je n'éprouve aucune satisfaction.

Lorsqu'il est présent, le découragement, quant à lui, traduit notre impression d'incapacité devant les obstacles. Dans cet état, il est à peu près impossible de nous mobiliser de nouveau pour atteindre l'objectif poursuivi.

QUE FAIRE AVEC L'ÉCŒUREMENT ?

D'abord vivre la colère complètement. Une fois ressentie et exprimée, celle-ci cédera la place à la tristesse. Il est crucial que je vive cette autre émotion dans sa totalité pour me mettre en contact avec ce qui me manque. C'est dans ce contact que je puiserai l'énergie nécessaire pour me mobiliser de nouveau. Il est probable qu'ayant vécu ces deux émotions complètement, je serai en mesure de prendre un autre chemin pour atteindre mon objectif.

La fierté

DES EXEMPLES

1. *Je suis fière de mon œuvre.*
2. *Je suis fier de moi. Je n'ai rien négligé pour que ce travail soit d'une grande qualité.*
3. *Je suis fier de mon père. C'est un homme qui a toujours respecté ses valeurs, même quand cela avait des conséquences fâcheuses pour lui.*
4. *Je suis fière de ce que devient mon fils.*

QU'EST-CE QUE LA FIERTÉ ?

La fierté est un sentiment de contentement, empreint d'estime, éprouvé vis-à-vis de soi-même. Elle marque la satisfaction que nous éprouvons par rapport à l'investissement personnel que nous avons fait et auquel nous attribuons notre réussite. L'œuvre dont nous sommes fier a toujours été exigeante à réaliser. Nous ne sommes jamais fier de ce que qui a été obtenu sans effort, tout au plus sommes-nous content. La personne fière se comporte de manière à garder l'estime d'elle-même. Elle vit à la hauteur de ses propres standards.

Il faut distinguer le sentiment de fierté de l'attitude fière. Celle-ci repose sur un sens élevé de la dignité et de l'honneur.

À QUOI SERT LA FIERTÉ ?

Mon sentiment de fierté m'indique deux choses : que j'ai mené à bien quelque chose qui était à la hauteur de mes exigences, et que je m'estime de m'être investi (en personne) suffisamment pour y parvenir (exemples 1 et 2). Dans les exemples 3 et 4, l'expérience vécue est mal rendue. En effet, l'autre n'étant pas une partie de moi-même ni ma possession, je ne puis en être fier. Ce sont donc d'autres sentiments que j'éprouve. Voici comment l'expérience pourrait être traduite avec plus de justesse :

EXEMPLE 3
J'estime beaucoup mon père pour sa grande intégrité personnelle. C'est un honneur pour moi d'être son fils.

EXEMPLE 4
Je suis contente de ce que devient mon fils. Je considère que son éducation est une réussite. Et j'en suis fière.

Orgueil, vantardise et vanité...

Certains considèrent que l'expression de la fierté est à proscrire parce qu'ils l'associent à la vantardise, à la vanité ou à un orgueil malsain. Il est vrai qu'en faisant montre de fierté, nous exprimons ouvertement notre contentement et rendons public le rehaussement de notre estime que cela suppose. Mais pourquoi pas ? La fierté est un sentiment légitime. Qui plus est, l'exprimer est une façon de nous assumer davantage.

Au contraire, se vanter revient à se louer avec excès, à faire effectivement preuve de vanité, à s'accorder une valeur exagérée. Le vaniteux et le vantard sont conscients de leur exagération et, généralement, leurs interlocuteurs aussi. Cela dit, il arrive que la vantardise soit une construction de l'interlocuteur. En ce cas, c'est souvent la jalousie qui fait accuser l'autre de vantardise.

QUE FAIRE AVEC LA FIERTÉ ?

D'abord, la vivre car elle est bien méritée. Ensuite, en faire part ouvertement aux personnes auxquelles je trouve important de l'exprimer. Par exemple, c'est à mon père que je ferai part de ma fierté d'avoir réussi un examen difficile ; c'est peut-être à mes clients, qui s'exclameront à propos de mon travail, que j'exprimerai ma fierté d'avoir osé explorer de nouveaux champs de recherche ; c'est à mon éditeur que je dirai ma fierté de n'avoir rien négligé pour assurer la qualité de mon livre. Mais c'est avec mes parents que je partagerai ma fierté devant ce que devient mon fils.

Quand ma fierté signifie que je suis honoré, il importe que j'exprime ce que je vis vraiment à la personne concernée. Cette expression contribuera à compléter l'expérience vécue avec cette personne et consolidera probablement notre relation.

La honte

DES EXEMPLES

1. *J'ai honte de montrer que j'ai peur de parler en public.*
2. *J'ai honte du comportement que j'ai eu après avoir bu un verre de trop.*
3. *J'ai honte de ma famille.*
4. *J'ai honte de mes fantasmes sexuels.*

QU'EST-CE QUE LA HONTE ?

La honte est une émotion mixte. Elle est la version sociale de la culpabilité. Nous n'éprouvons jamais de honte lorsque nous sommes seul, face à nous-même. La honte est un sentiment qui est toujours vécu « devant » les autres, à cause de leur jugement réel ou virtuel. La honte survient lorsque nous sommes vu dans un aspect de nous que nous jugeons très négativement. Elle est composée d'une réaction d'humiliation devant le jugement de l'autre ainsi que du jugement négatif que nous portons nous-même sur cet aspect. De plus, lorsque la honte concerne notre comportement, elle s'accompagne souvent de culpabilité.

À QUOI SERT LA HONTE ?

Elle nous oblige à constater que nous n'assumons pas ce qui nous fait honte. Elle permet aussi d'identifier le jugement que nous portons nous-même sur le sujet, ce jugement qui nous rend justement difficile d'assumer l'objet de la honte. Enfin, elle nous informe de l'importance qu'ont pour nous les personnes devant lesquelles nous avons honte.

Utilisation défensive : éviter les jugements

Il faut un certain courage pour s'exposer au jugement de l'autre et consentir à éprouver de l'humiliation. Si je considère comme puérile ma peur de parler en public, il est normal que je craigne que d'autres portent le même jugement que moi. En m'exposant à leur critique, je prends le risque d'être humilié. Par contre, si je ne m'expose pas dans ce que je suis, je perds une occasion de m'assumer. Or, il est particulièrement important, pour croître, de me confronter aux raisons de ma honte. C'est de cette façon que je puis éventuellement la dépasser.

QUE FAIRE AVEC LA HONTE ?

Il faut considérer les sujets dont nous avons honte comme des sujets cruciaux. Pour cette raison, il importe de les affronter. Comment faire ? Voici des exemples :

> EXEMPLE 2
>
> *La tentation est grande de fuir les gens que j'ai insultés en espérant qu'après un certain temps ils oublieront. Cette perspective me met toutefois mal à l'aise : décider de ne plus revoir ces personnes n'élimine en rien les jugements que je porte moi-même sur mon comportement et ne m'empêche pas d'éprouver de la culpabilité. En fuyant, j'espère simplement ne pas avoir à faire face à la colère et au jugement de mes victimes.*

La première chose à faire consiste à reconnaître ma culpabilité (d'abord pour avoir trop bu, et ensuite pour avoir tenu des propos disgracieux). La deuxième est d'accepter que mon comportement aura des conséquences qui se traduiront par certains sentiments et réactions chez mes interlocuteurs (et peut-être aussi chez les autres personnes qui étaient présentes). La troisième consiste à assumer complètement ce que j'ai fait, c'est-à-dire à faire face aux conséquences sans tenter de les banaliser ou encore de les neutraliser. Enfin, il me faudra faire les réparations qui s'imposent.

Au cours de cette démarche, il est indispensable que j'aborde avec ouverture les personnes devant lesquelles j'ai honte pour éprouver les émotions que suscitent en moi leurs réactions. Il importe aussi que la compensation, s'il y a compensation, ne soit pas une manière de neutraliser leur réaction, mais bien de les dédommager pour le tort que je leur ai fait. En d'autres termes, ce n'est pas moi que je dédommage, en faisant en sorte de n'être pas trop punie, mais eux, pour les inconvénients que je leur ai causés !

EXEMPLE 4

Parce que j'ai honte de mes fantasmes sexuels, je les garde secrets. Ce faisant, je demeure en quelque sorte immobile et emprisonné dans mon silence. Si, par contre, je prends le risque de commencer à en parler, j'aurai la surprise de constater que mon expérience intérieure évolue : je suis d'abord fier d'avoir osé m'ouvrir ; la réaction de l'autre me fait un effet inattendu ; je ne considère plus mes fantasmes de la même façon ; je commence à m'interroger sur leur signification dans ma vie, etc. Finalement, ce qui était un objet de honte, une fois assumé, devient une voie d'accès à une meilleure connaissance de moi-même.

La jalousie

DES EXEMPLES

1. *Je jalouse ma camarade de travail : tous les hommes se retournent sur son passage. Il faut dire qu'elle s'habille de manière très provocante. Pour ma part, je trouve ses tenues inconvenantes, surtout au bureau.*
2. *Mon collègue rafle toutes les promotions. Il est vrai que c'est un vendeur qui multiplie les exploits, mais je suis quand même jaloux de lui.*

QU'EST-CE QUE LA JALOUSIE ?

Fondamentalement, la jalousie est de la colère. J'éprouve de la colère à l'égard de ma camarade qui obtient quelque chose que je souhaite. Mais ce n'est pas tout, car ce que j'envie est peut-être à ma portée. Il s'agirait que je fasse ce qu'il faut pour l'obtenir. Seulement voilà, je ne veux pas ! En fait, ce qui me révolte c'est d'avoir à faire certaines choses pour obtenir ce qui me fait envie. Dans le cas du collègue, je suis agacé par les avantages qu'il retire de sa performance. Mais suis-je prêt à l'imiter pour mériter une promotion ? Si je suis jaloux et en reste là, la réponse est négative.

La jalousie est un sentiment pénible à vivre. Nous avons habituellement recours à deux genres de comportements pour l'éviter : déprécier la personne jalousée, et contrôler ceux qui alimentent notre jalousie. Par exemple, si mon fiancé trouve ma camarade très attirante, je tenterai de la diminuer à ses yeux et j'exigerai qu'il cesse d'avoir des rapports avec elle.

À QUOI SERT LA JALOUSIE ?

La jalousie est un sentiment précieux. L'envie qu'elle contient traduit un *besoin*. Dans l'exemple, j'envie la reconnaissance, en tant que femme, dont jouit ma camarade. Une telle reconnaissance me manque. Mais la jalousie indique également que j'ai des *objections* quant à la manière d'assumer le besoin en question. Dans le cas présent, je ne suis peut-être pas disposée à m'exposer dans ma féminité autant qu'elle le fait. Je préférerais que cette reconnaissance me soit accordée sans que j'aie à m'impliquer.

La jalousie peut aussi constituer une stimulation. C'est le cas lorsqu'elle me pousse à me dépasser. Mais elle devient malsaine et morbide lorsqu'elle me conduit à vouloir contrôler les autres pour éviter de prendre mes propres risques.

QUE FAIRE AVEC LA JALOUSIE ?

D'abord *identifier mon besoin*. C'est la partie la plus facile de l'introspection dans le cas de la jalousie.

Puis, *explorer mes résistances* à faire ce qu'il faut pour combler ce besoin. En les examinant, je réaliserai qu'elles cachent souvent des peurs et je me donnerai ainsi l'occasion de prendre conscience de ce qui m'habite profondément ; cela devrait me permettre de sortir de l'enfermement que constitue la jalousie. L'introspection m'amènera peut-être à conclure que je ne suis pas prêt à faire ce qu'il faut pour combler le besoin qui a été éveillé. Dans ce cas, je n'aurai plus de raison d'être jaloux, car je renoncerai à ce qui me faisait envie. Il s'agira d'un renoncement définitif ou d'une partie remise à un moment où je serai prêt à relever le défi. Mais attention aux rationalisations ! Car s'il est facile de me convaincre intellectuellement, je ne pourrai pas berner mon psychisme. Et si, après m'être convaincu que je ne désire plus ce que j'enviais jadis, je me surprends à dénigrer celui ou celle qui le possède, c'est que je n'ai sans doute pas réellement assumé mes résistances ! Je devrai alors recommencer mes devoirs…

L'examen de mes résistances me confrontera nécessairement à mes peurs. Dans ce cas, la douleur liée à la jalousie n'aura pas été vaine. Mon sentiment sera devenu un tremplin pour aller de l'avant dans la vie.

La jalousie amoureuse

DES EXEMPLES

1. *Je suis jalouse si mon amoureux trouve une autre femme attrayante.*
2. *Je ne puis supporter l'idée qu'un autre homme regarde ma femme. Je suis très jaloux.*
3. *Je suis jalouse au point de surveiller les allées et venues de mon mari.*
4. *Je suis jaloux lorsqu'il a un plaisir, quel qu'il soit, sans moi. Je sais que c'est fou, mais j'aimerais être le seul à pouvoir le combler.*
5. *J'éprouve de la jalousie à l'égard du conjoint de mon ex-femme. Mon fils l'aime trop !*

QU'EST-CE QUE LA JALOUSIE AMOUREUSE ?

La jalousie amoureuse est un sentiment différent de la jalousie-envie. Elle consiste en un mélange de peur et de colère engendré par l'insécurité. L'insécurité porte parfois sur notre propre valeur, parfois sur notre valeur pour l'autre. À certains moments, elle est justifiée, à d'autres, non.

La jalousie amoureuse réside dans la peur de voir notre place ravie par un autre dans le cœur de l'être aimé. Il peut s'agir de la place que nous avons réellement et que nous craignons de perdre, mais il s'agit souvent de celle qu'on nous n'avons pas vraiment même si nous n'aimons pas trop nous l'avouer. Si nous éprouvons de la colère à l'égard de celui qui suscite notre jalousie, c'est parce qu'il nous met dans l'insécurité: à cause de lui, nous craignons de perdre ce dont nous jouissons ou d'être privé de ce dont nous voudrions jouir. Nous redoutons donc de voir notre besoin affectif frustré.

À QUOI SERT LA JALOUSIE AMOUREUSE?

Sur un premier plan, la jalousie amoureuse trahit ma *peur de perdre un bénéfice* important que me procure ma relation avec l'autre. L'attirance que mon ami éprouve pour une autre femme, comme dans l'exemple 1, devient une menace: j'ai peur de perdre ma place privilégiée auprès de lui, ou encore, j'en veux à la personne qui me semble obtenir cette place. Sur un autre plan, la jalousie amoureuse révèle ma *propre insécurité* par rapport à ma capacité de séduction. Il est possible, en effet, que j'entretienne l'idée que je suis la seule femme qui l'attire pour renforcer artificiellement ma sécurité quant à mon pouvoir de séduction. Si c'est le cas, je suis menacée dès que je constate que ce n'est pas la réalité. L'exemple 2 révèle la même chose mais en plus fort: Je deviens furieux lorsqu'un homme regarde ma femme parce qu'il y a un danger à mes yeux. Il est possible, en effet, que le regard d'un autre homme plaise à ma femme. Or, à mes yeux, il est impensable de tenter de rivaliser, car je ne me sens pas à la hauteur. En fait, je ne me sens pas «digne» de l'amour de ma femme, mais je ne veux pas qu'elle s'en aperçoive. C'est aussi l'insécurité qui me pousse à agir de cette manière. Il en est ainsi dans l'exemple 3: Je ne suis pas convaincue d'être profondément aimable et j'imagine que mon mari a envie d'une personne plus intéressante que moi. Comme toute émotion, la jalousie permet de cerner des besoins importants. À tort ou à raison, je crains qu'ils ne soient frustrés. Dans l'exemple 4, mon désir irrationnel pourrait bien être la manifestation de l'importance que je souhaite avoir aux yeux de celui que j'aime. En effet, est-il possible de se sentir plus unique et indispensable que lorsqu'on croit être la source de tous les plaisirs d'un autre ? Je sais que ma fantaisie est impossible à réaliser, mais je découvre, grâce à mes réactions de jalousie, combien cet homme est important pour moi et combien je tiens à l'être pour lui. Le dernier exemple concerne l'amour de mon enfant, un amour qui me nourrit profondément. Or, je crains de le perdre si mon fils voue un amour semblable au conjoint de sa mère (mon ex-épouse). Si, par exemple, sa dépendance envers moi donne du sens à ma vie, il est normal que je craigne de perdre ma place privilégiée. Il est facile d'imaginer que son attachement à une autre figure paternelle l'éloignera de moi. C'est un saut qu'un cœur aimant fait facilement.

La jalousie n'est pas malsaine en elle-même. C'est ce que nous faisons à partir d'elle qui peut l'être. Il arrive que nous nous empoisonnions la vie avec elle. Il arrive aussi qu'elle prenne des formes pathologiques, entraînant des gestes destructeurs. Lorsqu'elle est très intense et génère beaucoup d'agressivité, c'est le signe que les besoins en cause sont très importants et l'insécurité très grande. Quelle que soit l'intensité de la jalousie, nous avons intérêt à identifier ce qu'elle cache : à la fois l'importance de l'autre, et les frustrations affectives qui l'alimentent. Cela est d'autant plus nécessaire que les personnes qui éprouvent de la jalousie sont portées à rendre les autres responsables. Elles s'empêchent ainsi de régler le problème à la source.

QUE FAIRE AVEC LA JALOUSIE AMOUREUSE ?

Pour me défaire de la jalousie, il faut régler le problème à la base et, pour ce faire, répondre d'abord à quelques questions.

Le manque de confiance en soi

Est-ce par manque de confiance que je me sens menacée lorsque mon ami est attiré par une autre? Si tel est le cas, l'empêcher d'apprécier une autre que moi n'est pas une solution. Loin de là. C'est plutôt le début d'une série de problèmes, car il est impossible pour un humain de n'apprécier qu'une seule personne, de ne désirer qu'une seule personne. Celui qui tente d'y parvenir devra se «murer» pour ce faire. Mais il n'y arrivera qu'en se neutralisant sur le plan émotionnel, ce qui aura des conséquences catastrophiques pour le reste de sa vie émotive et pour sa vie sexuelle. La solution réside plutôt dans le *développement de ma confiance en moi*[29]. Il s'agit évidemment d'une entreprise à moyen terme, qui ne m'empêchera pas, pendant un certain temps, d'être troublée par le regard que mon ami posera sur d'autres. Mais je pourrai alors lui parler de mon insécurité plutôt que de ce qu'il fait. Notre relation aura ainsi moins de chance d'être envenimée par mon insécurité parce que chaque manifestation de ma jalousie sera une occasion d'évolution personnelle empruntant deux voies: reconnaître mon désir d'être la femme qu'il préfère, et lui manifester la valeur que je lui accorde en lui exprimant cela. Ce n'est pas une entreprise qui se fait sans douleur, mais elle vaut le coup.

Des problèmes réels dans notre relation?

Ma jalousie prend-elle sa source dans un problème réel de relation? Mon fils est-il heureux avec moi ou l'est-il davantage avec le mari de sa mère? Ai-je l'importance que je désire avoir

29. Jean GARNEAU, «La confiance en soi», *Les Émotions, op. cit.*, p. 119-138 ou http://redpsy.com/infopsy/confiance.html

pour mon conjoint? Si mon fils est moins heureux avec moi, je devrai me demander pourquoi et tenter de remédier au problème, si toutefois je le souhaite. Si je n'ai pas l'importance que je désirerais avoir pour mon conjoint, je devrai en chercher la raison; et si la solution relève de moi, j'aurai à me mobiliser pour gagner la place que je désire[30].

30. Michel LARIVEY, «La jalousie amoureuse», http://redpsy.com/infopsy/jalousie.html

Le mépris

DES EXEMPLES

1. *Au lieu de la féliciter de sa réussite comme elle s'y attendait, je lui ai lancé une remarque blessante sur un ton méprisant.*
2. *Je te méprise de te laisser traiter aussi durement. Je te trouve bonasse !*

QU'EST-CE QUE LE MÉPRIS ?

Il existe deux genres de mépris : le premier est une feinte qui sert de dissimulation, le second, l'expression d'une réaction. Il faut les examiner séparément, car il s'agit d'expériences profondément différentes et qui ont des fonctions presque complètement opposées.

À QUOI SERT LE MÉPRIS ?

Le mépris de dissimulation

La première forme de mépris peut être considérée comme une émotion mixte, qui contient et cache à la fois de la colère et de la peur. Il arrive qu'elle dissimule d'autres émotions telles que la jalousie, la peine. La colère qui sous-tend le mépris révèle une insatisfaction, parfois même une blessure. Celui qui adopte une attitude méprisante à l'égard d'un autre a en fait peur d'assumer une douleur qui lui est propre devant son interlocuteur. Il fait comme s'il était « au-dessus » de la situation, non atteint, alors qu'en réalité, il est touché. L'attitude méprisante est donc une réaction de défense : je tiens des propos méprisants ou je me comporte de manière méprisante parce que j'ai peur de laisser voir ce que je ressens vraiment. De plus, comme il s'agit d'une réaction défensive, je ne suis pas conscient de tout ce que mon mépris contient.

Il est rare que nous exprimions directement notre mépris dans le but avoué de maintenir un contact vrai avec l'autre, comme dans l'exemple 2. En fait, le ton méprisant de l'exemple 1 est tout le contraire d'une recherche de contact. Vu de l'extérieur, mon comportement fait croire que je repousse mon interlocutrice « du haut de ma grandeur » en voulant lui donner l'impression qu'elle n'est pas « à la hauteur ». Mais mon expérience intérieure ne correspond pas du tout à cette supériorité apparente. En fait, je suis jaloux de son succès et je me considère comme inférieur à elle. Mais ma jalousie est trop compromettante pour que j'ose la vivre ouvertement. Je la cache pour ne pas me trouver en position de vulnérabilité, craignant qu'elle n'abuse alors de moi. Par ailleurs, je ne peux supporter l'idée qu'elle voie le peu d'estime que j'ai pour moi-même. Je ne peux non plus supporter l'idée qu'elle me méprise. Dans ce cas, le mépris fournit une double protection : il voile mon insécurité et il assène à l'autre un coup qui devrait l'ébranler. Si je réussis à affaiblir l'autre, je serai certain qu'il ne m'attaquera pas dans ce que j'ai de vulnérable (quelqu'un qui ne se sent « pas à la hauteur » n'est pas un agresseur potentiel). De mon côté, voir l'autre fragilisé m'évitera de m'attarder à ma propre infériorité.

Le mépris-réaction

L'exemple 2 traduit une réaction vive : j'exprime de la colère à l'autre qui ne me paraît pas être à la hauteur de mes exigences morales. Dans ce cas, je ne me place pas « au-dessus » de la situation. Bien au contraire, j'exprime mon désaccord à l'égard d'un comportement qui me heurte moralement. Si je le fais, c'est habituellement parce que je suis aussi prêt à exprimer ouvertement ce que cache mon mépris. J'ouvre la porte à l'expression claire de mes émotions, de ce qui m'affecte réellement dans la situation, des raisons pour lesquelles ce comportement me dérange. Cette ouverture est incompatible avec le mépris de dissimulation, car elle me rend vulnérable en laissant voir combien je suis concerné. C'est pourquoi, lorsque j'avoue mon mépris, je change la nature du rapport avec l'autre : plutôt que me situer au-dessus de lui, je recherche le contact avec lui.

QUE FAIRE AVEC LE MÉPRIS ?

D'abord *m'avouer* à moi-même *ce que cache mon attitude méprisante*. Ensuite, j'ai le choix de révéler ou non à mon interlocuteur ce que j'éprouve réellement. Si cette personne compte à mes yeux et si je désire améliorer ma relation avec elle, lui exprimer mes sentiments peut être une bonne décision. Ce sera difficile, mais potentiellement efficace en vue d'un rapprochement. Si tel est mon choix, la peur de me montrer vulnérable prendra le dessus sur l'arrogance liée au mépris. Et je puis très bien parler de cette peur comme entrée en matière. Si, au contraire, je ne désire pas de rapprochement (du moins pour le moment) avec la personne que je méprise, je dispose néanmoins de tous les éléments pour explorer cette expérience et cheminer si je le désire.

La pitié

DES EXEMPLES

1. *Mon fils se débrouille mal dans la vie. J'ai pitié de lui.*
2. *Je ne lui en veux pas de m'avoir ainsi escroqué ; il me fait plutôt pitié !*
3. *Je viens de voir un film sur la famine. Ces gens misérables qui continuent à mettre des enfants au monde pour les laisser mourir de faim m'inspirent de la pitié.*

QU'EST-CE QUE LA PITIÉ ?

La pitié n'est pas une émotion en soi. Elle est cependant une expérience émotionnelle caractérisée par le fait qu'elle masque d'autres émotions, notamment le mépris, lui-même composé de colère et de peur. Dans le cas de la pitié, la colère prend la forme de la révolte. Notre pitié s'adresse à des personnes pour lesquelles nous n'avons pas d'estime. Il ne faut surtout pas confondre pitié et compassion.

À QUOI SERT LA PITIÉ ?

Dissimulée sous une apparence socialement acceptable, voire synonyme de grandeur d'âme, la pitié est plus facile à accepter que le mépris, autant par celui qui la vit que par celui qu'elle vise. Mais ce n'est pas pour rien que les personnes fières refusent toute pitié : elles sont conscientes de la fausseté qui la caractérise.

Il est difficile d'accepter la déception causée par son enfant et encore plus le mépris que sa conduite inspire comme l'exprime l'exemple 1. La peur que contient le mépris porte à avoir une certaine réserve par rapport à la colère qui en fait aussi partie. D'une certaine façon, il est donc avantageux de considérer mon fils comme un incapable : cela me permet de ne pas le tenir pour totalement responsable de sa situation. Et s'il n'est pas vraiment responsable, il n'est pas légitime de lui en vouloir. Par cette distorsion que je fais subir à une partie de la réalité, je parviens à éviter de vivre avec la révolte que mon fils déclenche en moi. La pitié est donc un aménagement qui m'évite d'affronter mon fils, ou même de vivre ma déception. Dans le même esprit, il m'est probablement plus facile d'avoir pitié du fraudeur (exemple 2) que de me sentir révolté contre lui. De cette façon, je n'ai pas, par exemple, à devoir l'attaquer en justice ou me confronter directement à lui. Dans le troisième exemple, le jugement que je porte sur l'inaptitude à vivre du peuple concerné est à peine voilé. Par définition, la personne (ou le peuple) dont j'ai pitié n'est pas à la hauteur de mes standards. C'est avec une certaine arrogance que je l'estime inapte à améliorer sa condition. Le recours à la condescendance est un stratagème psychique qui m'évite d'exprimer ouvertement et d'assumer ma colère devant sa condition. Cette colère me semblerait en effet odieuse dans les circonstances. De fait, il est délicat de nous montrer en colère à l'égard de personnes qui sont en difficulté. Mais ce n'est pas vraiment pour elles que nous la transformons en pitié. C'est plutôt pour nous-même : pour éviter d'affirmer ce que nous vivons réellement. La pitié est donc une expérience émotionnelle trompeuse, comme le sont la culpabilité de dissimulation et quelques autres émotions.

QUE FAIRE AVEC LA PITIÉ ?

Il faut d'abord *identifier ce qu'elle recouvre*: la colère et la peur contenues dans le mépris.

Ensuite, *reconnaître ma colère,* ou ma révolte, et la vivre, pour avoir totalement accès à ce qui me touche. Dans le premier exemple, je pourrais découvrir que je suis révolté de constater que mon fils se laisse aller alors que je me suis saigné toute ma vie pour lui donner la meilleure éducation possible. Je trouve son comportement injuste à mon égard, mais je suis impuissant à l'influencer.

Consentir enfin à *l'expression* de la colère. Cela empêche d'avoir recours au stratagème vicieux de la pitié, à savoir la dégradation de ceux qu'elle vise.

La rage

DES EXPÉRIENCES ÉMOTIVES CONNEXES

Le mécontentement, la colère, la révolte.

DES EXEMPLES

1. *Mon frère aîné a toujours le dessus sur moi. Cela m'enrage !*
2. *Je lui répète la même chose depuis des années, mais ce que je lui dis glisse sur lui comme sur le dos d'un canard. Elle nous met toujours en retard. Son attitude m'enrage !*
3. *Malgré les risques pour ma santé, je suis obligé d'attendre avant de me faire opérer, car l'hôpital manque terriblement de personnel. Je suis enragée, mais je n'y puis rien.*

QU'EST-CE QUE LA RAGE ?

La rage est une forme de colère relativement intense. Sa particularité est de combiner mécontentement et impuissance. Elle est en effet une forme particulière de colère suscitée par l'impuissance à résoudre un problème. Nous nous considérons alors, à tort ou à raison, comme étant à la merci d'une personne ou d'une situation.

À QUOI SERT LA RAGE ?

Comme la colère, la rage nous signale qu'un obstacle s'oppose à notre satisfaction. Mais en plus, elle traduit notre impuissance devant cet empêchement. Nous croyons être sans moyens devant l'obstacle, et c'est cette incapacité d'agir efficacement qui transforme notre énergie agressive en rage plus ou moins destructrice.

Dans le premier exemple, c'est l'inégalité de force entre mon frère et moi qui empêche que j'aie parfois le dessus. Je lui en veux de toujours gagner et je suis enragé contre ma petitesse et ma faiblesse qui sont responsables de mes échecs et auxquelles je ne puis rien. Le deuxième exemple met en lumière le fait que je me crois incapable d'atteindre l'autre. Après plusieurs tentatives, je suis persuadé que la clé est entre ses mains et que mon pouvoir de l'influencer est nul. Y parviendrais-je si j'utilisais d'autres moyens? Ma rage m'indique que je me sens impuissant, dépourvu de pouvoir sur ma satisfaction. C'est peut-être cette conviction qui m'a amené jusqu'ici à «répéter» une façon de faire qui ne mène à rien; ou, au contraire, c'est peut-être le fait de toujours recourir à une manière inefficace de l'atteindre qui me plonge dans l'impuissance. Le troisième exemple fait aussi état de mon sentiment de n'avoir aucun pouvoir sur la situation. Mais dans cet exemple, je me vois de surcroît comme étant à la merci des autres. Je ne peux envisager aucune solution de rechange.

Rage et violence

Une autre caractéristique distingue la rage de la colère: elle est associée à la violence. L'impuissance transforme l'énergie agressive en désir de destruction. Plus la rage s'accumule, plus elle risque de se manifester par une action violente qui restera inefficace malgré son caractère destructeur. La décharge de la frustration ne donnera en effet aucun résultat utile, car elle ne permet pas de dépasser les obstacles qui s'opposent à la satisfaction. Mais cette décharge violente peut apparaître comme le seul remède possible.

Il est donc essentiel que la personne enragée trouve un exutoire à sa frustration. À défaut de quoi, l'accumulation pourra l'amener à «éclater» dans une action extrême dont les conséquences seront beaucoup plus néfastes pour elle que le soulagement temporaire qu'elle en aura retiré.

QUE FAIRE AVEC LA RAGE ?

La crise ou la destruction ne sont pas la solution. Si elles permettent d'exprimer le trop-plein d'émotion, elles ne favorisent pas la recherche d'une solution constructive. Mais il est bon, parfois, d'exprimer une rage trop envahissante : une certaine évacuation de la charge émotionnelle me rend plus disponible ; elle me permet de rester en contact avec l'émotion et, ce faisant, de trouver une issue qui me convienne.

Il est toujours important de ressentir ma rage. La ressentir ne préjuge pas d'une action insensée. Au contraire, cela permet de trouver ce qu'il est approprié de faire pour sortir de l'impuissance.

EXEMPLE 2

Au lieu de continuer à lui «répéter» la même chose en souhaitant qu'un jour elle change, tout en étant déçu chaque fois, je décide de sortir de l'impuissance en ne tolérant plus ce que je tolérais. Dorénavant, si je pense qu'attendre mon amie me mettra en retard, je pars sans elle. Bien entendu, cela ne m'arrange pas toujours de partir sans elle. Mais j'ai au moins la satisfaction de ne plus être en retard et suis débarrassé de ma rage. (Bien évidemment, d'autres émotions prendront la relève.)

EXEMPLE 3

Il se peut que j'aie plus de pouvoir que je ne pense pour fixer la date de mon opération. Si je me mobilise pour faire accélérer le processus, j'obtiendrai peut-être des résultats surprenants.

Pour sortir de l'impuissance, il suffit souvent de prendre les choses en main au lieu de compter sur les autres. Mais lorsque je suis réellement impuissant, il n'y a rien d'autre à faire qu'à l'accepter. Devant certaines réalités existentielles, je suis en effet impuissant et le demeurerai quoi que je fasse. Dans ces cas, il est plus sain de vivre avec mon impuissance et les sentiments qu'elle provoque.

La rancune

DES EXEMPLES

1. *J'éprouve une énorme rancune à l'égard de mon frère qui m'a dénigrée durant toute ma jeunesse. Je ne lui pardonne pas de m'avoir fait souffrir à ce point à cause de sa jalousie.*
2. *J'en voudrai toujours à l'assassin de ma sœur. J'ai même l'impression que je dois à ma sœur de ne jamais accepter ce qu'il lui a fait.*
3. *Je lui garde rancune de l'accident qu'elle m'a causé. Surtout parce qu'elle ne veut pas avouer ses torts.*
4. *Je suis une personne rancunière.*

QU'EST-CE QUE LA RANCUNE ?

La rancune est de la colère accompagnée d'un désir de vengeance. Dans certains cas, ce désir est très vif. La rancune s'apparente à la révolte par l'indignation qui la sous-tend. Mais elle n'atteint jamais l'intensité que la révolte peut atteindre. Par ailleurs, contrairement à la révolte, elle est toujours ressentie à l'égard de personnes.

La rancune correspond à une colère «stabilisée». La colère peut être ravivée et augmenter en intensité si, par exemple, nous évoquons les événements auxquels elle est liée. De plus, la colère est installée pour demeurer. En effet, nous tenons à notre rancune parce qu'elle est la seule façon qui nous reste de ne pas baisser la tête, de refuser ce qui s'est passé. Car la rancune est alimentée par le caractère inacceptable ou intolérable de ce qui est survenu.

Il nous semble que la vengeance rétablirait quelque peu l'équilibre. Si le responsable pouvait «payer» pour le tort qu'il a causé, la colère persisterait, mais au moins, il y aurait un semblant de justice. Mais nous ne pouvons pas atteindre cet équilibre, car à nos yeux le geste est irréparable. C'est ainsi que nous tentons de «faire payer». Ou encore, nous souhaitons qu'il arrive malheur à la personne responsable. Mais typiquement, nous n'agissons pas de façon à nous venger réellement. Dans certains cas, parce que c'est impossible (exemple 2). Dans d'autres cas, comme chez l'individu de genre rancunier (exemple 4), parce que nous refusons d'exprimer clairement notre colère. Or c'est ce que la vengeance nous obligerait à faire. La rancune se caractérise donc par l'absence de contact, au sujet de la colère, avec celui qui en fait l'objet. Les personnes rancunières choisissent par exemple souvent de punir l'autre en boudant ou en rompant définitivement le contact.

La rancune est tenace parce que nous jugeons que la blessure ou le tort subi aurait pu être évité. L'acte du responsable n'était pas inexorable, comme peuvent parfois l'être des situations révoltantes (telles la mort, la maladie). Au contraire, son acte résulta d'un choix. Dans l'exemple 3, ce n'est pas de l'accident que je lui en veux, mais bien de ne pas avouer son tort, attitude qui serait tout à fait à sa portée. Mon frère n'était pas obligé de me faire souffrir parce qu'il m'enviait; il aurait pu trouver d'autres exutoires (exemple 1). J'ai été la victime de son insensibilité à mon égard, de sa mauvaise volonté, ou même de cruauté comme dans le deuxième exemple.

QUE FAIRE AVEC LA RANCUNE ?

La rancune est un sentiment désagréable. Pour cette raison, vient un jour où je désire m'en débarrasser. Il existe une manière de liquider la colère : *l'exprimer directement et complètement*[31]. Mais dans certains cas, cela ne suffira pas. Même si je disais ce que j'éprouve au meurtrier de ma sœur (exemple 2), je ne pourrais pas en finir avec ma colère. Cela, pour la raison évoquée précédemment : parce que ma colère est en quelque sorte l'expression de la fidélité que je ressens à l'égard de ma sœur qui a été victime d'un acte ignoble. Dans ce cas, je devrai vivre avec cette colère sourde en moi. Mon défi consistant à ne pas la laisser polluer toute ma vie !

Il se peut en effet que la gravité de ce qui m'a été imposé me marque à perpétuité. Mon seul recours est alors de *vivre avec ma colère,* d'une part en la reconnaissant, d'autre part en gardant conscience de ce à quoi elle est liée afin d'éviter qu'elle ne s'étende et prenne la forme d'une amertume indifférenciée.

Le pardon artificiel

L'inconfort suscité par la rancune et parfois les objections morales conduisent certaines personnes à vouloir pardonner. Mais le pardon n'est pas une question de volonté. On y arrive naturellement ou on n'y arrive pas du tout. Le pardon décidé est une attitude artificielle. Celle-ci est nuisible, car elle me conduit à m'illusionner sur ce que je vis. Alors que je continue de ressentir de la colère profondément, je m'applique à feindre une attitude reflétant la bonté. Il faut beaucoup de rationalisation et d'intellectualisation pour réussir ce tour de force. Il s'agit de mécanismes de défense dont le but est d'enrayer ce qui est réellement ressenti. Par définition, leur effet n'est pas bénéfique du point de vue de l'intégrité psychique.

31. Gaëtane LA PLANTE, « L'expression qui épanouit », *Les Émotions…, op. cit.* ou http://redpsy.com/infopsy/expression.html

Le pardon naturel

Contrairement au pardon artificiel, le pardon naturel n'est pas recherché. Il provient de l'évolution de ce que je vis par rapport à la situation. Il est possible que l'acte posé antérieurement ne suscite plus de colère, par exemple parce que ma relation d'adulte avec mon frère est suffisamment bonne pour que je sente qu'une «réparation» a eu lieu (exemple 1). Auquel cas je lui pardonne naturellement ce qu'il m'a fait vivre durant ma jeunesse.

La révolte

DES EXEMPLES

1. *Le gaspillage du gouvernement me révolte.*
2. *Les fourbes ont réussi à s'en tirer, cela me révolte au plus haut point.*
3. *La façon dont on m'a licencié est révoltante.*
4. *Je suis révolté devant la maladie de mon enfant.*

QU'EST-CE QUE LA RÉVOLTE ?

La révolte est une rage empreinte d'indignation. Elle apparaît dans des situations où nous sommes confronté à l'injustice (exemple 2), à l'impuissance (exemple 4) ou à des situations qui nous concernent et heurtent nos valeurs et devant lesquelles nous disposons de peu de moyens (exemples 1 et 3).

À QUOI SERT LA RÉVOLTE ?

La révolte traduit un type de contrariété bien précis : je vis quelque chose qui est injuste à mes yeux et je suis impuissant devant cela. Être en contact avec ma révolte me permet d'identifier les besoins qui sont en cause de même que les valeurs que j'estime bafouées. La révolte est donc une invitation à trouver une solution dans une situation où les enjeux sont importants, mais où les actions appropriées sont difficiles à identifier.

QUE FAIRE AVEC LA RÉVOLTE ?

Certaines personnes résistent à éprouver de la révolte. Est-ce la colère qui les trouble ? L'intensité de l'émotion qui les dérange ? Craignent-elles d'en rester prisonnières ? Ou est-ce le sentiment d'impuissance qu'elles peuvent difficilement affronter ? Pourtant, ce n'est pas parce que nous repoussons la révolte qu'elle cesse d'exister. Nous continuerons d'être animé par elle, mais nous la cacher à nous-même aura des effets insidieux. Il n'est pas rare que des personnes prennent conscience que, sous la dépression qui les habite depuis qu'elles ont été victimes d'injustice, couve une révolte avortée. À l'opposé, certaines personnes font de la révolte un *modus vivendi.* Dans leur cas, comme dans celui de ceux qui ne sont pas conscients de leur colère, l'énergie n'est pas déployée sur les cibles appropriées. Ils n'arrivent pas à sortir de l'expérience négative et à construire de nouveau pour atteindre leurs buts. La révolte doit donc être traitée comme toute émotion, c'est-à-dire reconnue dans toute son intensité et vécue en totalité jusqu'à ce qu'elle nous mène à entreprendre une action qui nous convienne. C'est la seule façon d'en sortir un jour et d'éviter les effets insidieux d'une révolte dont nous n'avons pas totalement conscience.

EXEMPLE 3

Je ne puis sans doute rien à mon licenciement, mais je me ferai au moins le plaisir de dire ma façon de penser à ceux qui ont pris cette décision. Je le leur dirai avec toute l'intensité qui m'habite. Cela n'effacera pas l'injustice ni ne me facilitera le changement que je dois affronter. Mais le fait d'aller jusqu'au bout me donnera l'énergie dont j'ai besoin pour régler mon problème de sans-emploi.

L'impuissance est réelle dans la révolte. Dans certains cas, je n'aurai d'autre choix que d'accepter cette impuissance (la maladie de mon enfant, par exemple). Dans d'autres cas, c'est en continuant de vivre selon mes valeurs, par exemple en luttant pour davantage de justice, que j'irai au bout de ma révolte.

EXEMPLE 3

Jamais je ne traiterai un subalterne de la manière dont mes employeurs m'ont traité. Je verrai à ce que le système en place soit juste et respectueux de leur personne, même s'ils ne font plus l'affaire pour notre entreprise.

EXEMPLE 4

La maladie de mon enfant m'a rendu plus sensible à la réalité des enfants cancéreux. Je m'investis maintenant dans la cueillette de fonds pour la recherche sur la leucémie.

Il n'y a parfois rien d'autre à faire que mettre l'énergie agressive au service de nos convictions. Et le faire consciemment peut être salutaire dans le cas de la révolte.

CHAPITRE 5

Les contre-émotions

L'agitation

DES EXEMPLES

1. *Après avoir vu un film d'horreur, ma fille était très agitée. Impossible de la calmer.*
2. *Son discours m'agace. Je ne puis supporter tant de balivernes. Je ne tiens pas en place.*
3. *Cet enfant ne tient pas sur sa chaise.*

QU'EST-CE QUE L'AGITATION ?

Lorsqu'elle est d'origine psychique, l'agitation est la manifestation corporelle d'une émotion consciente mais tenue à l'écart: soit qu'elle est vécue incomplètement, soit que l'expression en est bloquée. L'agitation est une expérience différente de la fébrilité. La fébrilité apparaît en effet lorsqu'on repousse une préoccupation ou une émotion qui tente d'émerger. Dans l'agitation, l'émotion a déjà émergé. Pour produire cet effet physique, la charge émotionnelle contenue doit être relativement considérable. Autrement, il n'en résulterait qu'une tension.

À QUOI SERT L'AGITATION ?

L'agitation est le signe d'un trop-plein. Nous contenons nos émotions, mais sans parvenir à en maîtriser complètement l'intensité. L'activité motrice permet d'évacuer un peu de cette intensité, soulageant le psychisme d'une partie de la charge qu'il supporte.

L'agitation signale donc un blocage du processus émotionnel. Il peut s'agir d'une résistance à se laisser «immerger» dans l'émotion. L'exemple 1 pourrait illustrer ce genre de résistance. L'enfant est habitée par des images qui la troublent. Elle est envahie par des émotions auxquelles elle ne peut s'abandonner à cause de l'inconfort qu'elles suscitent en elle, aussi y résiste-t-elle. Le deuxième exemple illustre plutôt un blocage à la phase du processus émotionnel qui correspond à l'expression ou à l'action. Je retiens l'action à laquelle mon agacement me conduit : donner mon opinion sur ce qu'il dit, quitter les lieux. L'agitation peut aussi être la manifestation d'une surcharge sur le plan physique. Tous les enfants ont besoin de bouger, mais certains ont davantage d'énergie que d'autres. Ils peuvent donc difficilement demeurer inactifs, comme l'illustre le troisième exemple. Pour vivre harmonieusement, ils doivent dépenser cette énergie. La nécessité de se dépenser n'est pas le propre de l'enfant. Certains adultes, physiquement pleins d'énergie, ont besoin de bouger plus que d'autres.

Agitation et hyperactivité

L'hyperactivité, chez l'enfant, peut avoir différentes origines. Il s'agit souvent d'une problématique complexe ayant plusieurs sources: alimentation à base d'aliments vides, tensions tissulaires, séquelles d'accouchement difficile, et divers autres traumas. Dans certains cas, toutefois, l'hyperactivité est le symptôme d'un problème familial. Elle doit alors être considérée comme une réaction psychique *saine* de la part de l'enfant; la meilleure réaction qu'il puisse avoir, compte tenu de ses capacités physiques, morales et sociales. D'une part, son système de défense psychique étant moins fort que celui de l'adulte, il ne réussit pas à se contenir complètement émotionnellement. D'autre part, ne disposant pas des capacités d'expression d'un adulte, il lui est impossible d'avoir une expression verbale qui soit réellement libératrice. Il en résulte un comportement parfois qualifié d'«hyperactif», lequel est généralement considéré comme non approprié. En fait, l'agitation chez l'enfant est une réaction positive: elle lui permet de déverser un trop-plein, une charge émotionnelle (généralement générée par des problèmes familiaux) qu'il lui est impossible d'assimiler ou d'évacuer adéquatement. L'agitation apparaît alors comme un exutoire heureux.

Usure par contention[32]

L'adulte dont l'expression est grandement inhibée sur une longue période développe aussi des symptômes. Il devient irritable et présente peu de résistance à la frustration. Il éprouve des difficultés de concentration et sa motivation laisse à désirer. Il a l'impression qu'il est sur le point de «craquer» en même temps qu'il est habité par des sentiments dépressifs.

32. Michelle LARIVEY, « Tristesse n'est pas dépression », *Les Émotions…*, *op. cit.*, p. 163-179.

Cette « usure par contention » est habituellement considérée comme une dépression ou un *burnout*. Mais comme le remède à l'usure par contention n'est pas le même que le remède à la dépression ou au *burnout,* il est important de les différencier. Celui qui souffre de ce type d'usure doit d'abord évacuer la charge émotionnelle par l'expression ou les actions appropriées. Il a du « ménage » à faire dans ses relations. Ce n'est qu'une fois cela accompli qu'il retrouvera l'équilibre nécessaire pour s'attaquer aux difficultés de fonctionnement qui l'ont mené à ce point et pour éviter de recommencer.

QUE FAIRE AVEC L'AGITATION ?

Si la source de l'agitation semble d'ordre *émotionnel,* il convient de porter attention à la nature de l'agitation : s'exprime-t-elle physiquement, émotionnellement ? Le seul fait de m'y arrêter pourrait la faire se transformer en énervement ou en exaspération. Si c'est le cas, il est important de rester en contact avec l'émotion qui prendra forme et de la ressentir complètement. C'est en permettant au processus émotionnel de se dérouler que je comprendrai ce qui ne va pas.

Quand cela est possible, il vaut mieux faire cesser l'agitation avant de procéder à l'écoute de l'émotion. Il convient d'abord de prendre le temps de bien respirer[33], car cela prépare à accueillir l'émotion ou la préoccupation. En soi, cela devrait aussi aider à diminuer l'agitation.

Si l'agitation semble résulter d'une *inactivité physique* prolongée, le seul fait de bouger ou de me délasser pour dépenser ou pour libérer l'énergie contenue jusque-là suffira à la faire cesser.

33. Jean GARNEAU, Michelle LARIVEY, *Savoir..., op. cit.* ; http://redpsy.com/editions/sro.html

L'angoisse

DANS LA MÊME VEINE

La peur, l'anxiété, la panique, les phobies.

DES EXEMPLES

1. *J'entends mon fils se plaindre de son sort et je m'aperçois que je deviens angoissée.*
2. *J'ai été assailli par une bouffée d'angoisse dès que j'ai pénétré dans ces lieux.*
3. *Chaque lundi, je m'éveille avec un nœud à l'estomac. Si je pense au travail, c'est pire, l'angoisse augmente.*

QU'EST-CE QUE L'ANGOISSE[34] ?

L'angoisse est un malaise plus ou moins intense s'apparentant à la peur. Mais elle est sans objet et surgit généralement de façon inattendue. Elle peut être momentanée ou s'installer durant de longs moments. L'angoisse est accompagnée d'une pression thoracique ou d'un serrement à l'estomac. Lorsqu'elle est intense, d'autres réactions physiologiques s'ajoutent: difficulté à respirer, transpiration, palpitations, étourdissement, faiblesse, nausée, etc. À cause de ces réactions, la crise d'angoisse est souvent confondue avec un malaise cardiaque.

34. Michelle LARIVEY, « L'angoisse et l'anxiété: les vigiles de l'équilibre mental », http://redpsy.com/infopsy/anxiete.html

L'angoisse peut surgir à l'occasion d'une pensée, au contact d'une personne, en pénétrant dans un lieu, par association avec une odeur. La plupart du temps, nous n'avons pas conscience de ce qui l'a déclenchée, ce qui donne l'impression qu'elle «vient de nulle part». Mais l'angoisse a toujours un fondement, elle ne vient jamais de nulle part. C'est le fait de repousser l'expérience qui tend à apparaître à la conscience, qui produit l'angoisse.

Le rejet de ce qui cherche à émerger donne lieu à une bataille intérieure qui prend la forme de l'angoisse. Le grand inconfort que l'on nomme angoisse est en effet le résultat de forces qui s'affrontent en nous: celles qui poussent ce qui nous habite à devenir conscient, et celles qui essaient de l'en empêcher. Comme dans le cas de la peur, les glandes surrénales sont sollicitées par l'angoisse. Cela explique l'impression de serrement ressenti au niveau du plexus solaire (nœud à l'estomac).

À QUOI SERT L'ANGOISSE?

Contrairement à la peur, l'angoisse ne semble à première vue reliée à aucun objet. Elle l'est pourtant. Elle surgit en effet lorsque nous négligeons de faire une place à un sentiment qui tente d'émerger en nous, ou à un sujet important qui nous préoccupe. La peur diffuse contenue dans l'angoisse est celle de faire face à ce sentiment ou à cette préoccupation. L'angoisse devrait être considérée comme un signal. Le signal que nous repoussons une partie de nous. Parfois, il s'agit d'une nouvelle expérience:

EXEMPLE 1

Cela me déplaît infiniment d'entendre mon fils se plaindre « le ventre plein »; sans trop m'en rendre compte, je repousse la colère qui cherche à se frayer un chemin dans mon expérience immédiate. Je deviens soudain angoissé.

L'angoisse peut être récurrente ou persistante. Dans ce cas, c'est le signe que l'émotion ou le sujet de préoccupation est repoussé par à-coups ou de façon continue.

EXEMPLE 2

Je m'éveille en proie à l'angoisse parce que j'empêche toujours ce que je vis par rapport à mon travail d'émerger. Je sais que ça ne va pas, mais je m'arrête là dans l'exploration de ce que je vis.

Dans cette situation, je ne porte pas attention au signal que l'angoisse me donne, je n'y suis pas réceptive. Si bien qu'elle persistera aussi longtemps que je ne consentirai pas à m'ouvrir à la préoccupation qui tente de se frayer un chemin jusqu'à ma conscience.

L'angoisse est donc un «symptôme», au même titre que le sont l'insomnie, les céphalées de tension ou les réactions somatiques provoquées par un contrôle émotionnel telles que les irruptions d'eczéma, le psoriasis, les ulcères d'estomac, certains maux de dos, etc. Elle surgit sans que l'on sache pourquoi parce qu'elle prend la place de l'émotion tenue à l'écart qui, elle, contient l'information sur ce qui est vécu. En général, cela survient à l'occasion d'une pensée, d'un contact, ou devant une image, à l'écoute d'une musique, parce qu'ils évoquent le sentiment ou le sujet de préoccupation systématiquement refusé. Nous repoussons une partie de nous parce que nous avons peur d'y faire face. Les émotions que nous repoussons ou les actions que nous pressentons devoir entreprendre nous semblent plus effrayantes que l'angoisse elle-même *(C'est impossible ! Je ne peux pas laisser mon travail)*. Quoi qu'il en soit, le psychisme ne tolère pas que ses messages ne soient pas pris au sérieux. Si le signal que constitue l'angoisse ne donne pas de résultats, il en créera d'autres.

Il développera un autre symptôme pour nous amener à nous pencher sur ce qui ne va pas[35].

QUE FAIRE AVEC L'ANGOISSE ?

Ce qu'il ne faut pas faire

Comme il ne s'agit pas d'une émotion, il ne faut pas tenter de la «ressentir». Cela ne fait que l'augmenter et provoquer un affolement encore plus grand. Il est également inutile de tenter de l'analyser. À cette étape du processus émotionnel, en effet, l'expérience réelle n'ayant pas encore émergé, il y a peu de chances que l'analyse porte fruit. De plus, l'angoisse étant un état «défensif», il est impossible d'effectuer une introspection réellement utile en procédant à son analyse. Tenter de la visualiser n'aura pas plus d'effet, car l'attitude de refus par rapport à notre expérience rend difficiles les prises de conscience. Il n'est pas non plus indiqué de «chasser» l'angoisse, car le signal qu'elle nous donne nous fera alors défaut et nous risquons de perdre notre motivation à chercher ce qui la sous-tend. C'est toutefois l'effet qu'ont sur l'angoisse les médicaments anxiolytiques de nos jours prescrits à profusion: ils la calment ou la font carrément disparaître.

Ce qu'il est utile de faire

Le plus utile consiste à m'interroger sur ce que je tente de repousser. Étonnamment, la réponse apparaîtra rapidement et l'angoisse disparaîtra du même coup. Je serai alors en contact avec

35. Pour plus de détails sur la « descente aux enfers » provoquée par l'évitement des émotions, voir Jean GARNEAU, « À quoi servent les émotions? », *op. cit.*

un sujet sur lequel j'ai de la prise, même s'il est difficile à affronter. Une fois le sujet conscient, il s'agit de permettre au processus émotionnel de suivre son cours. Si j'aborde ma préoccupation avec ouverture et l'assurance qu'elle est pertinente (même si je ne suis pas à même d'en saisir toute l'ampleur sur le moment), je parviendrai à faire le chemin nécessaire pour régler mon problème de façon optimale.

EXEMPLE 3

Un certain lundi matin, malgré ma crainte, je décide de faire face à ce que cache mon angoisse. Au lieu de m'activer comme d'habitude (je sais que cela fait disparaître momentanément l'angoisse), me dépêchant d'avaler un café pour pouvoir préparer le lunch des enfants les yeux encore collés de sommeil, je décide de prendre quelques minutes de plus au lit. Je respire... car l'angoisse, comme d'habitude (c'est l'impression que j'ai), me prive de mon air. Je respire donc profondément, car je me rends compte que je suis oppressée. L'inspiration se rend à peu près au milieu du thorax. Je maintiens une respiration profonde et lente, jusqu'à ce que la pression thoracique disparaisse. C'est difficile, mais je persévère. Ce faisant, j'accepte de laisser monter ce qui apparaît à ma conscience. Au lieu de repousser les pensées déplaisantes au sujet de mon travail, comme je le fais toujours, je les laisse se dérouler dans mon esprit, une à une, sans les censurer: maigre salaire, travail qui m'ennuie. Je cours toujours: à la garderie le matin, à la garderie le soir, les emplettes le midi, le dîner à préparer le soir. La culpabilité: je n'ai pas de temps à consacrer à mes enfants, mon mari et moi avons l'impression de diriger une entreprise au lieu d'avoir une vie de couple... On se dit: « Ça finira un jour. »

Mais quand ? Je ne peux pas laisser mon travail ! Avec cette affirmation sortie comme une flèche (que je connais bien, car mon mari et moi ne cessons de dire que nous avons besoin de nos deux salaires), l'angoisse apparaît de nouveau. Ma respiration s'est écourtée. Je me sens mal physiquement... comme accablée, impuissante. J'inspire de nouveau profondément, j'essaie d'ouvrir mon corps pour que le flot émotionnel continue de suivre son cours. Petit à petit, mon thorax est moins comprimé. Je me sens terriblement découragée devant l'ampleur du problème. Je sais que j'en ai assez de cette vie, que c'est ainsi depuis longtemps. Et que je n'ai pas de solution momentanée. Mais ce qui est nouveau, c'est que je veux maintenant m'arrêter au problème, y réfléchir calmement et tenter d'y trouver une solution. Et malgré l'ampleur de la question, je suis soulagée. Mon angoisse a disparu. Je suis plutôt en contact avec l'écœurement que provoque en moi la situation.

Rien ne dit que l'angoisse ne reviendra pas. Mais pour le moment, je suis en contact avec la question que je repoussais, elle n'a donc pas de raison de m'habiter. Cela dit, si je remets la solution à mon problème aux calendes grecques, il est certain que l'angoisse réapparaîtra. Elle me signalera que je continue de mettre de côté ce sujet crucial.

L'anxiété

EXPÉRIENCES APPARENTÉES À L'ANXIÉTÉ

La peur, l'angoisse.

DES EXEMPLES

1. *Plus nous approchons de la date de l'examen, plus mon anxiété grandit.*
2. *Je suis presque toujours anxieuse.*

QU'EST-CE QUE L'ANXIÉTÉ ?

L'anxiété est une peur diffuse. Elle se manifeste par un malaise qui a la forme d'un léger affolement intérieur. Elle s'accompagne d'une tension physique : une constriction au creux de l'estomac ou à la gorge. Lorsque l'anxiété s'installe, elle a tendance à prendre toute la place et à rendre tous nos gestes nerveux. De surcroît, il nous est alors très difficile de nous concentrer.

L'anxiété est une expérience émotive de la même famille que l'angoisse. La différence entre les deux réside essentiellement dans la conscience que l'on a de l'objet qui provoque la crainte. Dans l'anxiété, il est très facile d'identifier cet objet. Dans le cas de l'angoisse, l'effort d'évitement est plus grand, et par conséquent, l'objet plus éloigné de la conscience.

À QUOI SERT L'ANXIÉTÉ ?

La présence de l'anxiété signale que je crains quelque chose dans la situation actuelle ou dans une situation à venir. Mais l'objet de ma peur est imprécis. Le premier exemple est typique : je sais que j'appréhende l'examen même si je ne sais pas précisément pourquoi. Est-ce parce que je ne suis pas prêt ? Ai-je peur de manquer de temps parce que je suis lent de nature ? Ou est-ce que je crains de paniquer ? L'enjeu de l'examen est-il crucial ? C'est en cherchant ce que cache mon anxiété que je trouverai la réponse. Chez certaines personnes, l'anxiété est presque un « mode d'être », comme dans le deuxième exemple. Ces personnes s'arrêtent typiquement peu à leur expérience du moment. On pourrait dire qu'elles vivent continuellement « en dehors de leur peau ». Elles ont donc tendance à repousser, dès qu'elles s'apprêtent à émerger, les émotions ou les préoccupations qui pourraient les troubler. Cette façon d'agir crée nécessairement de l'anxiété parce qu'elle garde invisible la source de la peur et parce qu'elle rend impossible toute solution. Dans un tel mode de rapport avec soi, les problèmes s'accumulent. Par conséquent, l'anxiété ne peut qu'augmenter !

QUE FAIRE AVEC L'ANXIÉTÉ ?

L'anxiété est un mécanisme d'évitement identique à l'angoisse. La solution pour en sortir est la même.

EXEMPLE 1

Au lieu de continuer de m'affoler au sujet de l'examen, je décide de me rendre disponible à ce que je ressens et d'identifier ce qui me fait peur. Je ne fais pas d'immenses découvertes ; à peu près tout ce que je trouve m'était déjà passé par la tête. Le fait de me rendre attentif à mon expérience me permet toutefois de découvrir quelque chose de neuf : je m'aperçois que j'ai particulièrement peur de manquer de temps dans la partie de l'examen où il me faudra rédiger. Je décide donc de me préparer à cela de façon particulière. J'en fais une priorité : je cherche une solution à ce problème immédiatement, avant de me remettre à étudier. (Habituellement, je repousse le moment de m'attaquer au problème qui me cause le plus d'insécurité.) Une fois cela fait, l'anxiété baisse. Mais elle n'a pas complètement disparu. Je refais le même exercice et je réalise, cette fois, que ma faiblesse dans une partie cruciale de la matière me cause beaucoup d'insécurité. Je trouve bien normal qu'il en soit ainsi. Je décide de prendre les mesures que je puis encore prendre pour augmenter mes connaissances sur ce sujet. De jour en jour, à mesure que je possède davantage cette partie de la matière, mon anxiété diminue.

Le bégaiement

DES EXEMPLES

1. *Je bégaye presque toujours quand je parle.*
2. *Dans les situations corsées, je me mets à bégayer.*
3. *J'étais si furieuse que je me suis mise à bégayer.*

QU'EST-CE QUE LE BÉGAIEMENT ?

Le bégaiement est un problème d'élocution qui se manifeste par une hésitation à prononcer et par la répétition involontaire de certaines syllabes. La difficulté d'élocution s'explique mécaniquement par une tension des cordes vocales.

Le bégaiement est un problème d'origine psychologique. La crispation des cordes vocales est une contraction visant à réprimer une expérience émotionnelle, comme plusieurs autres tensions corporelles. Une réaction psychosomatique se produit généralement dans une région du corps présentant une faiblesse. Les personnes dont la tension se loge au niveau des cordes vocales présentent-elles une vulnérabilité à cet endroit ? L'état des connaissances sur cette question n'est pas assez avancé pour qu'on puisse répondre clairement. La contraction à répétition a-t-elle suscité une tension neuromusculaire chronique ? C'est une hypothèse plausible puisque ce type de tensions peut se trouver dans d'autres parties du corps chez les individus qui ont une propension à la retenue émotionnelle. Certains développent un torticolis chronique, des problèmes gastriques ou intestinaux, d'autres grincent des dents durant leur sommeil.

À QUOI SERT LE BÉGAIEMENT ?

Le bégaiement est un signe de retenue émotionnelle. De façon involontaire, j'exerce continuellement un contrôle sur ce qui « sort » de moi. C'est le cas dans le premier exemple.

Pourquoi en est-il ainsi ? Il est possible que mon expression émotionnelle ait été réprimée dans mon enfance. Sans avoir réellement été molestés, certains bègues ont subi des pressions qui faisaient « choc » lorsqu'ils se laissaient trop aller. Le message enregistré est le suivant : *Je suis davantage en sécurité si je ne laisse pas transparaître ce que je ressens réellement, en particulier ma colère.* En fait, je bégaie par insécurité. Il m'est difficile d'assumer certaines émotions (exemple 2). D'ailleurs, en tant que bègue, j'ai une élocution parfaite lorsque je joue un rôle ou fais une imitation. Dans ce cas, je puis « être » librement, car je ne suis pas moi, et le risque d'être jugé, puni ou rejeté à cause de ce que j'ai dit est nul. Par contre, dans la situation opposée, celle où j'ai à me compromettre, il m'arrive souvent de trébucher sur les mots. Dans ce cas, le risque d'être moi-même est entier. Je bégaie parce que j'hésite à laisser voir, donc à assumer, ce que je suis à ce moment-là. Il arrive d'ailleurs que des personnes qui ne sont pas des bègues se mettent à buter sur des mots lorsqu'elles tentent de retenir partiellement ce qu'elles expriment (exemple 3). Je suis tellement en colère que je n'ose me laisser aller. Je me contiens tant que j'hésite entre les mots ou les syllabes, et lorsque je relâche le contrôle, les mots sortent de façon accélérée ou saccadée. Mon langage traduit alors les forces opposées qui s'exercent en moi : m'exprimer et ne pas m'exprimer ; m'exprimer, mais ne pas me compromettre.

QUE FAIRE AVEC LE BÉGAIEMENT ?

Il n'est pas facile de me départir du bégaiement. Certains effectuent un travail « technique » et parviennent à s'exprimer assez bien. Un problème a cependant toujours plus de chances d'être réglé si on l'éradique à la source. Dans le cas du bégaiement, c'est un travail de développement personnel qui mènera à ce genre de résultat. C'est en devenant capable de m'assumer, d'abord vis-à-vis de moi-même, ensuite devant les autres, que j'ai le plus de chances de venir à bout de ce problème. La psychothérapie constitue un bon encadrement pour atteindre ces objectifs. Son efficacité quant au bégaiement dépendra cependant de l'importance qu'elle accorde au contact avec les émotions, à l'action expressive et à la prise en charge des besoins.

J'ai été surpris de constater que je ne bégayais presque plus en m'adressant à ma mère. Le changement a commencé à se produire lorsque j'ai été capable de me tenir debout devant elle. C'est subtil, mais je m'aperçois que je me mets à hésiter lorsque je me révèle un peu trop. De l'extérieur, rien n'est visible. Mais de l'intérieur, c'est de plus en plus évident.
J'ai un grand besoin d'être confirmé dans mes capacités, ce que j'ai longtemps nié. Depuis que j'assume ce besoin et tente d'y répondre adéquatement, mon bégaiement diminue.

La boule dans la gorge

DES EXEMPLES

1. *J'ai une boule dans la gorge, mais je n'arrive pas à pleurer.*
2. *Il y a plusieurs heures que j'ai une boule dans la gorge.*

QU'EST-CE QUE LA BOULE DANS LA GORGE ?

La boule dans la gorge est la tension produite lorsqu'on s'empêche de pleurer.

À QUOI SERT LA BOULE DANS LA GORGE ?

La boule dans la gorge est un signe que je me contrôle pour éviter que ma tristesse ne se manifeste par des pleurs. Il arrive que la peine accompagne la sensation de boule dans la gorge, mais pas toujours. Dans ce dernier cas, c'est que nos efforts pour contrôler l'expression de l'émotion ont enrayé l'émotion elle-même.

QUE FAIRE AVEC LA BOULE DANS LA GORGE ?

L'essentiel est d'accueillir ma tristesse au lieu de la combattre. Ce n'est pas chose facile à faire si j'ai l'habitude de censurer ma tristesse en l'étouffant. Certains exercices aident à recréer le mécanisme physiologique. En voici deux :

- tenter de reproduire des sons qui ressemblent à des pleurs. Cela me permet de contrecarrer l'inhibition à pleurer. Graduellement, je puis augmenter le nombre de décibels des sons émis, m'habituant à pleurer en «faisant du bruit».
- faire des séances de larmes dans le but de remettre le mécanisme en marche et de retrouver l'habitude de pleurer, comme le suggérait Luthe, le créateur de la méthode de relaxation appelée *Training autogène*.

La céphalée de tension (mal de tête)

DES EXEMPLES

1. *Mon mal de tête a commencé au début de la réunion. Il a été en augmentant.*
2. *À mesure qu'il me tenait ces propos troublants, je sentais apparaître un léger mal de tête.*

QU'EST-CE QU'UNE CÉPHALÉE DE TENSION ?

La céphalée de tension est une douleur qui provient d'une tension musculaire. La douleur est due à la contraction musculaire qui empêche le flot sanguin d'irriguer normalement le cerveau.

La céphalée peut avoir d'autres causes : effort prolongé pour lire sous un mauvais éclairage, mauvaise digestion, altitude, blessure à la tête, empoisonnement alimentaire, mais aussi des affections graves.

À QUOI SERT LA CÉPHALÉE DE TENSION ?

S'il ne s'agit pas d'une tension provoquée par une douleur physique ou une contracture musculaire (contraction prolongée et involontaire), il y a de fortes chances qu'elle soit d'origine émotionnelle. En situation de stress, nous avons souvent le réflexe de nous raidir. Mais nous nous tendons également pour empêcher une émotion d'émerger ou de se développer dans toute son intensité, ou encore pour nous retenir de l'exprimer. Enfin, nous nous contractons aussi pour garder hors de la conscience immédiate certaines préoccupations qui s'imposeraient à nous autrement.

Le psychisme est incarné. Pour faire cesser le mouvement émotionnel, le corps a recours à la respiration. Celle-ci joue un rôle important dans l'apparition et l'augmentation d'une tension. C'est en effet à cause d'une respiration écourtée que la tension apparaît et se développe.

QUE FAIRE AVEC LA CÉPHALÉE DE TENSION ?

Tout le monde connaît les remèdes maison tels que l'application de glace sur la tête ou de chaleur sur les muscles tendus. Ces moyens peuvent s'avérer efficaces, mais il faut avant tout se détendre, donc respirer de manière lente et profonde. Le yoga enseigne cette manière de respirer. Il existe aussi, sur le marché, des cassettes de détente qui donnent des explications à ce sujet. Et il est probable que plusieurs sites Internet[36] offrent aussi des informations sur la question.

Il est difficile de me débarrasser d'un mal de tête dû à la tension si je ne suis pas prêt à me mettre à l'écoute de moi-même. La bonne combinaison consiste donc à bien respirer tout en me rendant disponible à moi-même. Pour ce faire, on peut suggérer de :

- respirer profondément, en détendant l'abdomen à chaque inspiration ;

36. Jean GARNEAU, Michelle LARIVEY, *Savoir…, op. cit.*

- respirer relativement lentement (six respirations à la minute) ;
- demeurer ouvert à ce qui prendra forme en moi au cours de l'expérience immédiate.

La confusion d'évitement

La confusion n'est pas une émotion en soi ; elle désigne plutôt un état intérieur. Il existe deux sortes de confusion : la confusion créatrice que nous aborderons dans le chapitre des pseudo-émotions, et la confusion d'évitement. Elles diffèrent par ce qui les cause. Il est important de les distinguer afin de les prendre pour ce qu'elles sont, et de s'en servir adéquatement.

DES EXEMPLES

1. *On me pose une question. Je m'efforce de répondre même si cela me met mal à l'aise. Et je deviens immédiatement confus ! Je dis alors à mon interlocuteur que je suis incapable de lui répondre, car je nage dans la confusion.*
2. *Je tente d'identifier ce que je vis en ce moment, mais j'ai peur de ce que je pourrais découvrir. Je me retrouve tout à coup dans la confusion le plus totale. Les sentiments, les idées, les sensations et les réactions surgissent pêle-mêle dans mon esprit. Je ne sais plus où j'en suis. J'en conclus que je suis incapable de savoir ce qui se passe en moi actuellement.*
3. *C'est à mon tour de prendre la parole devant le groupe. Un grand malaise m'envahit soudain. Mes idées deviennent confuses, à tel point que je ne sais plus très bien ce que j'ai à dire.*

QU'EST-CE QUE LA CONFUSION D'ÉVITEMENT ?

Ce type de confusion résulte du trouble que produisent deux mouvements contraires qui s'exercent simultanément dans l'expérience présente : d'une part, il y a ma volonté réelle, et d'autre part, mon effort pour la contrecarrer. Le résultat est la confusion.

Les deux premiers exemples illustrent clairement l'action de ces forces opposées. Je tente de faire quelque chose (répondre à la question, identifier ce qui m'habite) malgré ma réticence (non-disponibilité, craintes, objections). Ma volonté d'agir est moins forte que les objections que j'y oppose intérieurement, mais je n'en tiens pas compte. La confusion s'installe donc, m'empêchant de faire ce que je tentais de faire malgré moi.

Le troisième exemple décrit un phénomène similaire, mais plus complexe. Déjà, le malaise qui m'habite est le signe que je cherche à dissimuler ce qui se produit en moi. Il se pourrait, par exemple, que je sois intimidé à l'idée de prendre la parole devant ce groupe et que je ne veuille surtout pas que cela se remarque. Je m'efforce donc d'avoir l'air naturel tout en cherchant à rassembler mes idées. Mais mon attention se disperse entre l'application que je mets à cacher mon malaise et l'effort de concentration que je consacre à rassembler mes idées. Je deviens confus.

À QUOI SERT LA CONFUSION D'ÉVITEMENT ?

Ce type de confusion est une manière indirecte de dire non, sans l'assumer ouvertement. Soit que nous ne soyons pas tout à fait conscient de notre réticence, ce qui la rend difficile à assumer, soit que nous en soyons conscient mais refusions d'en tenir compte. La confusion vient alors à notre rescousse, en quelque sorte.

La confusion est une nouvelle illustration du fait qu'il est impossible de tromper notre organisme. Même quand nous réussissons à nous illusionner, il nous trahit. Lorsque nous tentons de sauver la face, il fait des vagues. Et dans le cas où nous nous abstenons volontairement de prendre en compte notre vécu réel, il réagit en provoquant un blocage. La confusion d'évitement est un des moyens auxquels il peut recourir pour nous adresser un message. Elle nous force donc à respecter ce que nous éprouvons en nous évitant d'avoir à en porter complètement la responsabilité. En effet, c'est elle que nous tiendrons pour responsable de nos difficultés à répondre, à identifier ce qui nous habite, à rassembler nos idées ou encore à décider. Au lieu de nous avouer à nous-même que c'est nous qui ne voulons ni répondre, ni faire face à la peur qui nous envahit à l'idée de jeter un regard en nous, ni laisser transparaître notre gêne de parler en public.

QUE FAIRE AVEC LA CONFUSION D'ÉVITEMENT ?

Le seul fait de regarder en moi-même et de me *rendre attentif à la confusion* me permettra d'identifier rapidement ce qui domine dans mon expérience immédiate. J'ai alors le choix de faire de la place à ce que je vis et, si je le désire, d'en informer mon interlocuteur. Si porter attention à la confusion ne suffit pas pour en sortir, l'écriture peut aider à y parvenir. Je mets sur papier, dans l'ordre où ils apparaissent dans mon esprit, les pensées, les sentiments, les réactions et je tente, par la suite, de cerner le plus important. Le même exercice peut être fait à haute voix ; il donnera un résultat identique. Lorsque je laisse ce qui a le plus d'importance prendre de la place, la confusion disparaît.

L'évanouissement

DES EXEMPLES

1. *La vue du sang suffit pour que je m'évanouisse.*
2. *Il m'arrive régulièrement de m'évanouir lorsque j'approche de l'objet de ma phobie.*

QU'EST-CE QUE L'ÉVANOUISSEMENT ?

L'évanouissement (ou syncope) est une perte soudaine de conscience. Les battements du cœur ralentissent et le cerveau se trouve privé de sang et d'oxygène. La cause peut être bénigne, mais elle peut être grave comme dans le cas d'une déficience cardiaque ou de désordres neurologiques. Le stress s'avère être une cause d'évanouissement chez certaines personnes. On parle alors d'évanouissement pour raisons émotionnelles. Il semble que certains d'entre nous aient de la facilité à provoquer leur propre perte de conscience. N'était-il pas à la mode, chez les dames du XIXe siècle, de s'évanouir pour un rien ? Il se pourrait qu'en situation de stress, certaines personnes physiologiquement prédisposées se servent inconsciemment de ce moyen d'évitement.

À QUOI SERT L'ÉVANOUISSEMENT ?

Notre organisme est ainsi constitué qu'au-delà d'un certain seuil de souffrance, nous perdons connaissance. L'évanouissement pour cause émotionnelle est de ce type : il permet d'éviter une réalité émotive que nous avons peur d'affronter.

EXEMPLE 1

À la vue du sang, je deviens nerveux, ma respiration prend un rythme saccadé, la peur s'empare de moi, avec les réactions physiologiques que cela suppose, et je perds connaissance. C'est aussi bien, car j'ai peur du sang. Ainsi, je réussis à éviter la situation problématique.

EXEMPLE 2

Lorsque je m'approche d'un endroit où il y a un rassemblement, je deviens nerveuse. Je sais que je pourrais m'évanouir et j'ai peur que cela ne se produise. Je respire mal, je m'affole de plus en plus... Soit je rebrousse chemin, soit je « tombe dans les pommes ». Encore ici, je n'ai pas à faire face à ce qui se passe réellement en moi dans cette situation puisque je m'effondre.

Ces exemples illustrent la fonction d'évitement émotionnel que remplissent certains évanouissements. Dans le cas d'une douleur physique, cette réaction physiologique nous protège de l'insupportable. Mais dans la perte de conscience pour cause émotionnelle, il s'agit d'un moyen de nous soustraire à une souffrance psychique virtuelle.

QUE FAIRE AVEC L'ÉVANOUISSEMENT ?

Comme c'est la peur qui entraîne l'évanouissement, il faut me familiariser avec ce qui me fait peur.

La fatigue

DES EXEMPLES

1. *Dès que je m'apprête à parler de ce sujet, je sens une immense fatigue s'emparer de moi. Je sais que ce sujet est lourd d'émotions pour moi.*
2. *J'ai beaucoup pleuré et je me sens épuisée.*
3. *J'ai consacré plusieurs heures à une discussion stérile. Je me sens « vidée ».*

QU'EST-CE QUE LA FATIGUE ?

La fatigue purement physique est une forme de fatigue. Quand elle n'est pas le signe d'une maladie, d'un mauvais fonctionnement ou d'une insuffisance, elle indique que l'on s'est affaibli à la suite d'une trop grande dépense d'énergie.

La fatigue peut aussi provenir d'une dépense d'énergie émotionnelle comme c'est le cas dans les exemples 2 et 3. Mais le déploiement d'énergie pour des raisons émotionnelles n'est pas toujours apparent. Dans l'exemple 1, j'éprouve une grande fatigue sans avoir l'impression de faire d'effort. Il est probable qu'involontairement, je mobilise beaucoup d'énergie psychique pour empêcher mes émotions de surgir. C'est cet effort, impliquant nécessairement la participation de mon corps, qui engendre la lassitude.

À QUOI SERT LA FATIGUE ?

La fatigue est le signe d'une trop grande dépense d'énergie. Quand on a de bonnes raisons de l'attribuer à un effort pour contrôler les émotions, elle sert d'avertissement. Elle nous informe du fait que des émotions intenses sont associées au sujet auquel nous pensons et que nous bloquons l'émergence de ces émotions. Il arrive que la fatigue survienne après une expérience émotionnelle intense et exigeante. C'est le signe que nous avons besoin d'un repos émotionnel, et peut-être aussi physique.

QUE FAIRE AVEC LA FATIGUE ?

Généralement, lorsque je demeure en contact avec la sensation de fatigue, une émotion prend forme. Lorsque j'éprouve de la fatigue dans une partie du corps en particulier, je dois me concentrer sur cette région tout en respirant profondément. Cela provoque une détente qui ouvre à l'émotion gardée sous tension. L'émotion associée à la fatigue est révélatrice. Je suis *fatigué-satisfait*, quand mes efforts, même s'ils m'ont épuisé, ont donné les résultats souhaités. Je ressens *une bonne fatigue* quand je me suis dépensé à fond sur la piste de danse ou la pente de ski. Je suis *fatigué-vidé* quand l'effort a été important mais vain ou quand j'ai donné tout ce que je pouvais. Je suis *fatigué au bord de la crise de nerfs* quand je me suis dépensé en dépassant sérieusement mes limites. Je puis aussi me sentir *fatigué-écœuré*, *fatigué-apaisé*. Dans tous les cas, ressentir à la fois la fatigue et l'émotion qui l'accompagne constitue le meilleur moyen d'être en contact avec moi et d'agir en tenant compte de mon expérience.

La fébrilité

UN EXEMPLE

Rien de spécial ne se passe apparemment, mais j'éprouve une vague nervosité. Je ne vois pas de quoi elle peut provenir. Je me demande ce qui, autour de moi, pourrait l'expliquer et je ne trouve rien. Il ne me vient pas à l'idée de chercher en moi ce qui pourrait causer cette nervosité.

QU'EST-CE QUE LA FÉBRILITÉ ?

La fébrilité est un état physique. Elle consiste dans l'impression d'être en ébullition alors que rien ne justifie apparemment cet état.

À QUOI SERT LA FÉBRILITÉ ?

La fébrilité est en fait le résultat que nous obtenons lorsque nous contenons une émotion qui cherche à apparaître. Comme dans le cas de l'angoisse, mais à un degré largement moindre, elle est constituée de la charge que représente l'émotion et de l'intensité de celle-ci. Nous réussissons à retenir l'émotion, mais non son intensité. Celle-ci se transforme alors en une expérience où ce sont les dimensions physiques qui dominent.

QUE FAIRE AVEC LA FÉBRILITÉ ?

La meilleure chose que je puisse faire quand je suis fébrile est de *laisser émerger la préoccupation* ou l'émotion qui cherche à apparaître. Toutefois, comme je suis déjà légèrement sur la défensive (c'est pour cela que c'est la fébrilité qui m'habite et non l'émotion qui cherche à émerger), il est nécessaire que je me rende disponible. Pour ce faire, je peux :

- remplacer ma respiration écourtée et relativement rapide par une respiration profonde ayant un rythme normal ;
- me concentrer sur ma respiration durant une ou deux minutes ;
- une fois cela fait, me mettre à l'écoute de ce que je ressens.

La gêne

SYNONYMES

L'embarras, le trouble.

UN EXEMPLE

Je suis en compagnie de quelques personnes. Un collègue m'adresse un compliment, un autre renchérit. La gêne m'envahit. Je suis incapable de contrôler le rougissement que je sens s'étendre sur mon visage, mon cou. Je ne sais quoi dire. Tout le monde me regarde. Ma gêne grandit. Je souhaite qu'on change de sujet, que le groupe se disperse.

QU'EST-CE QUE LA GÊNE ?

La gêne est le phénomène qui survient lorsque je me refuse à vivre ouvertement le plaisir et que je tente d'y substituer l'indifférence. Le compliment me fait plaisir, mais je n'ose pas le montrer. La gêne est le malaise provenant de la dissimulation de mon contentement. Elle s'accompagne souvent d'un ricanement nerveux, mais plutôt joyeux. Le ricanement permet en ce cas d'évacuer une partie de l'intensité de l'émotion contenue.

À QUOI SERT LA GÊNE ?

La gêne me dit que je me trouve « coincé » entre deux forces contraires qui s'affrontent en moi : le plaisir, qui apparaît naturellement au moment où il se passe un événement agréable d'une part, et l'effort pour empêcher ce plaisir de s'exprimer d'autre part. Le dicton dit bien que « Là où il y a de la gêne, il n'y a pas de plaisir. » Il est à noter que dans la gêne, je sais que j'éprouve du plaisir. Elle me le dit, mais aussi que je ne suis pas prêt à vivre ce plaisir ouvertement. Soit parce que je ne suis pas entièrement d'accord avec le fait d'éprouver du plaisir, soit, tout simplement, parce que je ne suis pas capable d'assumer que j'en ai, soit enfin parce que ce plaisir me rend vulnérable. Ma vulnérabilité peut tenir au fait que les autres sont témoins de l'effet qu'a sur moi un compliment, car un de mes besoins se trouve alors révélé. Au fond, c'est parce que je n'assume pas mon besoin, probablement celui d'être confirmé dans une dimension personnelle, que j'éprouve de la gêne.

QUE FAIRE AVEC LA GÊNE ?

La gêne disparaît dès que je consens à éprouver mon plaisir ouvertement.

Le malaise

UN EXEMPLE

Nous étions un groupe de quelques personnes à échanger. Une à une, chacune des personnes s'en va. Je me retrouve finalement seule avec un des membres du groupe. Je me sens mal à l'aise.

QU'EST-CE QUE LE MALAISE ?

Le malaise n'est pas une émotion proprement dite. C'est un inconfort qui résulte du fait que je cache quelque chose à mon interlocuteur. J'éprouve un sentiment ou j'ai des pensées que je ne veux pas lui révéler. Ce que je tiens à cacher peut être positif comme négatif. Je suis en quelque sorte « double » devant lui : il y a la façade que je lui présente d'une part, et ce que je vis, d'autre part. C'est cette fausseté qui crée mon malaise.

À QUOI SERT LE MALAISE ?

Mon malaise m'indique d'abord que je tiens à cacher quelque chose à mon interlocuteur. Par ricochet, il me souligne mon objection ou ma peur d'assumer ce que je ressens ou pense devant cette personne. De façon générale, il est le signe d'un évitement. Pour revenir à l'exemple, il se pourrait que la personne avec laquelle je me retrouve seule me plaise énormément et que je ne veuille pas laisser transparaître mon attirance pour elle. Il se pourrait aussi que je sois fâchée contre elle et ne veuille pas qu'elle le sache. Dans les deux cas, j'évite le contact réel avec elle.

Lorsque nous éprouvons un malaise, la tentation de fuir est encore plus grande. Nous pouvons nous retirer physiquement, mais nous pouvons fuir d'autres façons, par exemple en nous concentrant sur autre chose ou en parlant de choses et d'autres qui n'ont rien à voir avec la raison du malaise.

QUE FAIRE AVEC LE MALAISE ?

Si ce que je vis derrière le malaise n'est pas clair à mes yeux, c'est en demeurant en contact avec celui-ci que je pourrai l'identifier. La raison de mon malaise connue, il me reste à décider si j'en informe mon interlocuteur. Si je réussis à communiquer à mon interlocuteur ce que je lui cachais jusque-là, le malaise présent disparaîtra. Il est toutefois certain qu'il fera place à d'autres émotions liées au fait que je me livre à quelqu'un qui a de l'importance à mes yeux.

Si, en livrant ma pensée, mon sentiment ou ma réaction, mon inconfort ne disparaît pas, c'est que je n'ai pas réussi à m'exprimer complètement. Il me faudra faire une autre tentative pour sortir du malaise. Il est possible que plusieurs essais soient nécessaires.

La migraine de tension

DES EXEMPLES

1. *Je pensais prendre un congé très mérité. Ce furent trois jours d'une migraine carabinée.*
2. *J'approche du moment où je devrai lui faire face et je sens apparaître les premiers signes d'une migraine.*

QU'EST-CE QUE LA MIGRAINE DE TENSION ?

La migraine est un mal de tête de grande intensité. Elle a la particularité d'être ressentie d'un seul côté du crâne, mais peut aussi l'être des deux côtés. En plus d'être douloureuse, la migraine engendre divers malaises : hypersensibilité à la lumière et au son, nausées qui peuvent aller jusqu'à des vomissements. On ignore encore pourquoi certaines personnes souffrent de migraine et d'autres non. Il est possible qu'elles y soient prédisposées, comme d'autres le seraient aux douleurs dorsales, aux éruptions cutanées ou à toute autre réaction physiologique indicatrice d'un problème.

Chacun peut identifier des éléments qui contribuent à déclencher une migraine : période prémenstruelle, stress, aliments particuliers. Il existe peut-être des migraines dont l'origine est purement physique, mais il est certain que certaines migraines sont déclenchées par un vécu émotionnel réprimé. Paradoxalement, la migraine apparaît souvent quand nous commençons à nous relaxer. C'est que l'adrénaline que nous sécrétons en état de stress est un protecteur contre la migraine. Le stress diminuant, l'adrénaline n'est plus sécrétée en même quantité et la protection disparaît.

À QUOI SERT LA MIGRAINE DE TENSION ?

La migraine est parfois attribuée au stress. Or, être en état de stress, c'est essentiellement se contracter devant une pression venant de l'extérieur ou une pression qu'on s'inflige soi-même. Le contrôle que nous tentons d'exercer sur ce qui est ressenti ou sur son expression sollicite certains muscles qui font pression sur les vaisseaux sanguins. Selon l'emplacement des muscles en action, il en résulte une migraine ou un autre type de tension.

QUE FAIRE AVEC LA MIGRAINE DE TENSION ?

L'origine étant identique à celle d'une céphalée, le même remède s'applique[37]. Dans le cas de la migraine, toutefois, le temps pour arriver à la détente peut être beaucoup plus long. Aussi est-il préférable de s'habituer à se rendre disponible au vécu réprimé dès l'apparition des premiers symptômes.

De façon générale, si je suis sujet aux migraines de tension je dois apprendre à me relaxer.

37. Michelle LARIVEY, « Vaincre la migraine sans médicament », http://redpsy.com/infopsy/migraine.html

La nausée

DES EXEMPLES

1. *On me demande de me décider. Je sais profondément que ma réponse est non, mais j'essaie quand même de me conformer à ce qu'on attend de moi. Je m'apprête à dire oui malgré moi. Tout à coup, je sens la nausée s'installer en moi.*
2. *Depuis quelque temps, le dimanche, en songeant au travail, la nausée me vient.*
3. *Le spectacle m'a terriblement choquée. J'en ai eu la nausée.*

QU'EST-CE QUE LA NAUSÉE ?

La nausée, comme le mal de cœur, est une sensation de dégoût qui est parfois symptomatique d'un problème physique. Elle peut aussi être la manifestation somatique d'un vécu émotif. Dans ce cas, elle indique que nous sommes très contrarié, ou sur le point d'enfreindre la limite des concessions qui nous paraissent acceptables. L'expression « mal de cœur » fait image d'une manière éloquente : non seulement le cœur n'y est pas, mais ce que je fais ou m'apprête à faire lui est douloureux.

À QUOI SERT LA NAUSÉE ?

Elle signale d'abord que nos limites sont dépassées. Elle indique également que ce que nous tolérons est « indigeste », c'est-à-dire ne nous convient pas. La nausée constitue le dernier avertissement en liste, mais d'autres émotions nous ont déjà signalé que nous étions à la limite de la tolérance. Lorsque la nausée survient, c'est que nous avons ignoré les informations que nos émotions nous ont précédemment transmises. Ainsi, dans l'exemple 2, ce n'est pas tout à fait nouveau que des choses me pèsent au travail. Mais généralement, je banalise ou j'ignore les sentiments qui me le disent parce que je trouve trop difficile d'agir pour résoudre ce problème. L'exemple 3 indique que j'ai été habitée par diverses émotions durant le spectacle : j'ai été choquée, bouleversée, voire, à certains moments, très en colère. Mais je me suis retenue de montrer mes réactions et j'ai voulu tenir le coup jusqu'à la fin. Maintenant, la coupe déborde : j'ai la nausée ! Dans l'exemple 1, je me vois acculé à prendre une décision. J'ai retardé ce moment et tenté de repousser hors de mon champ de conscience toutes les émotions liées à cette situation. Mais la réalité me rattrape et je ne puis plus me défiler. Or, faire face m'est trop difficile. La nausée me dit pourtant qu'en acceptant de continuer, je m'impose une obligation dont je ne veux vraiment pas. C'est trop ! Au point d'avoir « mal au cœur ».

QUE FAIRE AVEC LA NAUSÉE ?

Si j'ai la nausée au point de vomir, il est préférable que je *ne résiste pas*. Je me suis déjà assez contraint pour me mettre dans cet état, me laisser aller me fera du bien, même si je dois d'abord passer par un moment désagréable. Pendant que je vomis, le sujet qui m'a donné la nausée me viendra peut-être à l'esprit.

Si, par contre, ma nausée est légère, il me sera utile de demeurer en contact avec elle et de chercher à *identifier ce qui me dérange*. Plus conscient, je serai en mesure de tenir compte de ce que me disait indirectement ma nausée.

S'il m'arrive souvent d'avoir la nausée, il est possible que j'aie recours à ce moyen pour arriver à respecter mes limites. À l'usage, j'ai découvert qu'elle m'épargne bien des situations pénibles. Grâce à elle, je n'ai pas à assumer publiquement mes désaccords et mes refus. Je puis les mettre à son compte.

EXEMPLE 1

Je peux dire qu'il m'est impossible de me décider maintenant, je suis trop mal en point. J'ai une nausée terrible.

Cela dit, si je me mets dans cet état au lieu de m'affirmer, c'est que dire non m'est certainement très difficile. Quoi qu'il en soit, le fait que je sois conscient de ce que la nausée cache et que j'assume ce qui est réellement vécu constitue un premier pas dans l'affirmation de moi-même[38].

38. Michelle LARIVEY, « Transfert et conquête de l'autonomie », http:/redpsy.com/infopsy/autonomie.html

La nervosité

DES EXEMPLES

1. *J'attends pour passer mon audition et je suis très nerveuse.*
2. *Je suis une personne nerveuse.*

QU'EST-CE QUE LA NERVOSITÉ ?

La nervosité est un état d'excitation. Elle peut être intérieure ou se manifester par de l'agitation. Dans certains cas, ses causes sont purement physiques ; c'est le cas lorsqu'elle est l'effet d'une drogue ou d'un médicament. D'autres fois, son origine est psychique.

Dans la nervosité, l'excitation est désagréable. De plus, le sujet qui en est à l'origine est imprécis. D'ailleurs, lorsque nous sommes énervé, nous avons tendance à chercher un exutoire au trop-plein, plutôt qu'à nous « centrer » et à tenter d'identifier avec précision ce qui nous énerve. Alors, nous respirons mal, ce qui contribue à accentuer notre énervement. Dans cet état, nous sommes absolument indisponible, et parfois même irritable.

À QUOI SERT LA NERVOSITÉ ?

Mon énervement est le signe qu'il m'arrive quelque chose d'important. Mais il indique en plus que j'ai une certaine difficulté à demeurer en contact avec ce sujet. Je fuis la question en m'éparpillant. Par exemple, nerveuse en attendant mon audition (exemple 1), je fume cigarette sur cigarette, je fais les cent pas, je tapote le bras de mon fauteuil...

Une personne généralement nerveuse se maintient dans cet état d'excitation et ne garde qu'un contact superficiel avec ce qu'elle vit. Ce faisant, elle escamote un grand nombre d'émotions, accumule des expériences inachevées et en arrive à des moments où elle n'en peut plus ; elle dit alors qu'elle est à « bout de nerfs » et peut même faire une « crise de nerfs ».

QUE FAIRE AVEC LA NERVOSITÉ ?

Pour que ma nervosité fasse place à une expérience émotionnelle précise, il faut que je me centre, c'est-à-dire que je me rende réceptif à l'expérience émotionnelle vécue sur le moment et la laisse émerger. Des outils permettent d'apprendre cela. Le *focusing*, et *Savoir ressentir* en sont[39].

39. E.T. Gendlin, *Le focusing*, *op. cit.*, et Jean Garneau, Michelle Larivey, Savoir..., *op. cit.*

La panique

EXPÉRIENCES APPARENTÉES À LA PANIQUE

La peur, l'affolement, l'angoisse, la phobie.

Dans ce cadre, il faut distinguer la peur panique de la crise de panique et de la panique éprouvée dans une situation phobique. Ces expériences sont fondamentalement de même nature, mais ce qu'il faut faire avec chacune d'elles diffère.

La peur panique

DES EXEMPLES

1. *Mon mari vient de m'apprendre qu'il me quitte. Je suis paniquée !*
2. *On m'a demandé de prendre la parole et je suis devenu terriblement paniqué. Ce sera une catastrophe, j'en suis sûr. Je vais bégayer…*
3. *Malgré ma grande peur de l'eau, je me suis aventuré au large. Le dériveur a été renversé par une vague à cause de mon inexpérience. Impossible pour mon compagnon de me convaincre de retourner le bateau. Je n'ai qu'une idée en tête : il n'a pas revêtu son gilet de sauvetage et c'est la priorité. Il me dit que ce n'est pas nécessaire, le bateau lui servant de flotteur. Il me presse de l'aider à retourner le bateau car l'océan, à cet endroit, est infesté de barracudas. Mais je ne l'entends pas et je continue d'insister pour qu'il mette son gilet !*

QU'EST-CE QUE LA PEUR PANIQUE ?

La peur panique est une émotion d'anticipation. Mais dans la panique, contrairement à ce qui se produit lorsque nous avons peur, le contact avec la réalité dangereuse est coupé. Au lieu de regarder le danger en face afin de nous en prémunir, nous imaginons des événements et des scénarios catastrophiques. Il ne nous est alors plus possible de composer adéquatement avec la situation que nous craignons, car celle-ci est trop éloignée de la réalité présente. Une imagination ainsi débridée peut mener à un affolement complet en quelques secondes et nous rendre complètement non fonctionnel (exemple 3). Une fois amorcée, la panique s'alimente d'elle-même. La peur originale provoque une série d'anticipations. Celles-ci, à leur tour, génèrent de la peur qui suscite d'autres anticipations. Ces dernières augmentent la panique, et nous entrons dans un cercle vicieux.

La panique déclenche différents phénomènes physiques et physiologiques. La respiration est perturbée. Dans certains cas, elle est retenue, devient courte et saccadée. Dans d'autres cas, l'énervement conduit à l'hyperventilation. L'agitation émotionnelle peut aussi provoquer une augmentation du rythme cardiaque provoquant parfois des palpitations. Ces réactions suscitent divers malaises physiques qui, à leur tour, alimentent la panique, laquelle accentue ces réactions. Nous sommes dans une spirale d'agitation ascendante.

À QUOI SERT LA PEUR PANIQUE ?

La peur est une émotion nécessaire à la survie : elle nous informe d'un danger potentiel. Elle nous permet ainsi de nous préparer à faire face à ce qui nous menace. L'inverse se produit en cas de panique. Nous ne pouvons nous servir de la panique comme de la peur, parce qu'elle n'est qu'accumulation de problèmes imaginés, multipliés par des réactions qui sont elles aussi anticipées. Sous l'emprise de la panique nous sommes incapable d'entrevoir une évolution de la situation, des étapes dans un cheminement. Nous ne cherchons pas des solutions, nous ne faisons qu'additionner des problèmes que nous imaginons. De ce fait, contrairement à la peur, la panique est *nuisible*. Elle nous empêche de nous occuper efficacement de l'objet qui nous effraie, car elle nous distrait de la situation dans laquelle nous pourrions faire quelque chose pour notre sécurité. Les exemples mentionnés précédemment illustrent bien cela.

Dans l'exemple 1, l'idée de la séparation fait surgir différentes peurs : solitude, réactions négatives des enfants, organisation matérielle, spectre du vieillissement, etc. Certaines de ces peurs pourraient être traitées immédiatement, de façon à prévenir les problèmes appréhendés. Je peux trouver des façons d'aider les enfants à traverser ce passage, discuter de solutions aux problèmes matériels qui peuvent survenir, etc. En ce qui concerne les anticipations lointaines, ma vie de future vieille dame par exemple, il y a peu de chose que je puisse faire maintenant. Il m'est impossible de prédire exactement comment je vivrai la solitude une fois la séparation traversée et plusieurs expériences de vie accumulées. L'exemple 2 donne un aperçu du même phénomène d'anticipation, mais sur une courte période. Au lieu de réfléchir à ma peur de perdre mes moyens et de chercher à composer avec elle, j'imagine une série d'événements dramatiques et je m'affole. Le troisième exemple n'a pas besoin d'être expliqué pour que l'on comprenne l'inefficacité et même le danger que génère la panique.

QUE FAIRE AVEC LA PEUR PANIQUE ?

D'abord *sortir de la spirale d'anticipation* pour m'ancrer dans le présent. Il faut parfois l'aide de quelqu'un pour y arriver. Quelqu'un qui haussera le ton pour me dire : « Ho là ! Tu t'emballes ! Respire. Regarde-moi dans les yeux et respire. » Bien sûr, je puis faire cela par moi-même, et je réussirai d'autant plus facilement que le processus ne sera pas trop avancé. Ensuite, *respirer profondément* et plus lentement, afin d'éliminer la source physique de l'affolement, soit la sensation d'étouffement provoquée par la respiration écourtée.

Le moment de panique surmonté, il me faudra *reprendre contact avec ce qui a déclenché la panique* et me concentrer dessus.

Exemple 3

Bon, je suis à l'eau. Je respire plus lentement. Je regarde autour de moi, il n'y a pas de danger. Je suis agrippé au bateau, mon compagnon aussi. Il a l'air assez serein. Il ne doit pas avoir peur de se noyer. D'accord, je vais faire ce qu'il dit. « Respire bien, c'est ça », puis-je me répéter à moi-même. Puis je me concentre sur le bateau qu'il nous faut à présent retourner.

Pour ce qui concerne l'hyperventilation, le lecteur peut se reporter à ce terme abordé dans la partie *Autres phénomènes physiologiques,* à la fin du présent chapitre.

La crise de panique ou crise d'angoisse

UN EXEMPLE

Je suis en réunion et subitement, sans raison apparente, je me sens devenir faible. Des sueurs froides parcourent mon corps, mon cœur bat fort. J'ai l'impression que je vais mourir.

QU'EST-CE QUE LA CRISE DE PANIQUE ?

La crise de panique est une crise d'angoisse extrême. On pourrait dire qu'elle est une soupape à l'angoisse trop longtemps contenue ou contrôlée. Cet accès d'angoisse survient de façon complètement inattendue et apparemment sans qu'il y ait de déclencheur. En réalité, un élément provoque la panique. Il est difficile à percevoir sur le moment parce que la réaction physique prend toute la place, mais une fois la crise passée, il est généralement possible de le retracer. L'événement choc peut en fait être très banal d'un point de vue objectif, voire peu perceptible. Mais pour nous, il évoque un vécu important. Il peut s'agir d'un mot dans une conversation, d'un souvenir qui revient, de la présence soudaine d'une odeur. Parfois, c'est la pensée que la panique pourrait survenir qui déclenche la crise. L'exemple suivant donne un aperçu du lien pouvant exister entre l'événement déclencheur et les crises de panique.

Un homme est assailli à répétition par des crises de panique, au point qu'il s'abstient presque de quitter la maison. Sa première crise est survenue voilà quelques années alors qu'il venait d'être attaqué par une bande de voyous. Tandis qu'il tente de retracer l'origine de sa panique, il se souvient d'avoir été révolté par cette attaque gratuite et de n'avoir pas réagi par crainte d'attiser la folie de ses assaillants. Puis il établit une relation entre plusieurs événements où, comme cette fois-là, il a été traité rudement et injustement. Dans le passé, entre autres, des enquêteurs des impôts l'ont presque mené à la faillite pour des motifs qui se sont avérés injustifiés... Il a vécu toute son enfance sous le sceau de la violence arbitraire d'une mère dure. Sa vie maritale est une catastrophe tant il a l'impression que son épouse abuse de lui. Il a souffert et souffre toujours de cela, sans trop porter attention à sa douleur, car il a l'impression d'être impuissant devant elle. Toute sa vie, il a tenté de tenir le coup en serrant les dents sans être tout à fait conscient de l'impact de chacune de ces expériences et de leur accumulation. Il n'en peut plus, mais il l'ignore.

Dans une crise de panique, donc, un événement indiscernable sur-le-champ fait émerger une émotion, laquelle déclenche une poussée d'adrénaline. C'est cette poussée d'adrénaline qui met en branle la série de réactions physiologiques par lesquelles nous nous sentons assailli : augmentation du rythme cardiaque, oppression au niveau de la poitrine, chaleurs, sueurs froides, tremblements, frissons, mal de ventre, nausées, gorge serrée, diarrhée, faiblesse. La crise peut durer de cinq minutes à une heure, mais elle fait en moyenne une vingtaine de minutes. De telles réactions physiologiques sont affolantes si l'on ne comprend pas ce qui se passe. Les réactions physiques sont tellement fortes et envahissantes qu'elles nous donnent l'impression que nous sommes malade, voire sur le point de mourir. Notre premier réflexe consiste souvent à consulter un médecin. S'il s'agit réellement d'une crise de panique, le verdict médical sera négatif.

À QUOI SERT LA CRISE DE PANIQUE ?

La crise de panique est un signal d'alarme ! C'est le signe que mon corps me donne pour indiquer qu'il n'est plus capable de contenir la pression que je lui fais subir à force de mettre de côté une ou plusieurs préoccupations importantes. Jusqu'ici l'angoisse n'a pas suffi à m'alerter, alors la panique prend la relève. Comme l'angoisse, la panique est un symptôme. Elle n'est pas le problème, mais le signe qu'il y a un problème (tout comme la fièvre n'est pas un problème, mais l'indicateur que l'organisme est perturbé). Les personnes qui banalisent les problèmes de leur vie, se forcent à tolérer une situation inacceptable ou négligent des aspects importants de leur existence, en un mot, les personnes qui ont tendance à repousser hors de leur champ de conscience les questions qui les préoccupent, sont pour cette raison plus susceptibles de souffrir d'angoisse et, un jour, de panique. Le psychisme, en effet, comme tout ce qui est vivant, recherche l'équilibre. Aussi, ne peut-il tolérer que je mette de côté durant trop longtemps les problèmes qui handicapent mon existence. L'angoisse est un des premiers signes qu'il m'envoie pour me signaler le déséquilibre. Si je ne réponds pas à cet avertissement, l'angoisse augmentera. Dans ce cas, la panique devient à la fois une soupape au trop-plein d'angoisse et un signal d'alarme encore plus puissant[40].

QUE FAIRE AVEC LA CRISE DE PANIQUE ?

Aux premiers signes avant-coureurs, d'abord tenter de *retrouver une respiration normale*. Puis *chercher l'idée* ou l'émotion fugace qui

40. Jean GARNEAU, « À quoi servent les émotions », *op. cit.*

semble avoir déclenché la crise. Si c'est la pensée que «je pourrais faire une crise», il me sera assez facile de retrouver mes sens. Si la crise semble avoir une autre raison, il ne faut surtout pas la «balayer du revers de la main». Au contraire, il est important de demeurer en contact avec l'émotion qui l'a déclenchée. Cette acceptation m'aidera à me sentir mieux. Cela se passe en effet comme si la psyché, se sentant ainsi rassurée, pouvait cesser d'émettre son signal.

Il me faudra ensuite *prendre en considération* ce que j'ai identifié dans mon expérience subjective comme étant «*ma vérité*» (ce peut être une perception, une émotion, une idée), cela même si je ne suis pas convaincu de son bien-fondé. J'aurai en effet plutôt tendance à banaliser et à déplorer mon accès d'angoisse. Un effort sera donc nécessaire pour prendre au sérieux cette «vérité» qui pourrait se formuler ainsi:

> *Tout juste avant de me sentir mal, j'ai pensé à ma femme. Je trouve qu'elle travaille trop. Nous n'avons plus de temps pour tous les deux.*
> *Ou: Tout juste avant de me sentir mal, je me suis dit: «Si je rougis, ils vont croire que j'ai des problèmes. Je vais avoir l'air fou!»*

Je devrai ensuite *convenir* du fait que ce que j'ai identifié correspond à *un réel problème* pour moi. Que je n'en saisisse pas l'ampleur actuellement n'est pas une raison pour le rejeter. D'autant qu'il y a de bonnes chances pour que ce problème ne soit que la pointe de l'iceberg!

Il me faudra finalement *me pencher sur ce problème* afin de le comprendre et de le régler: en quoi le fait que ma femme travaille beaucoup m'affecte tant? De quelle façon les jugements de ces personnes me touchent-ils ? Je m'apercevrai alors, au fur et à mesure que je tenterai de résoudre ce qui fait problème, que les crises d'angoisse s'estompent ; c'est qu'elles n'auront plus de raison d'être. Pour un temps, il me restera « la peur de faire une crise », mais cette tendance se résorbera à son tour.

Les personnes susceptibles de faire de l'angoisse et des crises de panique (ainsi que des phobies) ont typiquement tendance à éviter les émotions et les problèmes qui ont une dimension émotionnelle. *L'évitement* est en quelque sorte leur mécanisme de défense préféré pour ne pas faire face à ce qui les préoccupe. Une telle tendance rend les choses difficiles, car le contact avec nous-même ne se fait jamais seul ni magiquement. Il faut du travail et de l'exercice pour développer une attitude de réceptivité par rapport à notre expérience et devenir sensible à nos émotions. Mais comme c'est la seule option alternative à une vie de terreur, les efforts en valent la peine.

La tendance est de plus en plus forte à s'en remettre aux antidépresseurs pour éliminer les crises de panique. L'effet de cette médication peut s'avérer temporairement bénéfique chez les personnes qui y ont recours pour diminuer une charge émotive momentanément insupportable. Mais la médication présente un danger auquel les psychothérapeutes sont sensibles parce qu'ils l'observent souvent chez leurs clients : l'antidépresseur ayant pour effet de diminuer l'angoisse, donc la pression, la personne perd de vue le problème qui est à la source de la panique (ou de l'angoisse). Or, ce problème n'est pas réglé et ce n'est pas l'antidépresseur qui le réglera malgré ce que veut nous faire croire la théorie neurophysiologique, envahissante de nos jours, qui attribue presque toutes les difficultés d'ordre émotif à un déséquilibre des neurotransmetteurs. En effet, bien que les symptômes soient atténués par la médication, la cause de la panique, elle, n'est pas traitée. L'état actuel de la recherche permet-il d'affirmer que la panique attribuable à un déséquilibre des messagers intercellulaires ? Ou serait-ce l'angoisse à répétition (le contrôle émotionnel à outrance) qui entraînerait ce déséquilibre ?

De la panique à la phobie[41]

UN EXEMPLE

J'ai la phobie des foules. Dès que je gagne ma place dans la salle de concert, j'ai peur d'étouffer et la panique m'assaille.

COMMENT LA PANIQUE CONDUIT-ELLE À LA PHOBIE ?

Il arrive parfois que la phobie fasse suite à la panique parce qu'une préoccupation importante a été trop longtemps négligée. Les crises de panique se produisent (comme dans le cas précédent), mais je ne mets pas l'occasion à profit pour rechercher ce qui ne va pas dans ma vie. Je commence alors à avoir peur de fréquenter certains endroits, car c'est précisément là que surviennent mes crises de panique. Elles apparaissent, par exemple, lorsque je suis dans un lieu public ou clos, tel l'ascenseur, ou encore quand je me trouve dans un espace restreint, en avion, ou au contraire très élevé, comme un pont. Rapidement, je développe une «phobie» par rapport à ces endroits. Pour d'autres, ce ne sont pas des lieux, mais des animaux qui déclenchent la panique. Il s'agit exactement du même phénomène: la vue de ces bêtes réveille l'angoisse qui, en réalité, est liée à la préoccupation négligée.

41. Michelle LARIVEY, « La phobie démystifiée », http://redpsy.com/infopsy/phobie.html

À QUOI SERT LA PHOBIE ?

La personne phobique qui ignore la fonction générale de l'angoisse, de la panique et de la phobie a pour seul réflexe de se protéger en évitant les endroits ou les animaux qui déclenchent ces réactions. Elle croit sincèrement, même si cela semble absurde, que c'est la foule, l'ascenseur, les chiens, les araignées qui sont la cause de ses expériences désagréables. En fait, le mécanisme d'évitement est si fort chez le phobique qu'il se déclenche à la façon d'un réflexe et réussit à inverser la situation : le problème intérieur est déplacé à l'extérieur de soi. Ce n'est plus vers son conflit interne que la personne tourne son regard effrayé, mais vers un danger extérieur imaginaire. C'est évidemment le contraire que le phobique aurait intérêt à faire. Il devrait s'arrêter à ce qui se passe en lui, écouter son cri intérieur. En fait, il devrait surtout *s'interroger sur ce qui ne va pas dans sa vie*. Habituellement, il lui est très facile de répondre à cette question.

Dans l'exemple mentionné, la panique me gagne dès que je suis installé parmi l'assistance. Cela, parce que la situation éveille un sentiment ou ramène des images qui me mettent mal à l'aise. Mais au lieu de m'attarder à cet inconfort et de me demander ce que vient faire là ma peur d'étouffer (peur que je sais « irrationnelle »), je m'occupe à imaginer des événements catastrophiques que je crée de toutes pièces : *Je vais me sentir mal, Qu'arrivera-t-il alors ? Et si je m'évanouissais ? Si je me comportais comme un fou ?* Je panique, le regard affolé tourné vers la salle. Le but recherché par l'évitement est ainsi atteint : j'ai complètement perdu contact avec la vraie source de mon angoisse. Je suis tout à fait obnubilé par une kyrielle de faux dangers que j'ai inventés pour éviter de faire face à mes vrais problèmes.

QUE FAIRE AVEC LA PHOBIE ?

La « désensibilisation[42] » seule ne suffit pas. Il est vrai que si je souffre de phobie, je devrai de manière ultime me confronter à son objet. Mais ce n'est pas la première chose à entreprendre. Il me faut d'abord identifier quel problème de ma vie j'ai transformé en phobie. En d'autres termes, m'interroger sur ce qui ne va pas dans ma vie. Il m'est généralement assez facile de répondre à ce genre de question, car je suis en contact continu avec ce qui me dérange dans la vie. Ce qui est parfois long, c'est d'y apporter une solution. Toutefois, dès que je m'investis un tant soit peu pour comprendre ma phobie, je constate une évolution du problème. Celle-ci disparaîtra d'elle-même lorsque le problème sera réglé.

Entreprendre de « faire un ménage » dans ma vie n'est pas simple. Il ne faut pas m'étonner d'avoir besoin de l'aide d'un psychothérapeute qui pourra m'aider à apprivoiser ma vie intérieure. Il m'enseignera aussi à être à l'écoute de ce que je ressens, ce qui est indispensable pour régler les problèmes qui se posent et se poseront toujours dans la vie.

42. La désensibilisation consiste à se familiariser avec l'objet de la phobie en lui retirant progressivement sa connotation de danger.

Le rougissement

DES EXEMPLES

1. *Je rougis quand je suis ému.*
2. *Dès que je suis mal à l'aise, je rougis.*

QU'EST-CE QUE LE ROUGISSEMENT ?

Le rougissement est probablement un phénomène répandu, mais que l'on détecte plus particulièrement chez les personnes dont l'épiderme est clair. Physiologiquement le rougissement s'explique par un afflux sanguin au niveau du visage, car certaines émotions comme la peur, la colère, la tristesse ont une résonance physiologique. Le rougissement semble être accentué lorsqu'il y a une lutte intérieure entre une émotion qui émerge et la volonté de la dissimuler. Chez d'autres personnes, le même combat pourrait se traduire par le bégaiement, des trous de mémoire, une perte de concentration, voire l'évanouissement. Chez celles qui rougissent, c'est la qualité de l'épiderme qui explique leur propension à rougir. Un facteur psychologique intervient aussi : si je rougis facilement mais en éprouve de la gêne, je me tiendrai aux aguets. La moindre sensation de chaleur sur mon visage ou mon cou déclenchera un effort de maîtrise supplémentaire. Alors que mon idéal serait de réussir à contrôler le rougissement en plus de l'émotion, c'est exactement le contraire qui se produit : je m'empourpre davantage.

À QUOI SERT LE ROUGISSEMENT ?

Lorsque je l'accepte, je prends mon rougissement pour ce qu'il est : une réaction physiologique accompagnant une émotion, comme dans l'exemple 1. Je suis alors aussi réceptif à cette sensation que je le suis aux secousses de mon ventre lorsque je ris. Mais si je ne l'accepte pas, le rougissement trahit de plus ma tentative de dissimulation : je suis gêné, mal à l'aise, et je deviens cramoisi. C'est le refus de l'émotion (en l'occurrence, du contentement ou du plaisir) qui provoque ma gêne ; et c'est le fait de vouloir dissimuler cette gêne qui provoque mon malaise et me fait rougir. Le rougissement est alors une tentative, au deuxième degré, pour stopper ce que je ressens.

Dans certains cas, le rougissement reflète même la résistance à être surpris en train de rougir. Combattre le rougissement témoigne alors du refus, en sus, d'assumer une caractéristique de ma personnalité.

QUE FAIRE AVEC LE ROUGISSEMENT ?

M'observer (si ce n'est déjà fait) pour savoir si je rougis pour cause de dissimulation : est-ce que je rougis lorsque je suis seul ou uniquement lorsque je me trouve en compagnie ? Puis, *identifier les émotions* qui déclenchent cette réaction. S'agit-il d'émotions avec lesquelles je me sens à l'aise ? Puis-je les ressentir devant d'autres sans être gêné ?

Quoi qu'il en soit, si je n'accepte pas de rougir, j'ai un travail à faire pour « accepter ma différence », c'est-à-dire ma propension au rougissement. Ma différence, c'est aussi tout ce que je vis qui, parce que je suis un être unique, n'est pas identique à ce que vivent les autres.

Le stress

DES EXEMPLES

1. *Je me sens stressé.*
2. *Mes difficultés financières me causent énormément de stress.*

QU'EST-CE QUE LE STRESS[43]?

Le stress est un terme général qui sert à désigner la réaction d'un organisme vivant à une agression, ou à l'agent ou aux facteurs qui sont à l'origine de cette agression. Par réaction de l'organisme, on entend la mobilisation physiologique et/ou psychique. Par facteur de stress, on désigne généralement une action violente exercée sur l'organisme (bruit intense, immersion dans l'eau chaude, grand choc émotionnel, vive contrariété).

Il est normal de connaître le stress. Celui-ci ne pose d'ailleurs aucun problème si l'organisme peut retrouver son équilibre dans un laps de temps raisonnable. Au contraire, il peut être bénéfique. Mais si le stress est vécu à répétition, ou s'il est mal géré, les mécanismes de rétroaction qui assurent le retour de l'équilibre ne peuvent pas agir efficacement. C'est alors qu'apparaissent des problèmes physiques ou psychiques.

43. Jean GARNEAU, « Le stress: causes et solutions », http://redpsy.com/infopsy/stress.html

Le stress psychologique

Le stress psychologique désigne généralement l'ensemble des réactions émotionnelles à une pression interne ou externe. Il peut s'agir d'un stress momentané ou d'une réaction émotionnelle devenue chronique. Le stress psychologique est normal, car la vie met continuellement des embûches à la satisfaction des besoins. Et les événements (facteurs de stress) qui nous atteignent sur le plan psychique provoquent des émotions diverses.

Dans le deuxième exemple, le stress pourrait consister dans de l'inquiétude, du découragement, de la colère par rapport à certains événements, des déceptions. Par contre, l'expression «se sentir stressé» utilisée dans le premier exemple est aussi vague que «se sentir bien» ou «se sentir mal». Or, pour avoir de la prise sur cet état, il faut absolument identifier les émotions qui le composent. Dans certains cas, il s'agit d'une simple tension. Dans d'autres cas, l'impression d'être «coincé», le fait de subir des pressions, la conviction que la situation est sans issue, provoquent cet état. Nous sommes alors habité par diverses émotions. Ce sont ces émotions qui nous indiquent de quoi notre stress est fait. Et c'est leur précision qui nous permet de nous orienter et d'agir de façon à bien le gérer. Dans les situations de stress, comme dans toute situation de vie, le choix s'offre à nous de vivre pleinement nos émotions, ou de bloquer le processus émotionnel à une étape ou une autre de son déroulement. Si nous entravons ce processus naturel, il en résulte nécessairement des problèmes, entre autres, des tensions physiques: maux de tête, douleurs musculaires, digestion difficile. La gravité de ces maux augmente nécessairement si l'on n'agit pas de façon appropriée pour faire face aux agents stressants. Une tension psychique telle que l'anxiété ou l'angoisse peut également apparaître, voire s'installer. Si elles durent trop longtemps, ces réactions sont susceptibles de dégénérer en problèmes d'envergure: crises de panique, phobies, épuisement émotionnel, usure par contention, dépression, sont des voies possibles. Tel est le vrai danger qui guette la personne souffrant de stress psychologique: dans la mesure où elle n'arrive pas à agir de façon à mieux se respecter, les effets du stress s'accumulent, provoquant des dommages psychiques et physiques. Dans certains cas, trop de stress d'un genre particulier provoque le *burnout*[44]. Dans le cas d'un événement traumatique, si on ne s'applique pas à l'assimiler complètement, le stress produit un syndrome post-traumatique qui peut devenir chronique.

Bien que les recherches ne fournissent aucune conclusion définitive à ce sujet, médecins et psychologues sont de plus en plus convaincus qu'il existe un rapport entre le développement de certaines maladies et le stress mal vécu ou excessif. L'état de stress sollicite les glandes surrénales. Or, les corticoïdes (hormones sécrétées par les glandes surrénales dans les cas de stress) ont la propriété d'affaiblir le système immunitaire.

À QUOI SERT LE STRESS ?

Le stress, en tant que capacité de l'organisme de réagir aux sollicitations et aux pressions, est indispensable à une vie de qualité et même à notre survie. Que deviendrions-nous si nous étions incapable de supporter la pression émotionnelle provoquée par les aléas de la vie? Que nous arriverait-il si nous étions incapable de nous mobiliser pour régler les petits et les gros problèmes du quotidien? Si le «ressort» que constitue le phénomène du stress était inexistant, nous serions démuni ou sans énergie devant les

44. Jean GARNEAU, « Le burnout... », *op. cit.*

difficultés, incapable d'y trouver des solutions ou de nous y adapter. C'est le cas des personnes en *burnout.* Leur système physique et psychique est en quelque sorte «à plat». Elles ont épuisé leur capacité de «rebondir» pour faire face à quelque stress que ce soit.

QUE FAIRE AVEC LE STRESS ?

Le stress bien vécu ne demande aucune intervention particulière. Si j'ai au contraire des raisons de penser qu'il me cause du tort, il est important que je l'examine. De nombreux instruments, dont beaucoup sont disponibles sur le Web, permettent d'évaluer notre niveau de stress et la gravité des symptômes qui en découlent[45].

45. Jacques LAFLEUR, Robert BÉLIVEAU, *Les Quatre Clés de l'équilibre personnel,* Montréal, Les éditions Logiques, 1994, et le TUC (test d'usure de compassion), http://redpsy.com/pro/tuc.html

La tension

UN EXEMPLE

J'ai mal aux mâchoires. Je les sens serrées. Je dois faire un effort pour ouvrir la bouche grande. Elles sont tendues.

QU'EST-CE QUE LA TENSION ?

La tension est une contraction attribuable à un effort musculaire. En dehors d'un exercice exigeant pouvant entraîner une contraction musculaire, il existe une façon efficace de «bâtir» une tension: diminuer l'ampleur de sa respiration. C'est ce que nous faisons automatiquement lorsque nous devenons tendu.

À QUOI SERT LA TENSION ?

Nous nous contractons pour éviter de ressentir un malaise ou une douleur physique. Mais nous le faisons aussi pour ne pas ressentir une émotion. L'effort musculaire est alors un moyen de repousser l'émotion de la conscience ou d'en diminuer l'intensité. À d'autres moments, il permet plutôt de retenir partiellement ou totalement non pas ce qui est ressenti, mais son expression. Imaginons que je sois en colère et que je réprime cette colère. Ce n'est pas avec mon esprit que je la contiendrai, c'est avec mon corps. Il se peut que je le fasse avec la mâchoire. Il se peut que je le fasse à l'aide d'un autre groupe musculaire, celui de la nuque ou du dos, par exemple. Imaginons maintenant que je ressente très bien ma colère, mais que je me retienne de la montrer totalement. Je parlerai d'une manière contrôlée, contractant les muscles de la bouche pour la museler au moins partiellement. Ou je serai assailli par un mal de tête. La tension se sera logée ailleurs. La tension peut aussi se bâtir de façon insidieuse, sans que j'en aie conscience : à la fin d'un film d'horreur, je ressens une terrible tension à la nuque. Je n'ai pourtant pas eu l'impression de repousser une émotion ; mais en fait, j'ai retenu mon souffle durant presque la totalité du film. Je repars avec un bon mal de tête !

QUE FAIRE AVEC LA TENSION ?

Soulager une tension suppose que soit libérée l'émotion contrôlée[46]. Pour ce faire, je devrai d'abord *retrouver* une *respiration* profonde et lente. C'est la seule façon de produire un soulagement. Si la tension est forte, il me faudra repérer l'endroit de mon corps où se loge la tension et bien la ressentir en continuant de respirer profondément et lentement. Enfin, ce faisant, je devrai me rendre réceptif à l'émotion ou à la préoccupation que je cherche à contrôler.

Bien que cet exercice soit simple, il n'est pas nécessairement facile à faire. Il arrive que je ne sois pas ouvert à ce que je ressens (n'est-ce pas pour cela que je suis souvent tendu ?). Dans ce cas, ma bonne volonté ne suffira pas à faire réapparaître ce que j'ai repoussé. Il me sera plus utile d'examiner mes objections à m'ouvrir à moi-même à ce moment-là, que de me forcer à m'ouvrir.

46. Jean GARNEAU, Michelle LARIVEY, Savoir..., *op. cit.*

Les tics

DES EXEMPLES

1. *Très souvent, lorsque j'ai à m'exprimer devant quelqu'un, je sens ma joue se crisper, et ma lèvre supérieure sautille comme un papillon affolé. Je fais alors tout mon possible pour restreindre ce mouvement; je le ressens souvent, mais il m'est impossible de l'empêcher.*
2. *J'ai été troublée par une situation très intense et, depuis, je me retrouve avec des tics.*

QU'EST-CE QU'UN TIC ?

Le tic est un mouvement convulsif, un geste automatique et non voulu ou une contraction involontaire répétée. Ces mouvements n'ont pas d'utilité réelle. Ils sont des décharges d'énergie. Le tic peut être le symptôme d'un problème physique, tel un muscle sous tension ; on parle alors de spasme.

À QUOI SERVENT LES TICS ?

Le tic d'origine émotive est le résultat d'un contrôle émotionnel qui a échoué. L'exemple typique est le tic qui survient en situation interpersonnelle, lorsque je vis quelque chose que je ne veux pas montrer à mon interlocuteur. Je m'efforce alors de le lui cacher. Le tic est un accroc à cette dissimulation. On peut l'assimiler au cafouillage qui provoque la gêne, ou au bégaiement nerveux. Mais je puis aussi avoir des tics quand je suis seul. C'est que la charge émotive que je tente de contenir est trop forte. Le tic sert en quelque sorte de soupape. Dans le cas d'un choc émotif, par exemple, il est impossible d'assimiler rapidement tout ce qui a été vécu. Il est donc normal que je sois submergé par les émotions ou habité par des émotions très intenses. Si, dans ce cas, je ne consens pas à laisser libre cours à ces émotions ou si je ne suis pas en mesure de me le permettre, mon organisme trouvera des exutoires pour les décharger partiellement. Le tic peut être l'un de ces exutoires.

Lorsque je suis fatigué, que je suis à bout de nerfs ou que j'ai peu de résistance physique, mes défenses sont moins efficaces. Si je suis sujet aux tics, j'en aurai davantage à ces moments-là. Mais, de façon générale, plus l'intensité des émotions que je cherche à maîtriser est grande, plus l'effort physique exigé sera considérable et plus les chances de ne pas réussir à contenir complètement l'émotion seront nombreuses. Les tics sont donc le signe que je contiens ce que je ressens parce que je désire m'en distancier ou parce que je ne suis pas prêt à l'assumer devant mon interlocuteur.

QUE FAIRE AVEC LES TICS ?

Pour me débarrasser des tics nerveux engendrés par le contrôle émotionnel, je devrai m'habituer à *relâcher le contrôle* devant les autres. En d'autres termes, parvenir à m'assumer devant les autres.

Ce travail exige une application assidue, mais qui donnera progressivement des résultats encourageants.

La transpiration excessive

DES EXEMPLES

1. *Comme je lui déclarais mes sentiments, j'ai senti que je me trempais de sueur.*
2. *Je ne suis pas à l'aise dans les foules. Il m'arrive de prendre peur et de transpirer abondamment.*

QU'EST-CE QUE LA TRANSPIRATION EXCESSIVE ?

La transpiration permet l'évaporation de la sueur produite par les glandes sudoripares. Elle a pour principale fonction de refroidir l'organisme. Elle est régie par l'hypothalamus qui participe au système de refroidissement du corps, mais elle est aussi influencée par la sécrétion de deux hormones (l'adrénaline et la norépinéphrine) qui produisent la sueur dans des cas de peur (exemple 2).

La sudation, ou transpiration abondante, peut également se produire dans le cas de problèmes de santé (fièvre, déséquilibre hormonal, par exemple) ou de réactions physiques à un médicament, à un mets épicé, à un effort violent. Mais son origine peut être uniquement émotionnelle.

À QUOI SERT LA TRANSPIRATION EXCESSIVE ?

Chez certaines personnes, la transpiration excessive accompagnant des émotions qui ne sont pas de l'ordre de la peur indique qu'il y a retenue de l'intensité émotionnelle. On pourrait penser que l'intensité empêchée de se manifester sur le registre émotionnel cherche un exutoire qu'elle trouve dans la sudation. Le premier exemple est de cette nature : j'ai peur de révéler complètement mes sentiments et d'en montrer l'intensité ; ma tentative pour atténuer mon expression provoque la transpiration. Il est toutefois possible que ce ne soit pas l'émotion en tant que telle mais son intensité que je veuille dissimuler. C'est le contrôle de l'intensité émotionnelle (ou la peur d'être vu ?) qui produira alors la transpiration. Que ses origines soient physiques ou psychiques, la poussée de sueur est une réaction de l'organisme à un déséquilibre important ; qui plus est, une réaction d'urgence dont le but est de diminuer ce déséquilibre.

QUE FAIRE AVEC LA TRANSPIRATION EXCESSIVE ?

Une attitude d'ouverture et d'acceptation par rapport à mes émotions et à leur intensité devrait me permettre de moins transpirer lorsque je me trouve en situation émotionnelle. Pour ce faire, je dois être *attentif à mon état émotionnel du moment,* et toujours m'autoriser à éprouver complètement mes sentiments, voire à les exprimer, selon le cas.

Il peut être utile d'avoir recours à une intervention dans le but d'aider à réguler la fonction autonome du système nerveux (la technique Bowen[47], par exemple). Par ricochet, cela aura un impact sur la sudation incontrôlée.

47. http://provirtuel.com/gestime/ycomeau.html

Le tremblement

DES EXEMPLES

1. *Je suis en colère et je tremble.*
2. *Mes jambes tremblent pendant que je m'adresse à la caméra.*
3. *Une fois le danger passé, je me suis mise à trembler comme une feuille.*

QU'EST-CE QUE LE TREMBLEMENT ?

Le tremblement, s'il n'est pas associé à un problème du système nerveux, peut être engendré par une tension musculaire qui a duré trop longtemps. Il survient, par exemple, lorsque l'émotion ressentie est trop intense pour que nous puissions la contenir complètement. Il apparaît aussi lorsque nous ne parvenons pas à maîtriser notre expression totalement.

À QUOI SERT LE TREMBLEMENT ?

Le tremblement sert à évacuer une partie de l'intensité de l'émotion. Pour contenir celle-ci, un effort musculaire est nécessaire. Lorsque l'émotion est trop intense ou trop longtemps contenue, il arrive que les muscles cèdent. Le deuxième exemple l'illustre bien : je contrôle suffisamment mon énervement pour qu'il n'en paraisse rien dans le haut de mon corps et dans ma voix. Mais le contrôle ne réussit pas entièrement : mes jambes tremblent. Au contraire, dans le premier exemple, ma colère, ou ma rage, est intense, si bien que je n'arrive pas à me retenir entièrement. Il se peut même que je ne tienne pas à la contenir totalement, mais juste assez pour la rendre acceptable à mes yeux. Il me faut alors relâcher partiellement le contrôle pour laisser aller l'émotion ; c'est grâce à ce relâchement que l'intensité fait son chemin et que le tremblement se produit. Dans ce cas, nous disons que nous « tremblons de colère », ou de rage. Il serait plus juste de dire que nous tremblons parce que nous modérons notre expression.

Le tremblement qui survient à la suite d'une grande peur provient aussi du relâchement. Pour faire face au danger, certains groupes musculaires se mettent sous tension. Un relâchement subit, qui se produit parfois lorsque le danger disparaît, provoque des tremblements. Soit que la charge est trop grande pour être liquidée d'un coup ; soit que la détente n'est pas totalement favorisée parce que je reste tendu sous le choc. Dans ce cas, la charge est évacuée par à-coups.

QUE FAIRE AVEC LE TREMBLEMENT ?

Je n'ai qu'à *consentir* au tremblement pour qu'il diminue. En relâchant ainsi la tension, je permets à l'émotion et à l'intensité de s'écouler. Si le contrôle visait à éliminer ou à contenir ce qui est ressenti, le tremblement ferait alors place à l'émotion. Si le contrôle visait à freiner l'expression, celle-ci deviendrait plus intense. Il en est de même du tremblement qui fait suite à la peur : lui laisser libre cours s'avère la meilleure façon de faire tomber la tension et d'éliminer la charge physique.

Le vide

DES EXEMPLES

1. *Je me sens vide.*
2. *Je cherche à identifier ce que je ressens et c'est le vide en moi.*

QU'EST-CE QUE LE VIDE ?

Le vide est l'expérience que je fais quand j'ai réussi à repousser ma préoccupation ou mon émotion présente. Le vide peut être momentané ou durer quelque temps. C'est ce qui se passe quand j'ai un «trou de mémoire». Typiquement, le trou de mémoire survient lorsqu'une idée ou une émotion troublante, qui a son importance au présent, surgit dans mon esprit et que je la chasse. En voulant censurer cette expérience importante, *je fais involontairement le vide.* C'est alors comme si mon psychisme réagissait en disant: l'important est ce qui vient de surgir, aussi est-ce à cela que mon attention doit s'attarder sur le moment.

Le vide peut aussi être relativement durable et continu dans le temps. Les personnes qui se gavent continuellement de nourriture pour le combler en font l'expérience. En ce qui les concerne, on peut penser que le vide est l'indicateur d'un grand manque affectif dans leur vie (ce qui n'est probablement pas faux). Mais une attention au processus émotionnel montrerait que le vide qu'elles ressentent provient du refoulement de l'émotion du moment. L'expression populaire «manger ses émotions» est éloquente à ce sujet. Le vide est ressenti au moment même où l'émotion est repoussée. La personne mange pour remplir ce vide alors qu'elle pourrait le laisser se remplir par l'émotion réprimée. Tenir à l'écart une émotion ou une préoccupation importante peut déclencher diverses expériences émotionnelles telles que l'anxiété, l'angoisse, la fébrilité et la gêne. Le vide a ceci de particulier que le contrôle a réussi : l'émotion a disparu de la conscience immédiate.

Le vide peut aussi résulter d'une médication pour problèmes d'ordre psychique, le but d'une telle médication étant généralement de diminuer l'intensité de ce qui est ressenti, sinon de le faire disparaître. La personne se sent alors dans le vide, incapable d'avoir accès à son expérience du moment.

À QUOI SERT LE VIDE ?

Le vide m'indique que je repousse mon expérience immédiate. Par la même occasion, il me montre la direction à prendre pour en sortir.

QUE FAIRE AVEC LE VIDE ?

Si je désire retrouver l'expérience tenue à l'écart, je n'ai qu'à *demeurer en contact* avec le vide en étant ouvert à ce qui apparaîtra à ma conscience. Elle réapparaîtra. Je devrai alors me rendre disponible pour l'accueillir et la ressentir.

Autres phénomènes physiologiques liés au blocage émotionnel

Plusieurs autres phénomènes physiologiques sont liés au blocage des émotions. En voici quelques-uns, suivis d'une brève description de leur nature et de quelques indications sur ce qu'il est possible de faire pour retrouver l'émotion.

L'étouffement se produit si je ne respire pas suffisamment pour capter l'oxygène dont j'ai besoin. La nervosité est souvent responsable de l'étouffement.

Que faire? Me calmer en respirant profondément et à un rythme normal.

Au cours de la *réaction asthmatique,* les conduits respiratoires rétrécissent, rendant l'inhalation difficile. La crise d'asthme peut être déclenchée par une raison émotionnelle. Habituellement, c'est une émotion à laquelle nous avons de la difficulté à consentir qui suscite la crise d'asthme.

Que faire? Il n'y a pas grand-chose à faire durant la crise, sinon m'efforcer de retrouver la capacité de mieux respirer. Un remède maison: placer de l'eau et du gros sel sous la langue[48]. Dans certains cas, avoir conscience que la crise a pu être déclenchée par le refus d'une émotion peut aider à diminuer mon stress. Pour une solution à long terme, il me faudra toutefois faire le travail psychologique nécessaire afin d'assumer mes émotions, notamment celles que j'appréhende.

48. F. BATMANGHELIDJ, *Your body many cries for water,* Falls Church, Global Health Solutions, Inc., 1992, p. 120.

L'hyperventilation se produit lorsque le cerveau absorbe trop d'oxygène. La respiration est rapide et profonde, mais malgré cela, nous éprouvons des difficultés à respirer. Graduellement, nos doigts s'engourdissent, puis se raidissent en effectuant une torsion vers l'intérieur. Certaines personnes se servent involontairement de l'hyperventilation pour repousser une expérience émotionnelle qui les menace.

Que faire? Il faut commencer par faire cesser l'hyperventilation. Si elle persistait et augmentait, ce serait l'évanouissement. C'est la solution de l'organisme pour rétablir l'équilibre rompu par une trop grande absorption d'oxygène. Pour éviter d'en arriver là, il faut d'abord respirer plus lentement de manière à assimiler moins d'oxygène et à retrouver un rythme de respiration normal. Si cela ne suffit pas à éliminer l'engourdissement et la raideur aux doigts, il faut alors bouger énergiquement. Cela permet de «brûler» l'oxygène excédentaire qui provoque les symptômes. Serrer un objet, le tordre, sautiller, frapper du pied sont des moyens efficaces pour rétablir l'équilibre. Si l'hyperventilation ne diminue pas mais continue au contraire d'augmenter, la solution à laquelle on a habituellement recours consiste à respirer dans un sac de papier. De cette façon, j'inspire le gaz carbonique que je rejette plutôt que l'oxygène. L'état normal retrouvé, il y a lieu de m'interroger sur l'expérience que j'ai repoussée et qui est à l'origine de cette réaction défensive. Il a pu s'agir d'une idée, d'un début d'excitation sexuelle, d'une émotion. Une fois conscient de ce que j'avais écarté, je pourrai tenter d'y revenir en me centrant. Si toutefois ma peur persiste, il vaut mieux enregistrer le fait que ce sujet est problématique pour moi et me donner les conditions nécessaires pour l'aborder (la psychothérapie, par exemple).

L'engourdissement est une manière de nous rendre insensible à notre expérience émotionnelle (l'expression populaire dit de manière imagée que nous «gelons nos émotions»). Pour nous dissocier de notre expérience, nous mettons inconsciemment en marche un mécanisme physiologique qui induit un état d'absence.

Que faire? M'interroger sur ce qui me venait à l'esprit tout juste avant que je me trouve dans cet état. Il y a toutefois peu de chances que je puisse répondre à cette question si ma défense a été efficace, c'est-à-dire si l'engourdissement a réussi. Dans ce cas, c'est avec du recul que je devrai me poser cette question; je pourrai, par exemple, retracer ce à quoi je pensais lorsque l'engourdissement s'est produit. Si je n'arrive pas à identifier l'émotion connexe, j'en aurai peut-être au moins une idée. En attendant, je peux demeurer dans cet état défensif et continuer de me défendre contre l'émotion ou le sujet qui me menace.

Les *extrémités froides* peuvent être le symptôme d'une maladie. Mais certaines personnes, lorsqu'elles deviennent tendues, ont les pieds froids, ou les mains froides et moites.

Que faire? Habituellement, le fait de respirer profondément, à un rythme normal, fera effet sur la circulation sanguine. Il y a lieu, cependant, de me demander à quel sujet je suis tendu.

L'impression de flottement s'apparente à l'engourdissement. Elle résulte aussi d'une coupure avec l'expérience immédiate.

Que faire? Demeurer dans cet état le temps nécessaire pour me distancier de mon expérience immédiate en demeurant conscient que c'est ce que je suis en train de faire, me défendre.

La *vue embrouillée*, la *surdité momentanée* sont parfois aussi des modes de défense contre ce qui est ressenti. Par mesure de protection, nous nous fermons alors aux stimuli externes susceptibles de déclencher une émotion indésirable ou faire apparaître à la conscience un sujet menaçant.

Que faire ? Consentir à la résistance en étant conscient de le faire.

CHAPITRE 6
Les pseudo-émotions

« Se sentir » abandonné

DES EXEMPLES

1. *Je suis incapable de rester seul. Je deviens très angoissé et j'éprouve un terrible sentiment d'abandon.*
2. *L'idée qu'il puisse me laisser est insupportable. J'ai peur d'être abandonné.*
3. *Je ne veux à aucun prix m'attacher dans une relation amoureuse. J'ai trop peur de l'abandon.*

QU'EST-CE QUE LE SENTIMENT D'ABANDON ?

Le sentiment d'abandon n'est pas une émotion mais un vécu complexe lié à l'expérience d'avoir été abandonné par le passé. Une impression très profonde en a résulté, porteuse d'une immense tristesse. Il arrive souvent que cette tristesse ne soit pas ressentie directement. La peur du gouffre qu'elle suscite (tant elle est immense), ou encore la peur de la dépression, a pour effet que celui qui a cette expérience ancrée en lui fuit la tristesse. C'est ce qui explique la grande angoisse que nous associons au sentiment d'abandon. L'angoisse n'est pas toujours présente; elle est cependant stimulée par certaines situations: moments de solitude, rejet par un être aimé, images évocatrices...

Il n'est pas toujours possible de déterminer si un abandon a réellement eu lieu dans l'enfance. Mais il demeure certain que subjectivement, le sentiment d'abandon résulte de l'effet que certains événements ont eu sur nous. Les comportements qui ont été perçus comme un abandon se sont produits à une période où nous étions particulièrement vulnérable à ces messages affectifs. De plus, ils provenaient de personnes dont nous étions dépendant affectivement. Il se peut, par exemple, que l'attitude des adultes qui étaient responsables de nous lorsque nous étions enfants ait été si détachée, absente ou empreinte de rejet qu'elle nous plongeait dans une solitude sans issue. La coupure, par la mort et les séparations, le délaissement en bas âge peuvent aussi engendrer un traumatisme de cette nature.

Le sentiment d'abandon est profondément ancré dans l'être, généralement parce que l'expérience d'avoir été abandonné, négligé ou rejeté a été vécue à un moment crucial du développement, ou à répétition sur une longue période. L'expérience de l'abandon nous laisse avec une grande insécurité quant à notre valeur comme personne. Plus ou moins consciemment, nous craignons que le rejet initial ne se répète dans nos relations actuelles. Certains se protègent de cette éventualité douloureuse en évitant de se lier vraiment. D'autres «s'accrochent» en quelque sorte, ayant sans cesse peur d'être laissés s'ils osent un tant soit peu être eux-mêmes. D'autres enfin, apparemment et contre toute logique, font en sorte de provoquer l'abandon tant redouté. Bien qu'ils en souffrent, il leur semble impossible de se comporter autrement dans une relation qui a de l'importance.

À QUOI SERT LE SENTIMENT D'ABANDON ?

Le sentiment d'abandon est intimement lié au besoin d'être aimé et considéré, c'est-à-dire de recevoir une confirmation de notre valeur comme personne. À l'origine, nous attendons cette confirmation des êtres qui comptent le plus pour nous, nos parents, et plus tard, d'autres personnes qui revêtent à nos yeux une valeur parentale symbolique parce que nous avons transféré sur elles le pouvoir parental originel. Ce besoin de reconnaissance est fondamental et joue un rôle important dans la solidification de notre identité personnelle[49]. Pour cette raison, le sentiment d'abandon est associé à une grande vulnérabilité elle-même liée au besoin en cause dans cette expérience. Nous permettre d'accéder à notre vulnérabilité est une condition incontournable dans la résolution d'une telle problématique.

Le sentiment d'abandon ou la peur d'être abandonné par un être cher nous rappelle qu'un conflit intrapsychique n'est pas résolu. Chaque fois qu'il survient, il nous offre donc l'occasion de nous laisser aller aux émotions qui l'accompagnent, particulièrement la tristesse et la peur de celle-ci ou de la dépression. Vivre pleinement ces émotions permet d'aller au bout du sentiment d'abandon et d'en découvrir les diverses facettes. La peur d'être abandonné par une personne en particulier traduit par ailleurs avec force l'importance que cette personne a pour nous

49. Michelle LARIVEY, « Transfert et droit de vivre », http://redpsy.com/infopsy/liberte.html

et, ce faisant, notre dépendance vis-à-vis d'elle sur le plan affectif. Si nous choisissons d'assumer cette dépendance, la relation constituera une occasion de croissance phénoménale. Enfin, le sentiment d'abandon indique que la valeur personnelle que nous nous attribuons est fragile. Or, il est important de prendre cette fragilité en considération pour travailler efficacement à notre évolution.

QUE FAIRE AVEC LE SENTIMENT D'ABANDON ?

La réaction abandonnique est une réaction complexe qui revêt différentes formes selon la personnalité. Pour cette raison, il est impossible de fournir ici une description « type » de travail thérapeutique. Quelques recommandations peuvent cependant s'avérer utiles.

Il est fort possible que je continue d'avoir, aujourd'hui, les réactions de protection qui, par le passé, m'ont permis de survivre aux traumatismes. Et il est utile de connaître ces réactions. Il se peut, par exemple, que j'aie « inventé » des façons d'éviter ce qui m'est pénible. Ainsi, si le sentiment d'abandon m'envahit lorsque je m'éloigne de chez moi, je peux avoir tendance, autant que faire se peut, à éviter de m'éloigner de mon domicile ou de mon environnement connu. Si la peur d'être abandonné surgit dans les débuts d'un attachement, je peux être tenté de mettre rapidement fin à mes relations sentimentales par peur qu'elles ne marchent pas ou par peur d'être rejeté. Et, bien sûr, par peur d'être abandonné, je me garderai de me rendre vulnérable dans une relation.

Malheureusement, la voie de l'évitement ne me permettra jamais de régler ce conflit. Pour y arriver, il me faudra vraisemblablement le support d'une psychothérapie, mais même avec ce support, je ne pourrai pas faire l'économie de la douleur (celle d'antan qui sous-tend le conflit intrapsychique encore actuel). Et il me faudra prendre le risque d'aimer et de me montrer vulnérable dans une relation intime.

Les tentatives inutiles

Certains recommandent de réparer le mal fait au sentiment de valeur personnelle en recourant à la pensée positive. Il s'agit en quelque sorte de me convaincre que j'ai de la valeur en me le répétant souvent. Si cette méthode a pour effet immédiat de modifier l'humeur et d'augmenter temporairement la confiance en soi, elle ne fait pas pour autant augmenter le sentiment de valeur personnelle. Le rehaussement de la confiance et l'effet de mobilisation tiennent plutôt à l'exercice d'affirmation que constitue une séance de pensée positive. Or, bâtir un sentiment de valeur personnelle suppose un travail de développement personnel complexe qu'il est difficile de faire sans l'aide d'un psychothérapeute compétent pendant une période de temps relativement longue.

L'admiration

DES EXEMPLES

1. *J'admire beaucoup mon collègue d'être capable de prendre des risques dans sa carrière pour poursuivre son rêve.*
2. *Ma voisine a beaucoup de mérite. Elle est très responsable et a le courage d'élever seule ses quatre fils. Je l'admire beaucoup.*
3. *J'admire la recherche d'excellence que poursuivent les athlètes olympiques.*

QU'EST-CE QUE L'ADMIRATION ?

L'admiration est un jugement qui présente plusieurs caractéristiques. D'abord, elle porte toujours sur une dimension éthique ou sur une capacité acquise (psychique ou physique). Nous admirons quelqu'un pour une réalisation exigeante. Et comme toute évaluation, le jugement que nous portons est fonction de nos propres valeurs. L'admiration s'applique toujours à une personne humaine et jamais à soi-même. Comme tout jugement, elle peut susciter des émotions: joie, ravissement, encouragement. Enfin, elle implique toujours une distance par rapport à la personne admirée et peut avoir un impact sur notre état d'esprit: encouragement, détermination. La distance est de deux ordres: la personne admirée est partiellement connue, et il existe une disparité entre elle et moi (mais non pas avec ses valeurs).

Une connaissance partielle de l'autre

Les enfants sont probablement les seuls à pouvoir admirer totalement une personne parce que l'écart entre ce qu'ils sont et ce qu'ils voient chez l'autre est considérable, et cela sur de nombreux plans. Les adultes qui admirent « entièrement » une personne peuvent le faire parce qu'ils n'ont pas un accès total à elle. Mais si nous y regardons de près, nous nous apercevons toutefois que même dans ce cas, ils n'admirent que quelques dimensions.

L'admiration porte en effet toujours sur des aspects précis, comme dans les exemples mentionnés : ce sont le courage, la capacité de faire de la place à ses aspirations ou le dévouement qui suscitent mon admiration. Sous d'autres aspects, ces mêmes personnes peuvent me laisser indifférente, voire me rebuter.

Une dissemblance d'avec soi

L'admiration marque aussi l'écart entre l'autre et moi : les capacités ou les comportements qui provoquent mon admiration ne sont pas à ma portée, soit parce que mon niveau de développement ne me le permet pas encore, soit parce que je n'ai pas le courage ou la détermination de celui que j'admire. Il n'est pas nécessaire que j'aie le même talent que celui que j'admire pour aspirer à être à sa hauteur. Car ce ne sont pas ses capacités en tant que telles que j'admire, mais bien les qualités morales qui en favorisent l'épanouissement. C'est ce qui me permet d'aspirer à les égaler, mais dans un domaine où j'ai davantage de talents ou de motivation.

À QUOI SERT L'ADMIRATION ?

L'admiration est le signe qu'un comportement correspond à mes valeurs et stimule mes aspirations. Du même coup, elle signale un écart entre ce que je suis et ce que j'admire. Ce que j'admire est une source d'inspiration et me porte à vouloir réduire cet écart. Éveillé par le comportement de l'autre, je suis stimulé à aller plus loin dans une direction à laquelle j'accorde de la valeur. Les jeunes ont besoin de héros qui suscitent leur admiration. Ces modèles permettent qu'émergent les aspirations qui germent au fond de leur être et leur fournissent la stimulation nécessaire pour y donner suite. Mais l'émulation par l'admiration ne cesse pas avec la fin de l'adolescence. Notre vie durant, nous aurons l'occasion d'être saisi d'admiration, et pourrons nous en servir pour croître.

QUE FAIRE AVEC L'ADMIRATION ?

Considérer que ce que j'admire chez quelqu'un correspond à une aspiration personnelle, et identifier le sujet qui suscite l'admiration :

> *J'admire Lance Armstrong. À vingt-sept ans, il apprend qu'il a un cancer foudroyant. Il ne se laisse pas abattre. Non seulement il supporte des traitements proprement inhumains mais à peine en est-il sorti qu'il se remet vigoureusement à l'entraînement. Deux ans plus tard, il gagne le Tour de France.*

Il est possible d'identifier avec précision ce que j'admire : il fait face sans s'apitoyer au point de devenir inerte, il prend son destin en main, il fait montre d'une grande détermination et il ne lésine pas sur les efforts pour atteindre ses buts.

Je peux aussi me demander ce que m'inspire la personne que j'admire. En ce sens, l'exemple d'Armstrong m'encourage à ne pas me laisser abattre dans l'adversité. Enfin, je peux m'interroger sur la manière d'appliquer cela à ma situation personnelle et en arriver, par exemple, à la décision suivante :

> *Poursuivre la réalisation de désirs actuels vis-à-vis desquels les obstacles sont nombreux !*

L'ambivalence

DES EXEMPLES

1. *Aller au cinéma ou demeurer à la maison ?*
2. *Avoir ou non un enfant ? Je suis déchirée et je n'arrive pas à me décider.*

QU'EST-CE QUE L'AMBIVALENCE ?

Comme l'indique son étymologie (du latin *ambo* qui signifie les deux), l'ambivalence désigne le fait d'osciller entre deux choix qui semblent revêtir une valeur équivalente. Si l'ambivalence n'est pas une émotion en elle-même, elle peut concerner les émotions ; on parle alors d'« ambivalence des sentiments ». Mais nos attitudes, notre comportement peuvent eux aussi être ambivalents. Par extension, il arrive que l'on qualifie quelqu'un d'ambivalent parce qu'il a souvent de la difficulté à se décider.

À QUOI SERT L'AMBIVALENCE ?

L'ambivalence indique que les choix qui s'offrent à nous sont à peu près équivalents. D'où le dicton, *Entre les deux mon cœur balance.* Lorsque nous devons nous décider, l'option qui nous convient le mieux ne s'impose pas toujours d'elle-même. Chaque choix comporte en effet des avantages et des inconvénients. L'ambivalence s'installe lorsqu'ils paraissent s'équivaloir.

L'ambivalence devient un problème quand elle nous paralyse. Deux raisons principales nous font stagner dans l'ambivalence : nous voudrions nous épargner l'effort d'explorer les différentes possibilités, et celui d'assumer notre choix.

Éviter de faire l'effort d'exploration

Certains pensent qu'un choix, pour être bon, doit s'imposer fortement ou ostensiblement. Mais s'il est vrai que la tendance qui nous convient le mieux est toujours identifiable au bout du compte, elle ne l'est pas nécessairement de manière évidente, surtout au début. Il faut souvent travailler à l'identifier, et presque toujours explorer attentivement les deux possibilités avant de pouvoir se décider. L'examen de la question permet alors d'identifier un penchant. L'inclination, si minime soit-elle, indique la décision qui représente le meilleur choix dans les circonstances. Cela ne veut pas dire qu'il n'y ait aucun prix ou aucune conséquence au choix qui s'impose. Mais simplement que le prix et les conséquences attachés à ce choix sont ceux que nous préférons.

Éviter d'assumer ses choix

Tout choix comporte des conséquences. Lorsque nous sommes ambivalent, le choix est particulièrement difficile parce que les deux côtés présentent des avantages et des inconvénients à peu près équivalents en importance. Faire un choix, c'est donc opter pour certains avantages et certains inconvénients et renoncer aux avantages qu'offre l'autre choix. C'est également décider de vivre avec les conséquences de l'option retenue. Je n'aurai pas les mêmes bénéfices si je demeure à la maison que si je vais au cinéma (exemple 1) : je me prive d'une distraction agréable qui contribuerait à renouveler mon énergie. Mais je troque cela contre ce qu'il m'en coûterait de sortir dans le froid et la ville enneigée. En fin de compte, je préfère une petite soirée tranquille, au chaud, avec un bon livre. C'est ce qui me convient le mieux, et j'assume en échange de ne pas avoir les bénéfices d'être sorti. À l'occasion d'un choix plus complexe (exemple 2), les conséquences à assumer sont fondamentales et beaucoup plus lourdes. Comme mon choix m'obligera à vivre avec elles, il importe que je tranche vraiment en connaissance de cause. Cela ne me met pas complètement à l'abri d'un regret éventuel. Mais ce regret sera plus facile à vivre si j'ai la conviction d'avoir fait le choix au meilleur de ma connaissance du moment. Les circonstances changeant, il est possible que mon option ne soit plus opportune quelques années plus tard (par exemple, je suis séparée de l'homme avec lequel j'avais décidé de ne pas avoir d'enfant), mais elle sera toujours plus facile à assumer si je me suis décidée après un examen attentif de la question.

QUE FAIRE AVEC L'AMBIVALENCE ?

Que le choix à faire soit important ou futile, le mécanisme de l'ambivalence est le même et la manière d'en sortir aussi : il faut trancher. Lorsque la question est complexe, il est toutefois indispensable d'en explorer les diverses dimensions pour prendre la décision qui me convient le mieux. Une décision prise de cette façon sera plus facile à assumer, même si le choix a été déchirant.

Comment mener l'exploration ?

Une méthode répandue consiste à faire, par écrit, une liste des pour et des contre pour chaque option. Ce procédé me donne un aperçu de ce à quoi je tiens le plus et de ce que je suis prêt à sacrifier. Une telle énumération est toutefois difficilement chiffrable, même si l'on tente d'en pondérer les différents éléments. Elle permet tout de même d'identifier mon inclination.

Lorsque la décision est complexe et lourde de conséquences, la méthode d'exploration suivante est fort utile : il s'agit de m'imaginer vivre avec l'option qui découle de l'analyse précédente. Je peux ainsi m'imaginer, quelques jours durant, vivre avec un enfant. Je prends note des impressions, des sentiments, des joies et des peines que j'expérimente en imagination. Je fais ensuite l'expérience inverse : j'imagine ma vie sans enfant. Durant quelques jours, je vis dans cette perspective et je demeure réceptive aux impressions, aux sentiments et aux pensées qui m'habitent. Ce genre d'expérimentation est enrichissant parce qu'il est plus complet que la liste, davantage rationnelle, des pour et des contre. Il donne accès, par le biais de l'imagination, au vécu émotionnel, et permet de tenir compte de la situation dans sa globalité.

Cette recherche permet d'identifier la tendance la plus forte. Elle n'élimine pas mon ambivalence pour autant, pas plus qu'elle ne « décide pour moi ». Simplement, je peux décider en meilleure connaissance de cause. C'est dans ce sens qu'il me faut trancher si je veux sortir de l'ambivalence. Trancher dans mon ambivalence, c'est opter pour le choix qui pèse le plus dans la balance, même si celui-ci ne pèse que quelques grammes de plus ! À défaut de quoi, c'est la stagnation.

« *Se sentir* » *blessé*

DES EXEMPLES

1. *Ses critiques quant à ma façon d'être mère me blessent toujours.*
2. *Je suis sortie profondément blessée de mon mariage. Mon estime de moi et ma confiance en ont énormément souffert.*

QUE SIGNIFIE SE SENTIR BLESSÉ ?

Se sentir blessé n'est pas un sentiment en soi, c'est une image évoquant la souffrance. Se sentir blessé, c'est être affecté d'une manière qui fait souffrir.

Pour comprendre la nature de la blessure, il faut préciser ce qui a été atteint en nous. Ce sont les sentiments associés à la blessure qui nous permettent de cerner ce qui a été touché en nous, et l'importance de cette atteinte. Nos réactions à ce qui nous a fait mal sont aussi très utiles. Elles nous permettent de comprendre, le cas échéant, comment nous avons contribué à nos blessures. Il arrive en effet souvent que la personne blessée soit une victime plus ou moins consentante ; autrement, la situation pénible n'aurait pu durer, car la personne se serait naturellement mise à l'abri.

Les *blessures psychiques* sont celles qui nous atteignent dans ce que nous sommes comme personne. Moins notre identité est définie, comme c'est le cas durant l'enfance, plus nous sommes susceptible d'être blessé par des personnes qui ont un ascendant sur nous. Les blessures graves sont celles qui atteignent notre identité. L'enfant dont nous abusons de la confiance et de la vulnérabilité en le prenant comme bouc émissaire de nos colères (ou comme objet sexuel) souffrira d'une profonde atteinte à sa valeur d'être. Celui qui est dénigré sur une longue période, de même. Quant à l'adulte dont les bases n'ont pas été suffisamment solidifiées et qui garde une vulnérabilité semblable à celle de l'enfant, il sera particulièrement marqué par tout traitement abusif. Certains adultes, par exemple, se sortent difficilement d'un mariage destructeur parce que leur confiance est maintenant presque totalement minée. Certains adultes sont incapables de se libérer du joug qu'une secte exerce sur eux parce que leur identité est ravagée.

Les *blessures à l'amour-propre* (ou à l'orgueil) sont beaucoup plus superficielles et n'ont pratiquement pas d'effets. La pire conséquence est sans doute de perdre la face, ce qui n'enlève rien à notre valeur comme personne.

À QUOI SERT DE SE SENTIR BLESSÉ ?

Lorsque je suis blessé, je sais que je suis touché à un endroit *vulnérable* de ma personne. Ainsi, si les critiques de mon conjoint me blessent, comme dans l'exemple 1, c'est avant tout parce que je ne suis pas très sûre de mes qualités de mère. C'est là ma vulnérabilité. Par ailleurs, si les propos de mon mari me blessent, c'est également qu'il est important pour moi. Je serai peut-être choqué ou en colère si un passant m'insulte dans la rue, mais il est peu probable que cela me blesse (sinon dans mon orgueil). Il faut donc une certaine *dépendance*[50] à l'égard de celui qui nous a

50. Michelle LARIVEY, « Dépendance affective et besoins humains », *op. cit.*, et « Le transfert dans les relations », http://redpsy.com/infopsy/noeuds.html

heurté pour que nous nous sentions piqué au vif, meurtri, ulcéré ou encore, froissé, offensé.

Le deuxième exemple évoque une personne meurtrie, qui s'est sentie profondément blessée pendant une longue période. Ses diverses émotions lui permettront d'identifier la nature et la gravité de chacune de ses blessures. Mais comme elle a été atteinte à répétition, il faudra qu'elle tente de comprendre comment ses propres réactions à ce qui lui faisait mal ont contribué à la dégradation de son estime et de sa confiance.

Les émotions reliées à la blessure varient énormément. Même si la tristesse et la colère y sont souvent associées, aucune émotion typique n'est rattachée au fait d'être blessé. Chaque cas est particulier. Mais ce sont toujours nos émotions qui nous disent ce qu'il en est et nous indiquent comment remédier à la situation.

QUE FAIRE AVEC LE SENTIMENT D'ÊTRE BLESSÉ ?

D'abord *m'attarder aux émotions* qui apparaissent. Puis les *ressentir* comme il est nécessaire de le faire avec chaque émotion. Dans une relation intime, à laquelle je tiens, il vaut mieux communiquer ce que le contact avec mes émotions traduit d'important[51]. Ce n'est toutefois pas ce que bon nombre d'entre nous avons tendance à faire. Le repliement, l'éloignement, la bouderie sont souvent notre première réaction. Ils sont dus à notre colère et à notre désir de nous venger ou de nous protéger. Demeurer en contact avec ce que je ressens pourrait, par exemple, donner ce qui suit :

51. Gaëtane LA PLANTE, « L'expression qui épanouit... », *op. cit.*

EXEMPLE 1

J'aimerais qu'il juge que je suis une bonne mère. Je tiens à son estime. J'ai moi-même de l'estime pour lui à plusieurs égards, entre autres pour la façon dont il joue son rôle de père. Au point que je me trouve moins bonne mère que lui... ! Cela m'humilie quelque peu. Lorsqu'il m'adresse une critique (ou même seulement me suggère de procéder autrement), j'enrage, car je suis convaincue qu'il me trouve incompétente. En fait, c'est le jugement que je pose sur moi et je ne suis pas certaine qu'il le partage. Peut-être est-ce mon insécurité qui me fait interpréter ainsi ses critiques ? Je m'aperçois aussi que je suis en compétition avec lui. Cela apparaît probablement dans mon attitude, mais je n'en parle pas car j'ai un peu honte. Il me semble qu'on ne doit pas être en compétition avec quelqu'un qu'on aime ! Finalement, je suis bien embêtée. Nous avons eu de nombreuses disputes au sujet de nos rapports avec notre enfant. J'ai souvent été vexée. Il m'est arrivé de demeurer distante durant plusieurs jours après une querelle déclenchée par une simple remarque. Je suis toujours assez déprimée quand je me comporte ainsi. Cette fois, je vais essayer de lui dire ce que je ressens vraiment à ces moments-là.

Il est probable que l'expression de ce que j'éprouve réellement me fera avancer vis-à-vis de ce que je vis comme étant problématique. Elle contribuera certainement à rendre notre relation plus vivante, à ce sujet, que ne le font mes bouderies ou mes accusations *(Oui, mais toi non plus tu n'es pas parfait !)*. Les blessures que nous nous infligeons dans une relation intime font en effet des dommages. Ceux-ci sont imperceptibles sur-le-champ, mais leur accumulation conduit souvent à un éloignement définitif. De plus, les échanges sans *contact réel,* c'est-à-dire sans montrer à l'autre de quelle manière et dans quelle mesure nous sommes atteint, sont peu propices à régler véritablement les problèmes qui se posent inévitablement dans cette relation. Cela dit, choisir de nous rendre vulnérable dans une relation interpersonnelle n'est pas toujours une décision facile à prendre. Il faut en connaître les avantages, de même que les dangers du contraire, pour oser prendre le risque.

EXEMPLE 1

Je choisis donc de lui montrer ma dépendance par rapport à son jugement sur moi, particulièrement en ce qui concerne mes attitudes de mère. Je lui parle de l'estime que j'ai pour lui à cet égard (ce qui rend son avis précieux à mes yeux). J'ose aussi lui avouer mon sentiment d'être en compétition avec lui sur ce sujet. J'en profite également pour lui demander son opinion sincère sur ma façon d'être mère avec notre enfant (j'ai très peur qu'elle soit négative sur toute la ligne, mais quand même, j'ose). Je suis très surprise par la tournure de notre échange. Pour la première fois, il me parle, lui aussi, de ce qu'il vit face à moi à ce sujet. On dirait que quelque chose vient de débloquer entre nous deux…

La compassion

DES EXEMPLES

1. *Je suis rempli de compassion devant sa souffrance.*
2. *Une collègue a reçu des menaces de son ex-amant. Je compatis de tout mon cœur avec elle.*

QU'EST-CE QUE LA COMPASSION ?

Compatir, c'est «souffrir avec». La compassion n'est pas une émotion. Il s'agirait plutôt d'une attitude qui nous porte à être sensible à la souffrance de quelqu'un. La compassion peut cependant déclencher des émotions en nous. La plus fréquente est la tristesse, mais la colère, la révolte et d'autres émotions peuvent aussi être suscitées par la compassion.

Il faut distinguer la compassion de *l'identification*. Dans l'identification, nous nous mettons plus ou moins clairement et plus ou moins volontairement à la place de l'autre et réagissons comme si nous étions lui. Je compatis avec ma collègue qui vient de recevoir des menaces de son amant (comme il m'est arrivé d'en recevoir du mien): je réagis fortement. Je m'emporte même et lui dis comment je réagirais si j'étais elle. Il est clair que j'ai fait un rapprochement entre les deux situations et que mes réactions sont liées à ma propre expérience. La situation de ma collègue a servi de déclencheur à mon propre vécu et je réagis en quelque sorte à ce qu'elle vit comme si c'était moi qui le vivais. L'identification se distingue aussi de la compassion par le fait qu'elle peut concerner différents sujets, positifs comme négatifs, alors que la compassion ne s'exprime que devant la souffrance. Je puis m'identifier à ma fille qui a des difficultés de relation avec ses copains parce que j'ai connu de telles difficultés avec mes amis dans mon adolescence. Je puis m'identifier à mon fils qui ne vit que pour le soccer, vraiment le comprendre, parce qu'à son âge, j'étais fou de hockey.

Il faut également distinguer la compassion de *l'empathie*. L'empathie est une attitude qui rend capable de saisir ce qu'une personne vit émotionnellement, tel qu'elle le vit. C'est en quelque sorte la capacité de se mettre à sa place pour la comprendre « de l'intérieur ». Lorsque nous sommes empathique, nous choisissons volontairement d'essayer de voir et de ressentir la situation comme l'autre : nous adoptons volontairement son point de vue, y compris les réactions émotives qui en font partie. Mais nous restons toujours conscient qu'il s'agit de l'expérience de l'autre (ce qui n'est pas le cas dans l'identification). Et contrairement à ce qui se passe dans la compassion, dans l'empathie nous ne sommes pas nécessairement touché (même si nous pouvons l'être). Inversement, pour être capable de compassion, il faut savoir être empathique. C'est en effet parce que nous saisissons ce que vit l'autre que nous en sommes touché. Si nous n'en avions aucune représentation, la compassion serait impossible.

À QUOI SERT LA COMPASSION ?

Les émotions vécues dans la compassion nous disent à quoi elle sert. En extrapolant à partir du premier exemple, on pourrait imaginer que je souffre parce que j'aime cette personne. S'il s'agissait d'un inconnu (un accidenté que j'assiste), mon bouleversement serait avant tout d'ordre existentiel : un désarroi devant la vulnérabilité des êtres humains. S'il s'agissait du chagrin d'un père face à son enfant mourant, j'éprouverais sans doute de la révolte devant l'injustice de la vie. Les émotions déclenchées par la compassion correspondent à un vécu personnel : nous sommes touché par ce qui fait écho en nous, sinon, c'est l'indifférence. C'est pour cette raison que nous pouvons nous servir de cette expérience émotive pour nous-même.

L'usure de compassion

L'usure liée à la compassion est une affection qui guette les personnes qui sont souvent en contact avec la souffrance d'autrui. Elle est causée par l'accumulation d'expériences émotionnelles vécues dans l'assistance de personnes souffrant de traumatismes. Appelée aussi « stress secondaire », elle se distingue du *burnout* par le fait qu'elle survient brusquement et sans préavis alors que le *burnout* donne des signes avant-coureurs. Et bien que les deux présentent des symptômes semblables, l'usure de compassion n'est pas provoquée par les mêmes facteurs, si bien que sa prévention et son traitement diffèrent[52].

QUE FAIRE AVEC LA COMPASSION ?

Ce sont les sentiments éprouvés, l'importance que revêt la personne à nos yeux de même que la nature de ce dont elle pâtit qui me serviront de guide pour décider de ce qu'il convient de faire. Dans le cas où ma réaction est très forte, il peut être utile que je m'interroge sur ce que cette personne rejoint en moi de façon à en tenir compte et à m'en occuper, si mon bien-être ou mon développement personnel le requièrent.

52. Voir l'information sur l'usure de compassion et le questionnaire TUC pour une autoévaluation comparative *burnout*-usure de compassion, *op. cit.*

La confusion créatrice

Comme la confusion d'évitement, la confusion créatrice décrit un état intérieur. Mais sa raison d'être est autre et l'en différencie nettement.

DES EXEMPLES

1. *Je songe sérieusement à changer de travail, car je sais que j'ai fait le tour de mon domaine. Mais je n'arrive pas à savoir ce que j'aimerais faire d'autre. J'ai de nombreux centres d'intérêt mais aucun dans lequel j'ai envie de m'investir complètement. Je me sens dans la confusion la plus totale et crains de ne jamais m'en sortir!*
2. *Depuis que nous avons décidé de nous marier, je suis confus. Pourtant, cela me semblait parfaitement clair lorsque nous en avons parlé. Maintenant, je ne sais plus si c'est une bonne décision.*

QU'EST-CE QUE LA CONFUSION CRÉATRICE?

La confusion créatrice est une étape normale au cours d'une recherche qui n'a pas encore abouti. Ce type de confusion est typique du processus d'apprentissage et du processus de changement. Elle est même typique d'une phase particulière. Elle est aussi constitutive du processus émotionnel dont elle marque une étape. En fait, la confusion créatrice accompagne tout processus de changement. Elle s'apparente à la confusion que nous éprouverions devant un casse-tête dont nous ignorerions ce qu'il représente. Au début, c'est le mystère. Mais si nous acceptons d'avancer dans l'obscurité, celle-ci fait place graduellement à la lumière à mesure que certaines des parties prennent forme. Jusqu'au moment où nous avons une bonne idée de l'image globale. Il est naturel qu'une recherche sur soi-même comporte une large dose d'incertitude. Comment saurais-je vers quelle sphère d'intérêts me diriger avant même d'avoir exploré la question? C'est la peur de l'inconnu qui nous pousse à réclamer de suite la clarté au lieu d'attendre que la lumière se fasse d'elle-même.

Le premier exemple est typique d'une démarche générant la confusion, et typique de l'insécurité qui y est généralement associée. Le deuxième exemple est analogue: prendre la décision d'épouser quelqu'un implique une réflexion sur plusieurs plans. Si, une fois la décision prise, la confusion s'installe, c'est que la décision a été précipitée: elle a été prise avant que le tour de la question ait été fait.

À QUOI SERT LA CONFUSION CRÉATRICE?

La confusion créatrice est le signe que nous sommes «en recherche». Elle n'indique pas si la recherche est active ou si elle stagne. Elle témoigne seulement du fait que nous ne sommes pas encore allé au bout de la question que nous explorons.

QUE FAIRE AVEC LA CONFUSION CRÉATRICE?

Il me faut tolérer cette confusion dans la mesure où elle fait partie intégrante de ma recherche. Tel le chercheur scientifique ou le détective de romans policiers, je dois patiemment poursuivre ma démarche, mon apprentissage ou mon développement. Pour ce faire, j'ai besoin d'une certaine confiance en ma capacité de me rendre jusqu'au bout de l'exploration ou du questionnement que j'ai entrepris. Cette confiance ne peut venir que de l'expérience vécue. C'est en acceptant de faire l'expérience de cet état, en tolérant l'incertitude et l'inconnu le temps qu'il sera nécessaire, que j'en saisirai le bien-fondé. Mais le fait de savoir qu'il s'agit d'une période normale de la recherche ou du changement m'aidera à continuer avec plus de sérénité.

La déception

DES EXEMPLES

1. *Je suis déçue de moi. J'étais bien préparée pour cet examen, mais ma nervosité m'a encore joué de mauvais tours.*
2. *Je suis déçu de cette première rencontre avec toi. Notre correspondance par Internet était si intéressante et excitante que j'avais imaginé notre premier rendez-vous, en personne, tout autrement.*

QU'EST-CE QUE LA DÉCEPTION ?

La déception n'est pas une émotion en elle-même. Elle indique mon insatisfaction, mais se distingue de celle-ci par sa cause : un espoir ne s'est pas réalisé. Je suis déçue dans mes attentes.

Cela dit, la déception, comme l'insatisfaction, s'accompagne toujours d'émotions. Je suis déçu avec un sentiment de tristesse, déçu et en colère, ou les deux à la fois ; je suis déçu et découragé, jaloux, etc.

À QUOI SERT LA DÉCEPTION ?

Il n'y a pas de déception sans attentes préalables, que celles-ci aient été explicites ou non. C'est l'écart entre mon attente et ce que je vis qui produit ma déception. La déception me permet donc d'identifier mes attentes avec précision. Ce qui peut être une première étape pour me permettre de définir plus clairement mes besoins et de préciser dans quelle mesure j'en porte la responsabilité ou je la fais porter à d'autres. Pour toutes ces raisons, les émotions liées à la déception sont d'un grand secours et il est utile de les ressentir.

QUE FAIRE AVEC LA DÉCEPTION ?

La solution n'est certes pas de ne plus attendre, comme il est à la mode de le recommander. Les attentes ne sont pas réellement contrôlables, car elles relèvent du désir. Or, le désir est inhérent à la vie des êtres, qui ont une capacité de représentation et d'anticipation. Ignorer le désir, c'est supprimer l'un des moteurs qui nous poussent à nous mobiliser pour satisfaire nos besoins, y compris nos besoins d'actualisation en tant que personne. C'est pour ne pas souffrir que nous décidons de limiter nos attentes. Mais c'est la peine qui, même si elle est difficile à vivre, me renseignera sur mon besoin.

M'arrêter pour vivre ma déception m'aidera aussi à identifier le *réalisme* de mes attentes. Si nécessaire, je pourrai aussi m'interroger sur la part qui me revient dans le fait que mes attentes soient déçues.

EXEMPLE 1

Ma déception me révèle encore une fois qu'il est important pour moi d'apprendre à bien fonctionner malgré le stress. De la présente expérience, je conclus qu'il y a davantage à faire que bien me préparer pour réussir. Je m'attaque donc à trouver des solutions supplémentaires à ma nervosité.

EXEMPLE 2

La déception concernant notre rencontre me permet d'identifier les attentes dont je n'étais pas tout à fait conscient. Avec le recul, je m'aperçois que mes silences gênés cachaient des émotions dont je n'osais pas faire part. Je n'avais pas vécu cela dans notre correspondance. Je réalise que je me retrouve comme je suis souvent dans une relation qui me tient à cœur : je comptais sur toi pour stimuler notre échange. Je me reconnais bien là !

Le découragement

DES EXEMPLES

1. *Je suis découragé devant la somme de travail à accomplir.*
2. *Rien ne va plus dans ma vie. Je ne sais pas par quel bout commencer pour régler les problèmes et je ne me crois pas capable d'améliorer ma situation. Je suis profondément découragé.*

QU'EST-CE QUE LE DÉCOURAGEMENT ?

Le découragement est un état d'esprit qui nous donne l'impression que nous sommes incapable de réussir quelque chose. Le constat d'incapacité nous enlève tout courage. Nous jugeons que l'effort est trop exigeant pour le résultat escompté, ou encore que le but est impossible à atteindre. Selon le cas, le découragement peut s'accompagner d'expériences émotives diverses telles que la tristesse, la déception, la lassitude, l'amertume.

Dans la même lignée que le découragement, se situe le désespoir. Mais les deux diffèrent sur plusieurs aspects. D'abord, le découragement concerne notre capacité de réussir quelque chose, alors que le désespoir est provoqué par des événements extérieurs. Ainsi, nous désespérons d'une situation, de ce que la vie peut nous apporter, alors que nous sommes découragé par le résultat atteint, le peu de succès obtenu malgré nos efforts. Ensuite, le désespoir est, par définition, intense, alors que le découragement peut être vécu à différents degrés. Enfin, dans le désespoir, l'affliction apparaît comme étant sans remède. La personne découragée, elle, reste relativement ouverte à une solution.

À QUOI SERT LE DÉCOURAGEMENT ?

Mon découragement est fonction de l'importance que j'accorde aux obstacles qui surgissent sur mon chemin vis-à-vis de ce que j'entreprends. Ces raisons sont subjectives et reflètent des attitudes profondes concernant la confiance en soi, la ténacité et le courage. Ainsi, certaines personnes peuvent-elles se décourager devant des obstacles propres à en stimuler d'autres. Si je suis quelqu'un qui se décourage facilement parce que je n'ai pas confiance en moi, j'entre dans un cercle vicieux. En effet, si j'abandonne rapidement, je me prive d'atteindre des résultats qui contribueraient justement à rehausser ma confiance. Car c'est au fil des succès obtenus que la confiance en soi se bâtit[53].

QUE FAIRE AVEC LE DÉCOURAGEMENT ?

Le découragement comporte nécessairement une évaluation des efforts réalisés ou à faire par rapport à des résultats déjà obtenus ou escomptés. Les personnes qui se découragent facilement auraient avantage à procéder à cette évaluation de façon systématique et à faire l'effort d'imaginer des solutions. Par exemple, si c'est la somme totale d'un travail qui me décourage, pourquoi n'envisagerais-je pas de la morceler en diverses séquences ? La montagne semblera alors moins effrayante.

53. Jean GARNEAU, « La confiance en soi », *op. cit.*

Être déprimé[54]

DES EXEMPLES

1. *L'idée de retourner au travail me déprime.*
2. *Je suis une personne déprimée.*
3. *Je suis souvent déprimée depuis la mort de mon mari.*
4. *Je pense que je ne me suis jamais réellement relevé du choc provoqué par ma mise à pied soudaine, il y a maintenant dix ans !*

QUE SIGNIFIE ÊTRE DÉPRIMÉ ?

Le terme de dépression qualifie certaines formes d'états psychiques graves. Ce n'est pas de cela que traite cette description. Il s'agit ici de l'état psychologique que nous désignons par l'expression *Je suis déprimé,* non du terme technique utilisé par les spécialistes pour décrire un type de personnalité, ni de ce que le langage populaire appelle « faire une dépression ».

La dépression est un état et non une émotion, un état d'affaissement comme son étymologie l'indique (du latin *depressio* signifiant enfoncement). Cet état est sous-tendu essentiellement par deux émotions : la tristesse et la colère. La colère peut prendre diverses formes : mécontentement profond, écœurement, révolte, rage. La colère qui fait partie de la dépression est souvent difficile à détecter, car elle est habituellement masquée par la tristesse, voire par l'apathie. Chez les personnes qui ont une personnalité

54. Michelle Larivey, « Tristesse n'est pas dépression », *op. cit.*

dépressive, la colère est invisible, mais nous la ressentons dans l'hostilité qui se dégage d'elles. Elle est aussi détectable dans les «joutes interpersonnelles» typiques à ce genre de personnalités: se plaindre sans arrêt, jouer à l'incapable, se poser en victime, frustrer continuellement son entourage. La part de chagrin qui fait partie de l'état dépressif peut elle aussi se manifester sous différentes formes: découragement, nostalgie, déception, désabusement, ennui. Comme la colère, il arrive que ce chagrin soit peu apparent, voire dissimulé ou transformé en fatigue ou en broyage de noir.

À QUOI SERT D'ÊTRE DÉPRIMÉ?

L'affaissement caractéristique de la dépression est essentiellement dû à deux facteurs: à la privation de nourriture affective indispensable et à la retenue de la colère liée à ce manque affectif. L'état dépressif est donc révélateur d'une carence psychique et, à ce titre, il constitue une voie d'accès essentielle à l'intérieur de l'être. C'est en demeurant en contact avec cette expérience que l'on peut découvrir ce qu'elle exprime.

La «déprime du dimanche soir» est un symptôme d'insatisfactions importantes (exemple 1), mais aussi le signe d'une inaction face à celles-ci. L'agressivité qui devrait être mise au service de la satisfaction est neutralisée, dissimulée ou exprimée de façon tortueuse: hostilité, blâmes à répétition, demandes pressantes, reproches adressés à l'entourage ou à la société de ne pas donner ce qu'ils devraient[55], etc. Elle peut aussi être déviée et produire de l'irritabilité, de l'impatience. Elle peut enfin être retournée contre soi sous la forme de dépréciation et de culpabilité.

55. Michelle LARIVEY, « Agressivité et affirmation », *Les Émotions..., op. cit.*

Pour certaines personnes, la déprime est en quelque sorte un «style», une façon d'être (exemple 2). Ce sont des personnes typiquement insatisfaites qui se plaignent continuellement de leur sort mais qui ne font rien de tangible pour en sortir, c'est-à-dire voir à ce qui pourrait les rendre heureuses. Qui plus est, elles éprouvent de la difficulté à recevoir ce qu'elles disent désirer lorsque cela leur est offert (en particulier l'amour, l'affection, la reconnaissance). L'état dépressif, chez elles, est révélateur d'un manque affectif durable. Mais comme leur agressivité n'est pas au service de leurs besoins affectifs mais qu'elle est investie dans les récriminations ou la dévalorisation de soi, ces personnes n'avancent pas. De plus, l'auto-agression renforce la dépression en ajoutant à l'affaissement.

Des états dépressifs inévitables

Certains états dépressifs sont inévitables. La perte d'un être cher est probablement l'exemple le plus évident de ce genre de dépression. Si la tristesse est souvent abondante, provoquée par la privation imposée par l'absence de l'être cher, la colère, qui prend la forme de la révolte, est aussi présente.

Nous n'arrivons pas toujours à consentir aux émotions agressives qui nous habitent dans des situations de perte. L'agressivité se combine alors au chagrin éprouvé par rapport au manque, et mine notre existence sous la forme d'une dépression qui se perpétue. La tristesse prend alors toute la place, le risque étant qu'elle se prolonge à l'infini précisément parce que l'agressivité n'est pas mobilisée pour aller de l'avant. Il faudra pourtant récupérer cette agressivité pour reprendre le dessus et continuer à vivre.

La dépression post-traumatique

Des événements traumatiques qui n'ont pas été identifiés comme tels peuvent aussi générer un état dépressif. Le quatrième exemple est typique d'une expérience violente dans laquelle je n'ai pas fait place à toutes les émotions qui sont survenues. Dans ce genre de situation, la plupart des gens consentent à vivre leur peine. Mais si la colère, la révolte ou la rage ne sont pas, elles aussi, vécues et exprimées à fond, une vague tristesse s'installe, accompagnée d'une baisse générale de motivation devant la vie : c'est la dépression. Cette dernière n'est pas toujours apparente, car nous tentons de la combattre dans l'action. Mais le cœur n'est pas là. C'est souvent plusieurs années plus tard que nous sommes forcé de porter attention à nos sentiments dépressifs, parfois parce que nous ne sommes plus capable de « continuer à fonctionner ». Mais avec tout ce retard, il est souvent difficile de retrouver la vraie source de la dépression !

QUE FAIRE AVEC LA DÉPRESSION ?

Pour sortir de l'état stagnant qu'est la dépression, il est nécessaire de vivre les émotions qu'elle convoie. La souffrance est inévitable, l'effort le sera aussi. Mais lorsque la dépression est vécue pour ce qu'elle est, la peine est supportable et les efforts prennent un sens. C'est un travail qu'il peut être difficile de faire sans l'aide d'une psychothérapie. Car il faut à la fois reprendre contact avec nos besoins et libérer nos capacités d'affirmation et d'action.

Le désespoir

DES EXEMPLES

1. *Mon enfant est condamné. Il n'y a plus de rémission possible à sa leucémie. Je suis désespéré.*
2. *J'ai tout perdu lors de la catastrophe. Je désespère de me sortir de cette situation terrible.*

QU'EST-CE QUE LE DÉSESPOIR ?

Le désespoir n'est pas une émotion. Il est une opinion chargée d'émotions ou un état émotif qui découle d'une perception. Désespérer, c'est perdre l'espoir que l'on a déjà eu, ou n'avoir aucune confiance d'obtenir ce que l'on souhaite. Dans certains cas, le désespoir implique donc une rupture, une perte. C'est ce qui se passe dans l'exemple 1 : *Jusqu'à maintenant, j'avais espéré que la rémission soit permanente, plus maintenant.* Dans d'autres cas, je ne vois tout simplement pas de possibilité. Ainsi, dans l'exemple 2, je ne parviens absolument pas à imaginer comment je pourrais retrouver ma situation antérieure.

Le désespoir s'accompagne toujours d'une impression d'impuissance. Il peut s'agir d'une impuissance réelle, comme dans le premier exemple. Mais elle peut aussi être le résultat du découragement devant l'ampleur de la tâche à accomplir. Du creux de la vague, la pente m'apparaît insurmontable (exemple 2) même si elle ne l'est pas en réalité. Le désespoir s'accompagne d'émotions. La tristesse est habituellement la plus apparente. La révolte ou la rage peuvent aussi se manifester, clairement ou de façon voilée, en prenant par exemple la forme d'un abattement ou d'une résignation devant la fatalité.

Soulignons enfin que le désespoir est une expérience différente de l'absence d'espoir. Le peu d'espoir de gagner à la loterie ou encore l'absence d'espoir de devenir un jour un écrivain à la mode n'ont rien de dramatique pour moi. Rien de cela n'est capital dans ma vie, et c'est ce qui fait que je ne désespère pas concernant ces sujets.

À QUOI SERT LE DÉSESPOIR ?

Lorsque je suis désespéré, je suis inévitablement en contact avec mes limites, en particulier les limites du pouvoir dont je dispose. Les émotions qui accompagnent le désespoir me ramènent à des expériences émotionnelles importantes. Il peut s'agir de sentiments liés à des situations passées mais aussi à des événements futurs que j'appréhende. La tristesse, par exemple, peut concerner une perte antérieure ou une perte à venir. Mes émotions peuvent aussi être liées à l'expérience de finitude dans laquelle je suis plongé[56]. Il peut s'agir aussi d'une réaction au fait que je doive affronter mes limites pour la première fois.

QUE FAIRE AVEC LE DÉSESPOIR ?

Le contact avec les émotions contenues dans le désespoir me permettra de trouver une issue. L'issue peut aussi bien consister dans l'acceptation d'une limite d'une réalité inéluctable que dans une manière nouvelle d'aborder le problème.

56. Jean GARNEAU, Michelle LARIVEY, « Les implications existentielles », *L'Auto-développement…*, *op. cit.*

La personne désespérée de vivre, aux prises avec des idées suicidaires, est un des cas les plus pathétiques de désespoir. Sa douleur est vive, sa révolte intense, mais comme elle retourne celle-ci contre elle-même, le découragement semble insurmontable. C'est dans sa tristesse et dans sa révolte qu'elle pourra puiser la motivation pour se remettre à vivre. Sa tristesse témoigne de ses besoins en déficit et sa révolte est une mine d'énergie qui, canalisée autrement, pourrait se mettre au service de ses besoins.

Être distant

Être distant se situe dans la même veine qu'être lointain ou réservé, se tenir en retrait ou éloigné.

DES EXEMPLES

1. *Depuis notre dernière altercation, je me sens distant par rapport à elle.*
2. *Je le sens distant. Il est moins chaleureux, me parle peu de lui et me donne souvent l'impression d'être absent, même lorsque nous sommes proches physiquement.*
3. *Cette relation ne me convient pas. Je veux prendre mes distances.*

QUE SIGNIFIE ÊTRE DISTANT ?

Nous ne pouvons pas nous «sentir distant» (exemple 1), pas plus que nous ne pouvons sentir l'autre distant (exemple 2), car la distance n'est pas un sentiment. La distance est la concrétisation d'attitudes et de comportements qui s'expriment par de l'éloignement: la personne est plus froide, elle se tient à distance, elle est plus difficile à atteindre ou se montre réservée (exemple 2); cela de différentes façons qui sont propres à chacun.

La distance peut être vécue intérieurement. Ce pourrait être le cas dans le premier exemple: je continue à mener mes activités habituelles, mais je suis moins touché et je m'investis moins dans mon rapport avec ma compagne. Ici, le comportement a peu changé, c'est l'attitude qui n'est plus la même. La distance peut être plus apparente, comme dans le deuxième exemple; là, les comportements ont changé. Dans le troisième exemple, il ne s'agit pas de sentiments, mais bien d'un comportement qui exprime mes sentiments. Dans ce cas, le terme de «distance» est utilisé comme une image illustrant la volonté de rompre progressivement.

À QUOI SERT D'ÊTRE DISTANT?

L'attitude ou le comportement distant traduisent des émotions. En général, il s'agit d'un mécontentement quelconque dont l'intensité varie de la simple contrariété à la vraie colère. La bouderie est un bel exemple d'éloignement chargé d'émotions que nous refusons d'exprimer.

QUE FAIRE AU LIEU D'ÊTRE DISTANT?

Je puis remplacer mon comportement ou mon attitude par une *expression plus explicite* de ce que je vis. Bien entendu, cette option est plus compromettante. Il est possible qu'il me soit difficile de la choisir parce que je devrai alors faire face aux conséquences qu'aura mon éloignement. Tant que celui-ci n'est pas dit, même s'il est possible que l'autre le pressente, je jouis d'une certaine protection, car l'autre ne peut pas en être absolument certain (surtout si je le nie). Révéler les émotions qui m'amènent à me distancier, c'est m'assumer davantage dans cette relation. De plus, mon expression initiera un rapport plus *vivant.* Si je souhaite une relation qui soit en mouvement, comme l'est une relation vivante, c'est le meilleur choix que je puisse faire.

L'embarras

DES SYNONYMES

La gêne, l'ennui, l'embêtement.

DES EXEMPLES

1. *Sa demande me met dans l'embarras : je puis difficilement lui refuser ce service mais en même temps, il m'est très difficile de le lui rendre maintenant.*
2. *J'ai été embarrassée par les compliments qu'il m'a adressés devant son épouse.*

QU'EST-CE QUE L'EMBARRAS ?

L'embarras est un état intérieur. Il survient dans une situation où nous jugeons difficile de nous être entièrement fidèle dans nos actions. Il se manifeste par un malaise et une certaine confusion.

À QUOI SERT L'EMBARRAS ?

L'embarras indique une difficulté. Le malaise qui l'accompagne permet d'identifier cette difficulté. Dans la mesure où nous demeurons dans ce malaise, la confusion s'installe, multipliant le trouble suscité par l'embarras. Dans le premier exemple, la demande me gêne, car refuser, tout comme accepter, me placerait dans une situation délicate. Je ne vois aucun choix qui me permettrait de respecter mon désir de l'aider sans me nuire considérablement. Telle est ma première réflexion devant sa demande. Quant à mon malaise, il vient de ce que je dissimule mon émotion et mes pensées. Il s'ensuit une période de confusion apparente ou réelle, alors que je tente intérieurement de voir plus clair et de trouver une solution. Je connais un dilemme, il est vrai, mais l'embarras en tant que tel provient du fait que je cache ce dilemme[57].

Dans le second exemple, ses compliments m'ont fait plaisir, mais je ne peux me permettre de le montrer devant l'épouse dont je crains la réaction. Je suis donc aux prises avec, à la fois, le désir de lui manifester mon contentement et la peur qu'il soit déplacé de le faire. En conséquence, je lui adresse un sourire gêné en jetant un coup d'œil inquiet du côté de sa femme, me sentant dans l'impossibilité de manifester l'ensemble de mes sentiments du moment : soit mon contentement, ma peur qu'elle soit jalouse et ma crainte que ma réaction donne lieu à une querelle.

QUE FAIRE AVEC L'EMBARRAS ?

Vivre ouvertement ce qui m'embarrasse supprime généralement le malaise. Je peux ainsi faire part à la personne de l'embarras dans lequel sa demande me place, ou dévoiler ma gêne devant le compliment. Mais je ne suis pas toujours disposé à rendre public mon embarras. Dans le second exemple, je ne désire pas forcément montrer que je crains la réaction de l'épouse. C'est quand même ce qui me permettrait de sortir de cette situation gênante. Mais à défaut de laisser paraître ma peur comme telle, je peux

57. Voir aussi la partie consacrée au malaise dans le chapitre sur les contre-émotions.

trouver une manière plus fine ou humoristique pour dire mon embarras. Celui-ci se dissipera alors et fera place à une autre émotion.

« Se sentir » ***emprisonné***

DES EXEMPLES

1. *Je me sens emprisonné dans cette relation.*
2. *J'ai l'impression d'être emprisonné en moi-même comme derrière un mur de béton.*

QUE SIGNIFIE SE SENTIR EMPRISONNÉ ?

Il est impossible de ressentir « l'emprisonnement » comme on ressentirait une émotion telle que la tristesse ou la colère. Dire *Je me sens emprisonné* est une façon de parler : je me sers d'une image pour tenter de décrire mon expérience aussi exactement que possible. C'est une métaphore. La symbolique de la prison dans notre société confère à l'expression différentes significations :

Je suis incapable de sortir de cette relation; j'ai peur de blesser l'autre.
Cette relation, même si elle n'est pas heureuse pour moi, me procure de nombreux avantages, si bien qu'il me serait très coûteux d'en sortir.
L'autre me tient en otage : si je me détache, le prix qu'il me fera payer par sa colère sera lourd; je risque même d'être en danger.

À QUOI SERT DE SE SENTIR EMPRISONNÉ ?

Nous avons constamment recours à des images pour décrire notre expérience. Ce n'est pas un hasard, car les images, qui nous donnent un aperçu détaillé et profond de ce que nous vivons, nous permettent de saisir notre expérience dans des aspects et des nuances qu'il est utile de connaître. Une image, même sans émotion, nous donne une information sur notre expérience. L'idée d'emprisonnement évoque la liberté perdue. Mais il reste indispensable de cerner la ou les émotions qui font partie de l'expérience représentée par cette image. *Je suis emprisonné dans cette relation et j'ai peur d'en sortir* exprime un vécu différent de *Je vis cette relation comme une véritable prison, mais j'y trouve tellement d'avantages que je ne me résous pas à rompre.* Ces deux expériences sont totalement différentes en nature et conduiront à des actions différentes.

QUE FAIRE AVEC LE SENTIMENT D'ÊTRE EMPRISONNÉ ?

D'abord m'attarder aux émotions qu'il suscite en moi. Puis ressentir celles-ci comme il est nécessaire de le faire pour toute émotion. C'est de cette manière que je me servirai adéquatement de l'expérience.

L'envie

UN EXEMPLE

1. *J'envie la facilité avec laquelle tu sembles réussir tout ce que tu entreprends.*
2. *J'envie son aisance dans la vie.*

QU'EST-CE QUE L'ENVIE ?

Il ne s'agit pas d'un sentiment, mais d'une opération de l'esprit. L'envie se situe entre le désir et la jalousie. Alors que la jalousie est empreinte de colère et que le désir suscite le plaisir ou l'excitation, l'envie, à mi-chemin, traduit un simple souhait.

À QUOI SERT L'ENVIE ?

Comme la jalousie, l'envie me permet de cerner quelque chose que je souhaite. Elle est toutefois plus sereine que la jalousie, car je n'ai pas d'animosité à l'égard de la personne enviée. Au contraire, celle-ci serait plutôt une inspiration pour moi. L'envie peut produire un effet d'émulation.

QUE FAIRE AVEC L'ENVIE ?

Identifier l'envie permet de cerner quelque chose d'important. Selon cette importance, je m'emploie à obtenir ce qui me fait envie, ou je me contente de le remarquer chez l'autre en restant avec mon envie et mon rêve.

L'estime

DES EXEMPLES

1. *J'ai beaucoup d'estime pour l'honnêteté de mon mari.*
2. *J'ai osé lui dire que je l'aime. Ce geste nourrit l'estime que j'ai pour moi-même.*

QU'EST-CE QUE L'ESTIME ?

L'estime est un jugement reposant sur une appréciation élevée. Comme l'admiration, elle porte toujours sur une dimension éthique ou un comportement jugé méritoire. Nous n'estimons pas quelqu'un pour sa beauté ou pour son talent, mais, par contre, pour l'effort et l'application qu'il met à faire fructifier son talent. Comme toute évaluation, l'estime repose sur nos propres valeurs. Ce qui est estimable pour l'un ne l'est pas nécessairement pour l'autre. Par ailleurs, l'estime ne concerne pas seulement les personnes. Nous pouvons estimer un cheval pour son courage, un chien pour son dévouement. Enfin, contrairement à l'admiration, l'estime peut aussi s'appliquer à soi.

Je peux estimer quelqu'un pour un geste particulier, mais en général, *l'estime de l'autre* traduit une appréciation globale. Elle indique que la personne se conduit d'une façon qui correspond à nos valeurs fondamentales. Pour estimer quelqu'un, il est donc nécessaire de bien le connaître. L'estime ne comporte pas l'écart vertical que l'on observe dans l'admiration. En fait, nous nous considérons comme l'égal de celui que nous estimons, c'est-à-dire que nous nous situons sur le même niveau que lui quant à la dimension considérée.

L'estime de soi relève elle aussi d'un jugement global que nous portons en fonction de nos valeurs. Bien que nous n'en soyons pas toujours conscient, nous évaluons continuellement nos gestes. L'accumulation de ces jugements nous fournit le matériau dont est constituée notre estime personnelle. L'estime de soi se construit donc à la longue, lorsque nous agissons en conformité avec notre système de valeurs. Elle se détériore de la même façon, c'est-à-dire au fur et à mesure que nous nous conduisons de manière non conforme avec celui-ci[58].

À QUOI SERT L'ESTIME ?

Les relations qui sont solides et enrichissantes sur le plan affectif reposent sur l'estime mutuelle. Nous pouvons estimer quelqu'un sans éprouver de l'affection ou de l'amour pour lui, mais l'amour, lui, n'est pas possible sans estime réelle.

L'estime de soi est un des piliers du psychisme parce qu'elle est l'aboutissement d'une multitude de choix qui concrétisent nos valeurs. C'est la « tendance actualisante » dont a parlé Abraham Maslow, qui nous invite continuellement à tenir compte de nos valeurs[59]. Le psychisme grandit et mûrit tout au long de la vie. Il évolue en partie grâce au fait que nous assumons, dans l'action, nos besoins, nos valeurs, nos désirs et les choix qui en résultent. Notre conduite est donc régie par des dimensions éthiques autant que par des besoins et des désirs. Lorsque nos choix sont fidèles à ce qui nous importe réellement (y compris à nos valeurs), ils contribuent à rehausser notre estime personnelle. L'estime de soi n'est donc jamais stable et définitive. Même dans

58. Jean GARNEAU, « Fidèle à moi-même », *op. cit.*

59. Jean GARNEAU, Michelle LARIVEY, « Une théorie du vivant », *op. cit.*

le cas où elle est bien établie, elle demeure vulnérable devant les gestes qui nous éloignent de nos valeurs. En ce sens, elle est continuellement tributaire de la fidélité que nous avons vis-à-vis de nous-même.

QUE FAIRE À PROPOS DE L'ESTIME DE SOI ?

L'estime que je me porte est une dimension dont je dois m'occuper activement et constamment. Je le fais essentiellement en demeurant cohérent par rapport à mes valeurs, mais également en me dépassant. La force de vie qui m'anime, la tendance actualisante, nourrit en moi des aspirations qui prennent la forme d'idéaux de vie ou d'action. Imperceptiblement, je m'évalue par rapport à ces aspirations, et mon estime de moi dépend en partie du fait que je parviens ou non à les honorer. En d'autres termes, je cultive l'estime que j'ai pour moi, en relevant chaque jour les défis qui se présentent à moi et qui revêtent une valeur à mes yeux.

Être figé[60]

DES SYNONYMES

Être bloqué, paralysé.

DES EXEMPLES

1. *J'aurais voulu lui répondre, mais j'étais littéralement paralysé.*
2. *Je suis restée figée devant sa colère.*
3. *Une attitude comme la sienne me fige.*
4. *J'étais sur le flanc de la montagne, devant ce qui me semblait un gouffre, paralysée par la peur.*

QUE SIGNIFIE ÊTRE FIGÉ ?

Ce n'est pas un sentiment mais une image qui décrit *ce que je fais* à mon expérience. L'état qui en résulte est alors vécu comme une incapacité : j'ai l'impression que tout s'arrête en moi et que je deviens inerte. Je suis figé ou je me fige, je m'arrête, je ne ressens plus quoi que ce soit, ou encore, j'en retiens l'expression. Parfois, c'est donc l'émotion qui disparaît, d'autres fois, c'est son expression.

60. Au Québec, on utilise le verbe dans sa forme active *Je fige* ou *J'ai figé* pour *Je suis figé* ou *Je me suis figé,* ce qui traduit bien la manière dont l'expérience est vécue sur le plan psychologique. Le verbe « geler » s'emploie aussi dans le même sens: *J'ai gelé.*

À QUOI SERT D'ÊTRE FIGÉ ?

On pourrait dire que je m'inflige un tel blocage par instinct de protection, car pendant une fraction de seconde, je juge qu'il est dangereux de demeurer en contact avec ce que je ressens ou de l'extérioriser. Voici les inhibitions qui sous-tendent les situations décrites dans les exemples précédents.

EXEMPLE 1
Je ne suis pas prêt à assumer ce que je lui aurais dit, donc je me tais.
OU ENCORE
À ses propos, j'ai eu une réaction très forte mais que je me suis interdite ; je l'ai immédiatement bloquée.

EXEMPLE 2
Je n'ai pas osé montrer ma peur devant sa colère. J'ai fait en sorte qu'il ne puisse pas la voir.

EXEMPLE 3
Je ne me sens pas en confiance devant son attitude ; donc je m'abstiens de m'exprimer.

EXEMPLE 4
La pente me semblait si abrupte que j'avais la certitude que je la dévalerais si je bougeais le moindrement. Je faisais donc tout pour demeurer immobile.

QUE FAIRE LORSQUE JE SUIS FIGÉ ?

Être figé face à quelqu'un

Quand je me fige devant quelqu'un, je n'ai pas une conscience claire de ce qui se passe en moi car je le bloque, incapable de l'assumer devant mon interlocuteur. Procéder en deux temps peut m'aider à sortir de cet état. Dans un premier temps, je me demande quelle est l'émotion dont je bloque le cours ou la réaction que je censure. Ceci, sans m'obliger à la révéler à mon interlocuteur. Cette conscience recouvrée me permettra de retrouver une fluidité intérieure. Ce n'est que dans un deuxième temps que, mon expérience ayant repris son cours, j'évaluerai si je tiens à mettre l'autre au courant de ce qui se passe en moi. Mais comme « se figer » remplit une fonction protectrice, me soustraire à trop de transparence, il se peut que je ne découvre et comprenne ce que j'ai ressenti qu'après m'être éloigné de mon interlocuteur dans l'espace ou le temps. Ce peut être plusieurs jours, voire plusieurs semaines plus tard. Mais à ce moment-là non plus je ne devrai pas me sentir obligé d'en dire quoi que ce soit à mon interlocuteur. Cela dit, si j'estime que cela nous permettrait de « boucler une boucle » dans notre relation, je peux bien sûr le faire, et en tout temps, car si ce que j'ai vécu appartient à la temporalité objective du passé, ce passé existe toujours dans la temporalité subjective du présent. La décision de m'exprimer m'appartient.

Être figé dans une situation physique

Je peux aussi m'être figé par instinct de protection, dans une situation physique où j'ai estimé qu'il y avait un danger par exemple. Dans ce cas, c'est en « ranimant » en quelque sorte la peur que j'ai bloquée intérieurement que je pourrai évaluer ce qui est opportun : demeurer inactif ou agir. J'ai en effet pu me figer de manière spontanée sans que ce comportement soit nécessaire ou approprié pour ma sécurité. Ainsi, dans le cas d'un accident, m'immobiliser n'est pas toujours ce qu'il convient de faire pour me protéger, alors que lors d'une attaque à main armée, ce peut être la meilleure façon d'assurer ma sécurité. Ma peur me donnera des informations qui me permettront de choisir la réaction la plus appropriée, y compris l'immobilité.

La frustration

DES EXEMPLES

1. *Je suis frustré. Voilà une demi-heure que je tente de débloquer ce programme, en vain !*
2. *C'est un autre qui a été choisi pour l'emploi. Je suis frustré.*
3. *Je me sens profondément frustrée. Je suis irritable et la plupart du temps de mauvaise humeur.*

QU'EST-CE QUE LA FRUSTRATION ?

La frustration n'est pas une émotion. C'est un état, tout comme l'insatisfaction en est un. Contrairement à cette dernière qui est relativement neutre (bien qu'elle génère des émotions), la frustration s'accompagne toujours de protestation, car elle va de pair avec un sentiment d'injustice : la personne frustrée a l'impression d'être privée de quelque chose qui lui est dû, ou, au contraire, d'avoir à supporter quelque chose sans l'avoir mérité. La frustration provoque différentes émotions, le plus souvent du mécontentement, de la colère, de la jalousie, de la tristesse. Vivre à répétition des situations sur le mode de la frustration nous plonge dans un état d'insatisfaction permanente. L'expression *C'est une personne frustrée* le traduit bien.

À QUOI SERT LA FRUSTRATION ?

L'état de frustration parle de lui-même : lorsque je suis dans cet état, je suis insatisfait ; je considère également que je subis une injustice, et cela me révolte. Enfin, j'attribue la responsabilité de mon insatisfaction à un facteur que je juge comme étant «hors de mon contrôle». Imaginons les réflexions des personnes dans les exemples évoqués:

EXEMPLE 1

L'ordinateur devrait fonctionner! Une machine est faite pour être performante. D'autant que j'ai fait suffisamment d'efforts pour débloquer ce programme! Je suis vraiment en colère contre la machine!

EXEMPLE 2

J'ai toutes les qualifications requises pour cet emploi. Je ne vois vraiment pas pourquoi je ne l'ai pas obtenu. Il y a certainement quelque chose qui cloche dans le système. Ça me révolte et me décourage!

EXEMPLE 3

Je suis mécontente de la vie. J'ai rarement ce que je veux et les personnes vis-à-vis desquelles j'ai des attentes me déçoivent toujours. Je sais que mon attitude hostile est horripilante, mais je ne peux l'éviter. Je suis profondément mécontente!

Ce dernier exemple, contrairement aux précédents, montre bien que vivre régulièrement sur le mode de la frustration est le signe d'un problème, car cette forme de réaction ne débouche jamais sur une solution satisfaisante. Si je me sens souvent frustré, c'est peut-être parce que je suis trop passif par rapport à mes besoins. La passivité est généralement l'attitude adoptée par celui ou celle qui fait porter aux autres la responsabilité de sa satisfaction. Il est aussi possible que je sois porté à penser que les choses me sont dues indépendamment des circonstances particulières aux situations. Pour ces raisons, il est généralement long de trouver une solution à ce type de «frustration permanente». Les personnes qui dénient la solitude existentielle sont des candidats à la frustration permanente, car elles remettent à peu près totalement au monde extérieur la tâche de les combler[61].

QUE FAIRE AVEC LA FRUSTRATION ?

Si je suis quelqu'un de généralement frustré, si le thème de ma vie est l'insatisfaction, je devrai songer à prendre davantage ma vie en main. Si, de surcroît, j'ai tendance à me considérer comme une victime de la vie, des événements, des autres, je devrai apprendre à me servir de mon agressivité pour veiller à ma satisfaction. Cela dit, la frustration est une situation normale de la vie. Rien ne nous garantit, en effet, que nos besoins, désirs, souhaits, préférences ou caprices seront comblés ou exaucés. Il n'y a donc qu'une chose à faire lorsque nous sommes frustré : nous mobiliser pour obtenir ce qui nous tient à cœur. Il est important qu'en tant qu'humain, nous fassions l'expérience de la frustration dès notre plus tendre enfance. Le fait de rencontrer des obstacles devant lesquels il doit mobiliser son agressivité, que ce soit par des pleurs lorsqu'il est tout petit, ou par des initiatives au fur et à mesure qu'il grandit, aide l'enfant à affermir son identité. Cela le prépare également à devenir un adulte capable de supporter l'attente et la frustration inhérentes à la vie.

61. Jean GARNEAU, Michelle LARIVEY, « Les implications existentielles », *L'Auto-développement, op. cit.*

L'humiliation

DES EXEMPLES

1. *Il m'a humiliée publiquement en révélant ce secret de famille.*
2. *J'ai été humilié d'échouer alors que je pensais obtenir la première place.*
3. *Cela m'a humilié de devoir lui faire des excuses.*
4. *Les prisonniers ont subi des traitements humiliants.*

QU'EST-CE QUE L'HUMILIATION ?

L'humiliation n'est pas une émotion. C'est une blessure faite à l'amour-propre, plus précisément un accroc à l'image de soi. L'humiliation nous est infligée par un autre ou par nous-même. Elle s'accompagne habituellement d'un sentiment de honte et déclenche souvent de la colère ou de la révolte.

À QUOI SERT L'HUMILIATION ?

Être humilié est le signe que nous n'assumons pas la situation. La raison peut résider dans la peur d'entacher notre image, comme l'illustrent les exemples suivants :

EXEMPLE 1
Je suis mortifiée de devoir subir le jugement des autres sur ma situation familiale, car j'en ai honte.

EXEMPLE 2
Je suis fâché, car mon image de moi va souffrir de ma piètre performance.

EXEMPLE 3
J'ai fait des excuses; d'après mes valeurs, autant dire que je me suis moralement abaissé.

L'humiliation, déclenchée par la crainte que notre image soit entachée, suppose qu'il y ait un public. Elle provoque alors un sentiment de honte. Dans d'autres cas, comme dans le quatrième exemple, l'humiliation a peu à voir avec la réaction des autres. Elle provient du fait que ce que nous subissons est dégradant à nos propres yeux. C'est le cas de l'humiliation subie lorsque nous sommes dominé et en situation d'impuissance. Ce n'est pas la honte qui prédomine alors, mais la colère ou la révolte, généralement retenues ou dissimulées à cause des risques qu'entraînerait une réaction ouverte. Cette inhibition volontaire contribue à rendre l'expérience encore plus humiliante en faisant de nous les complices silencieux de l'expérience révoltante et dégradante. Certains éprouvent encore, une fois adultes, une rage et une révolte immenses liées à l'humiliation continue qu'ils ont subie de la part d'un parent ou d'un membre de la fratrie lorsqu'ils étaient jeunes. S'ils ne parviennent pas à «extirper» ces émotions, notamment par la psychothérapie, elles peuvent se transformer en violence ou, au contraire, les consumer de l'intérieur.

QUE FAIRE AVEC L'HUMILIATION ?

En situation de domination et d'impuissance

La manière de réagir à ce genre d'humiliation est capitale, car c'est d'elle que dépend la gravité des séquelles futures. S'il n'y a vraiment rien à faire, par exemple, sous le joug d'un attaquant armé, il vaut certainement mieux obtempérer aux ordres. C'est une question de survie. Paradoxalement, avoir décidé de me soumettre pour avoir la vie sauve me rendra cette expérience tragique plus tolérable et assimilable sur le plan psychique[62]. Et j'aurai peut-être, par la suite, la possibilité de sortir de l'impuissance si l'occasion d'exercer des représailles m'est donnée.

Atteinte à l'image de soi

L'effet de l'humiliation sur l'image de soi varie selon qu'il s'agit d'un enfant dont l'identité est encore en formation ou d'un adulte accompli. Le premier doit être retiré d'une situation où il est en proie à l'humiliation de façon continue. Si cela est impossible, il faut trouver des palliatifs en vue de réparer à mesure les dommages subis, et lui apprendre à se défendre contre ces attaques. La psychothérapie peut s'avérer un moyen adéquat pour cela. L'accroc à l'image de soi est de moindre importance pour l'adulte. L'adulte peut très bien faire la distinction entre sa personne et l'image que lui et les autres en ont. Si les atteintes sont désagréables, elles ne sont pas pour autant dommageables. Elles peuvent cependant l'être si son identité est peu définie, si les humiliations proviennent d'une personne dont il est dépendant affectivement et s'il les subit à répétition. Nous dépensons beaucoup d'énergie à préserver notre image dans les cas où nous

62. B. BETTELHEIM, *Le cœur conscient,* coll. Idées, Paris, Gallimard, 1973.

nous sentons humilié. Si, au contraire, nous consacrions cette énergie à nous assumer tel que nous sommes dans la situation, cela nous permettrait de nous renforcer comme personne.

EXEMPLES 1 ET 2

J'assume mes origines en osant les reconnaître publiquement, et mes résultats en les révélant. Ce faisant, je m'assume davantage, comme un être « imparfait ».

EXEMPLE 3

Je fais des excuses même si cela me coûte, assumant ainsi mon erreur. Je me présente plus complètement, comme un être « imparfait » à qui il arrive de se tromper.

Finalement, je suis plus solide lorsque je m'ancre dans ce que je suis réellement et l'assume ouvertement, que lorsque je me cache derrière une image qui ne me représente pas totalement.

L'impuissance

DES EXEMPLES

1. *Je suis bouleversé par la décision de mon fils, mais je suis impuissant. Il refuse mon influence.*
2. *Je suis impuissante à la soulager de ses maux et à la soustraire à la mort qui l'attend.*
3. *Je me sens souvent impuissante devant les répliques logiques de mon mari.*
4. *Avec certaines femmes, je suis impuissant sexuellement.*

QU'EST-CE QUE L'IMPUISSANCE ?

L'impuissance est un état désignant l'incapacité ou l'impossibilité d'accomplir des actes ou d'atteindre un objectif. Il existe des cas d'impuissance réelle (exemples 1 et 2), et des cas où nous avons l'impression d'être impuissant mais où nous ne le sommes pas (exemple 3). Il arrive aussi que l'impuissance soit l'expression déguisée d'un sentiment (exemple 4).

À QUOI SERT L'IMPUISSANCE ?

L'impuissance met en évidence que des obstacles s'opposent à ma satisfaction. Je souhaiterais pouvoir influencer mon fils, soulager la souffrance d'autrui, me défendre devant mon mari, avoir une érection quand je désire une femme, mais mon incapacité, ou ce que je crois être mon incapacité, m'empêche d'y parvenir. Le sentiment d'impuissance m'invite à faire la part des choses entre le pouvoir dont je dispose réellement et celui qui n'est pas entre mes mains. Cette clarification permet souvent de sortir de la paralysie où l'impuissance nous confine parfois. Dans l'exemple 3, elle me permettrait de constater que je ne suis pas impuissante devant les répliques de mon mari. De fait, j'ai le pouvoir de répondre, mais je l'abandonne en accordant plus d'importance à ses arguments logiques qu'à mes propres explications.

Le sentiment d'impuissance recouvre différentes réalités vécues. Scruter ce vécu est la seule façon d'identifier ce qu'il cache. Dans certains cas, l'impuissance sexuelle apparaît comme une réaction émotionnelle déguisée: on pourrait dire que l'homme préfère alors l'impuissance à l'expression directe de ce qu'il éprouve avec sa partenaire (exemple 4).

QUE FAIRE AVEC L'IMPUISSANCE?

Sortir d'une impuissance qui n'en est pas une suppose que j'aie identifié ce que je n'ose pas faire, puis que je le fasse.

EXEMPLE 3

Bien que je juge mon discours moins logique et moins cohérent que celui de mon mari, je me risque à m'exprimer complètement.

EXEMPLE 4

J'identifie ce qui ne me convient pas avec cette partenaire. Je cesse de subir cela. Je la confronte sur cette question ou je quitte la relation si c'est ce que je désire.

L'indifférence

DES EXEMPLES

1. *Il m'est indifférent.*
2. *Je préfère faire l'indifférente, car je ne sais pas quelle importance j'ai à ses yeux.*
3. *Je suis plus ou moins indifférent à ce que tu me proposes.*
4. *Ceci ou cela, ça m'est indifférent.*

QU'EST-CE QUE L'INDIFFÉRENCE ?

L'indifférence est une mesure d'intérêt qui indique « zéro », c'est-à-dire une absence d'intérêt. C'est ce que traduit le premier exemple. Elle ne s'éprouve pas à la manière d'une sensation ou d'une émotion, elle est plutôt une « position ». Nous pouvons même dire qu'elle est aux antipodes de l'émotion, puisque cette dernière indique que nous sommes atteint alors que l'indifférence témoigne du contraire. L'indifférence ne comporte pas non plus de degrés. Soit nous sommes indifférent, soit nous ne le sommes pas. C'est pourquoi une expression comme celle de l'exemple 3 n'est pas juste. Pour plus de clarté et d'exactitude, il faudrait dire : *Ta proposition m'intéresse peu.*

La notion d'« indifférence » est aussi employée pour signifier l'égalité en importance (exemple 4) : *Mon intérêt est aussi grand d'un côté que de l'autre.* Ou encore : *Je n'ai pas de préférence entre ces deux possibilités.*

Il arrive que nous *feignions l'indifférence,* au sens où nous tentons de paraître indifférent aux yeux des autres ; ou que nous essayions de nous persuader que nous sommes indifférent. Paradoxalement, nous faisons en général cela justement parce que le sujet a de l'importance à nos yeux. L'effort que nous mettons à nous distancier nous trahit : plus il est grand, plus nous révélons que sommes touché ou intéressé.

À QUOI SERT L'INDIFFÉRENCE ?

En tant qu'indice de neutralité, l'indifférence marque l'absence d'intérêt. Elle peut aussi indiquer qu'à nos yeux, les diverses options sont d'importance égale. La tentative de feindre l'indifférence, par contre, devrait nous alerter. Elle est le signe d'une difficulté à nous avouer ou à assumer ouvertement l'importance que le sujet ou la personne a pour nous.

QUE FAIRE AVEC L'INDIFFÉRENCE ?

Il ne s'agit que de la constater. Il y a rarement lieu de l'exprimer : pourquoi m'investir dans ce qui ne représente rien à mes yeux ? Par contre, si j'ai tendance à manipuler mon expérience, à feindre la neutralité par exemple, il serait peut-être judicieux de ne pas me prendre au mot lorsque je manifeste de l'indifférence, et de me mettre à l'écoute des indices qui m'assurent du contraire. Par exemple : *Je me dis indifférente devant la beauté de ce mannequin, mais je critique vigoureusement ses jambes !* En réalité, j'envie ce mannequin. Peut-être pas pour ses jambes qui sont probablement le seul défaut que je lui trouve, mais pour autre chose. Serais-je jalouse des regards qu'elle attire ? De sa popularité ? De l'effet qu'elle a sur mon mari ? Ou *J'affirme que cet homme m'indiffère totalement, mais je me demande s'il va me téléphoner...* En réalité, j'éprouve des sentiments à son égard. Si je cherche quel effet aurait sur moi un appel de sa part, je serai en mesure de cerner l'importance qu'il a pour moi.

L'inquiétude

DES EXEMPLES

1. *Je m'inquiète pour l'avenir de mon fils. Il a si peu confiance en lui.*
2. *Je suis inquiet de ma réaction lorsque le moment de la séparation sera venu. Je crains de m'effondrer.*
3. *Mon fils voyage en stop en pays étranger et je suis continuellement inquiète de ce qui pourrait lui arriver.*

QU'EST-CE QUE L'INQUIÉTUDE ?

L'inquiétude est une opération intellectuelle qui consiste à imaginer et à extrapoler, à partir du présent, une situation plus ou moins désagréable et à se faire du souci à son sujet. L'inquiétude engendre un grand nombre d'émotions. Bien qu'elle ne soit pas une émotion elle-même, elle présente des similitudes avec la peur qui, elle, en est une. Comme la peur, l'inquiétude concerne un événement futur éventuel, et non pas la situation présente. En fait, la personne inquiète s'appuie sur des événements actuels pour nourrir en pensée la situation qu'elle appréhende. Comme la peur, l'inquiétude s'alimente à même l'imagination. Dans les deux cas, le fantasme peut être réaliste ou irréaliste, mais il est par nature hypothétique. Enfin, l'inquiétude est subjective : de façon générale, certaines personnes sont plus portées que d'autres à s'inquiéter.

À QUOI SERT L'INQUIÉTUDE ?

L'inquiétude nous renseigne d'abord sur le présent. C'est en effet la situation actuelle qui nous amène à anticiper la situation future. Dans l'exemple 1, j'anticipe, à partir du manque de confiance que je perçois chez mon fils aujourd'hui, les difficultés qu'il pourrait avoir dans la vie. Dans l'exemple suivant, mon état actuel me fait imaginer que je pourrais m'effondrer lors de la séparation. Ceci est tellement vrai que certains jours, je me représente cette séparation avec sérénité et d'autres jours comme une catastrophe à laquelle je ne survivrai pas. En examinant de plus près ce que je vis, je m'aperçois que j'appréhende davantage ce qui pourrait advenir les jours où je suis déprimé et où je me vois comme une victime du destin que les jours où je prends ma vie en main et adopte plutôt une attitude optimiste face aux événements.

QUE FAIRE AVEC L'INQUIÉTUDE ?

Comme la peur, l'inquiétude est une expérience importante pourvu que je ne la laisse pas ronger ma vie et m'en serve afin d'orienter mes actions.

EXEMPLE 1

J'ai de bonnes raisons de croire que l'avenir de mon fils est handicapé par son manque de confiance en lui. C'est une appréhension qui pourrait se réaliser. Par chance, l'avenir n'est pas encore là. Je fais donc tout ce que je peux pour tenter de résoudre ce problème pendant qu'il est encore temps.

EXEMPLE 2

J'ai de bonnes raisons de penser que je pourrais m'effondrer au moment de la séparation. Que puis-je à cela maintenant? Y a-t-il des mesures que je pourrais prendre dès à présent pour éviter la catastrophe aux enfants? Si oui, je les prends. Sinon, je devrai attendre, vivre normalement et voir si je réagis réellement comme je l'anticipe.

EXEMPLE 3

Existe-t-il un moyen d'établir un contact avec mon fils qui voyage à l'étranger? Si oui, ce peut être un moyen de calmer mon inquiétude. Mais peut-être devrais-je à apprendre à le laisser aller et supporter mon inquiétude sans m'y complaire.

La manipulation

DES EXEMPLES

1. *Habituellement, je cède lorsqu'il se met à hurler. Je ne supporte pas ses cris.*
2. *Je m'excuse toujours lorsqu'il me boude parce qu'il est furieux.*
3. *Je ne puis pas résister à sa séduction, même lorsque je suis fâché.*
4. *Elle me fait pitié.*

QU'EST-CE QUE LA MANIPULATION ?

La manipulation n'est pas un sentiment, elle est une action que l'on subit: quelqu'un nous manipule. Nous éprouvons toutefois des émotions à l'égard de celui qui nous manipule: mécontentement, surprise, tristesse, découragement, colère, déception, etc. Ces émotions permettent de mieux cerner notre expérience et d'utiliser la situation pour progresser.

La manipulation: définition

La manipulation psychologique vise à obtenir de quelqu'un, à son insu, qu'il fasse quelque chose qu'il ne veut pas faire. La manipulation peut être involontaire ou volontaire. Dans le cas où elle est volontaire, la personne use consciemment d'un stratagème pour obtenir ce qu'elle veut. On appelle «jeux» *(games),* les comportements manipulateurs: pleurer pour attendrir celui qui est furieux, se comporter comme une victime pour susciter la culpabilité, bouder pour obtenir des excuses, se laisser aller pour être pris en charge, séduire pour faire se transformer l'humeur de l'autre, etc.

Ce qui nous rend manipulable

Deux complices sont nécessaires pour qu'une manipulation réussisse : une personne qui manipule, une autre qui cède à la manipulation. Pourquoi cédons-nous à la manipulation ? Parce que le manipulateur touche une corde sensible ; nous pourrions dire qu'il fait vibrer une corde qu'on ne veut pas sentir vibrer. Nous faisons alors ce qu'il désire afin d'éviter le sentiment désagréable. La corde sensible est souvent la culpabilité, la peur du rejet, la peur de l'abandon, une image de soi indésirable, une conséquence déplaisante…

À QUOI SERT DE CÉDER À LA MANIPULATION ?

Nous cédons pour éviter de vivre une expérience émotive qui nous paraît plus désagréable qu'être manipulé.

EXEMPLE 1

Il est moins difficile pour moi de céder au chantage de mon enfant qui hurle que de supporter sa crise : je lui donne donc ce qu'il demande.

EXEMPLE 2

Je préfère affirmer que je ne pensais pas réellement ce que j'ai dit et m'excuser (même si je mens en déclarant cela) que tolérer sa bouderie.

EXEMPLE 3

Il m'est impossible de rester furieux devant l'étalage de ses charmes. J'ai l'impression d'être odieux et ça, je ne le supporte pas. Je me laisse séduire pour sortir de cette impasse.

EXEMPLE 4

J'ai mal de la voir si piteuse et je sais qu'elle ne fera rien pour améliorer son sort. Je prends donc sur moi de résoudre son problème, même si je sais pertinemment que c'est parce qu'elle n'a pas de cœur au ventre qu'elle n'y voit pas elle-même.

QUE FAIRE AVEC LA MANIPULATION ?

Surtout ne pas compter sur la volonté de celui qui me manipule pour qu'il cesse. C'est une chose à laquelle je dois voir moi-même, car c'est moi qui sais à quoi je tiens et moi qui subis les effets de la manipulation. Pour ce faire, je dois avoir conscience qu'il y a manipulation. L'indice principal, susceptible de m'alerter, est que je me sens forcé à faire quelque chose qu'autrement je ne ferais pas. Je ne suis absolument pas impuissant devant la manipulation. Seulement, je dois faire un choix. *Y résister est le meilleur choix*. Dénoncer la manipulation, mettre à jour cette joute, peut aussi avoir pour effet de neutraliser celui qui tentait sa chance. Mais pour parvenir à résister à la manipulation, je dois absolument faire face à l'émotion à laquelle elle me confronte. C'est à cette condition seulement que la manipulation échouera.

EXEMPLE 1

Je demeure impassible devant les pleurs de mon enfant (qui cherche à me faire céder), même si cela me brise le cœur. Si son chantage devient inacceptable (par exemple s'il se met à casser des objets), je lui interdis ce comportement.

EXEMPLE 2

Je tolère qu'il soit fâché contre moi et qu'il me boude. Je supporte mon inquiétude et je demeure dans l'insécurité de le perdre.

EXEMPLE 3

Même si je suis odieux à mes propres yeux et aux siens, je ne me laisse pas prendre par ses jeux de séduction. Je demeure fâché aussi longtemps que je le suis.

Si la manipulation reste sans effet, elle cessera. Cela peut prendre quelque temps, mais c'est certain.

La paresse

DES EXEMPLES

1. *Mon fils réussit mal à l'école. Je pense qu'il est paresseux.*
2. *On ne peut jamais compter sur elle. Elle est paresseuse et ne se donne pas la peine de faire un travail de qualité.*

QU'EST-CE QUE LA PARESSE ?

La paresse est une attitude qui se caractérise par un goût pour la facilité, et inversement, une aversion pour l'effort.

À QUOI SERT LA PARESSE ?

Il est rare que quelqu'un se qualifie lui-même de paresseux. C'est une attitude que nous attribuons généralement à un autre et, typiquement, pour lui signifier qu'il nous déçoit. Il est sous-entendu, dans le premier exemple, que je suis contrarié par les résultats de mon fils. Je ne trouve pas d'autre explication qu'une supposée paresse. Bien entendu, j'arrive à cette conclusion après avoir observé le peu de cœur qu'il met dans ses études, mais sans comprendre pourquoi il en est ainsi.

La paresse est parfois un subterfuge. Chez celui qui est considéré comme paresseux, elle peut servir à dissimuler une peur de l'échec : il s'abstient de fournir tout l'effort possible de peur de constater qu'il n'est pas à la hauteur, même en faisant tout ce qu'il peut. Ce pourrait être le cas du deuxième exemple :

de façon plus ou moins consciente, elle choisirait de ne pas s'investir complètement dans un travail parce qu'elle craint que sa production soit médiocre. En ne faisant jamais son possible, elle demeure avec l'illusion qu'elle atteindrait un haut niveau de qualité si elle s'en donnait la peine. Par ailleurs, expliquer le comportement décevant d'un autre par la paresse peut servir d'écran. En fournissant rapidement une « explication », nous nous empêchons de rechercher des causes réelles. Si, de plus, nous demeurons avec cette opinion sans chercher à élucider la question avec la personne concernée, ce jugement peut servir lui aussi de subterfuge : il permet de classer la question en évitant une confrontation désagréable.

QUE FAIRE AVEC LA PARESSE ?

Si je n'ai aucun penchant pour l'effort, même pour poursuivre mes objectifs et pour réaliser mes aspirations, je me prépare une existence difficile. Elle ne le sera peut-être pas du point de vue de la mobilisation de mes énergies, mais elle pourra le devenir par manque de nourriture intellectuelle et affective. De fait, ma tendance actualisante ne renoncera pas à agir parce que je ne suis pas friand d'activités susceptibles d'améliorer ma qualité de vie. Je n'aurai pas moins d'aspirations pour autant. En me refusant à l'effort, je n'aurai d'autres choix que de faire taire ses signaux (en intoxiquant mon système à l'alcool, par la nourriture ou des drogues, par exemple) ou de vivre en étant chroniquement frustré ou déprimé. En tout temps, j'ai la possibilité d'inverser ma tendance à la paresse. Graduer les défis pour éviter le découragement et identifier le fruit de mes efforts m'incitera à continuer.

La reconnaissance

SYNONYME

La gratitude.

DES EXEMPLES

1. *Je suis reconnaissant à mon père du grand respect qu'il a toujours manifesté à mon égard. C'est en partie de lui que je tiens le courage de me respecter dont je fais preuve aujourd'hui.*
2. *Ces gens ont été d'une générosité inouïe envers moi alors que rien ne les y obligeait. J'ai énormément de gratitude et je serais heureuse de leur rendre la pareille.*

QU'EST-CE QUE LA RECONNAISSANCE ?

Être reconnaissant, c'est considérer que nous sommes redevable à un tiers parce qu'il nous a procuré un bienfait. La reconnaissance est une opération de l'esprit, elle repose sur une évaluation, et s'accompagne toujours d'une certaine dose de contentement. La reconnaissance suscite parfois de l'affection, quand le bienfait reçu est si précieux que nous en aimons la personne qui nous l'a procuré. Elle suscite toujours une réaction spontanée au contentement ressenti. C'est une expérience qui génère de la générosité. Dans certains cas, elle me porte à remercier : *J'ai un grand respect pour mon père et j'aimerais lui faire des faveurs en reconnaissance de ce qu'il m'a apporté* (exemple 1). Dans d'autres cas, elle engendre un mouvement de générosité : *Je me trouve privilégié d'avoir eu la chance d'étudier et je désire donner aux jeunes des opportunités comparables à celles que j'ai connues.*

Reconnaissance et gratitude

La gratitude est aussi une forme de reconnaissance, mais qui s'accompagne du sentiment d'être obligé envers la personne. Le deuxième exemple l'illustre bien, à la différence du premier exemple dans lequel je considère comme normal que mon père se soit comporté comme un bon père, tout en me trouvant privilégié. Aussi ne suis-je pas « obligé » à son égard. Les personnes qui m'ont hébergée, elles, n'avaient aucune obligation de le faire avec tant de générosité. Avec elles, j'ai l'impression d'être en dette.

À QUOI SERT LA RECONNAISSANCE ?

Lorsque nous éprouvons de la reconnaissance, c'est que nous estimons avoir reçu un apport précieux, et que nous considérons cela comme un privilège. La reconnaissance implique toujours un tiers, que nous tenons pour responsable de cet apport. Elle peut susciter une gamme d'émotions différentes.

QUE FAIRE AVEC LA RECONNAISSANCE ?

Pour que l'expérience soit complète, il est nécessaire que j'exprime ma reconnaissance à la personne concernée. Une telle expression ouverte et directe donne souvent une impression de plénitude. C'est une occasion de mettre en lumière des liens importants qui, jusque-là, ont été plus ou moins dissimulés. Un rapprochement affectif bienfaisant en résulte habituellement. Il peut être tentant d'exprimer ma reconnaissance en faisant des faveurs à la personne concernée, mais sans lui en révéler le sens. Cela mène en général à une impasse, car, l'expression n'étant pas faite en contact direct, l'équilibre recherché dans la relation ne se réalise pas. C'est ce qui explique la multiplication des tentatives et leur insuccès caractéristique.

Reconnaissance et regrets

Dans le cas où je ne me donne pas l'opportunité de tenir suffisamment compte de ma reconnaissance et de l'exprimer, j'éprouve du regret. Que ce soit pour des raisons de temps ou pour d'autres raisons, l'effet est le même. J'ai alors l'impression d'un déséquilibre et d'une expérience incomplète avec l'autre. Il s'agit en effet d'une expérience qui a été partagée dans un premier temps, lorsque j'ai reçu, mais qui ne l'est pas dans un deuxième temps, lorsque je réalise toute l'importance de ce qui m'a été donné. Dans le cas de la reconnaissance, le besoin de montrer mon appréciation n'est pas un devoir, mais bien un élan de l'intérieur.

Gratitude et dédommagement

La différence est subtile entre la reconnaissance et la gratitude. Elle se manifeste aussi dans la manière de réagir. À l'élan de la reconnaissance correspond, dans la gratitude, le besoin de dédommager ou de compenser pour rétablir l'équilibre. C'est comme si dans le premier cas je me devais à moi-même de m'exprimer spontanément, et dans le second, j'avais une « dette » à rembourser pour rétablir l'équité.

Le regret

DES EXEMPLES

1. *Je regrette d'avoir consacré si peu de temps à mes enfants lorsqu'ils étaient tout petits.*
2. *Mes propos l'ont blessé. Ce n'était pas mon intention et je le regrette sincèrement.*
3. *C'est avec regret que je réponds non à votre demande. Il me serait très compliqué de me libérer pour y accéder.*

QU'EST-CE QUE LE REGRET ?

Le regret est une évaluation négative d'une action passée engendrant mécontentement et chagrin. Tantôt, c'est le mécontentement qui domine; tantôt, c'est le chagrin.

Le regret s'apparente à la culpabilité de dissimulation en ce sens qu'il survient après un choix délibéré et qu'il est motivé soit par les conséquences de ce choix, soit par une évaluation différente de la situation. C'est avec le recul, au jour d'aujourd'hui, que mes besoins m'apparaissent sous un autre jour et que je regrette d'avoir fait le choix que j'ai fait, par le passé, à l'égard de mes enfants (exemple 1). C'est en constatant les conséquences de mes propos que je les déplore (exemple 2). Contrairement à la culpabilité malsaine, le regret n'est toutefois pas une tentative pour annuler le choix antérieur. Au contraire, celui-ci est assumé. Je ne cherche pas d'excuse pour mes actions passées, je ne tente pas non plus de minimiser la réaction de l'autre (exemple 2) ; je suis simplement triste devant la répercussion de mes actes. Le troisième exemple est éloquent à cet égard : j'affirme mon choix mais aussi le fait que je suis désolé de l'effet qu'il produit et j'assume les deux.

À QUOI SERT LE REGRET ?

Le regret signale une différence entre l'évaluation que nous avons faite par le passé et celle que nous faisons aujourd'hui. Ce sont les émotions qui lui sont rattachées qui nous indiquent le changement de perspective et nous permettent de nous réajuster par rapport à la réalité passée, laquelle continue d'avoir une incidence sur le présent.

La nature du regret n'exclut pas qu'on puisse l'utiliser pour fausser les rapports interpersonnels, à l'instar de la culpabilité de dissimulation. Nous pouvons, en effet, tenter de manipuler l'autre et d'obtenir la réaction que nous désirons, en exprimant du regret. L'exemple 3 pourrait être décodé dans ce sens : *J'espère qu'en vous mentionnant que je le fais à contrecœur, vous m'en tiendrez moins rigueur.*

QUE FAIRE AVEC LE REGRET ?

Il est très important que le choix antérieur soit assumé, et ce, qu'il m'apparaisse bon ou non au jour d'aujourd'hui et avec les conséquences que je connais. Cela fait, il est toujours possible de tenter une réparation.

EXEMPLE 1

Je reprends le temps perdu avec mes enfants, maintenant qu'ils sont adultes. Ce n'est pas la même chose que de les avoir vu évoluer, mais ce contact avec eux s'avère tout de même très satisfaisant. Il y a aussi mes petits-enfants. Je les vois aussi souvent que je peux.

EXEMPLE 2

Je fais des excuses à ma fiancée pour l'effet que mes propos ont eu sur elle. Je fais plus : je la gâte, non pas pour me faire pardonner, mais pour compenser la blessure que je lui ai causée.

Pour atténuer le regret, certains proposent de se pardonner à soi-même. Mais il est difficile de se pardonner sans induire une fausseté de l'expérience vécue et lui imposer une distorsion qui aboutit souvent à ce type de réaction : *J'essaie de me pardonner, mais je n'y arrive pas*. La réparation paraît plus efficace, à condition qu'elle se compare en importance aux dommages causés.

Le rejet

DES SYNONYMES

L'abandon, se sentir exclu, tenu à l'écart, repoussé, non désiré.

DES EXEMPLES

1. *Je me sens rejeté de ce groupe. Les gens ne manifestent aucune ouverture à l'égard des nouveaux arrivants.*
2. *Il m'a quittée subitement après vingt ans de vie commune. Je me sens rejetée comme un déchet.*
3. *Je suis certain d'être rejeté du groupe si je donne mon opinion.*

QU'EST-CE QUE LE REJET ?

Le rejet n'est pas un sentiment éprouvé. Il est l'action d'un autre que nous subissons. Je n'éprouve pas du rejet, mais diverses émotions que le rejet réel ou l'impression d'être rejeté déclenche en moi. La gamme d'émotions pouvant survenir à cause du rejet est vaste, mais il s'agit toujours d'émotions pénibles.

À QUOI SERT DE FAIRE L'EXPÉRIENCE DU REJET ?

Parfois, le rejet est réel, comme dans l'exemple 2 : non seulement je suis triste de la rupture, mais la manière qu'il a eue de me quitter me donne l'impression que je compte pour moins que rien à ses yeux. Cela m'atteint au point de remettre en question ma valeur en tant que personne. D'autres fois, le rejet est inféré, comme dans le premier exemple : je me dis rejeté parce que je suis mal accueilli et que mon intégration n'est pas facilitée ; je considère la passivité des autres à mon égard comme un rejet. Si j'estime que les autres sont tenus de me faciliter l'existence, j'interpréterai automatiquement leur manque de coopération comme une fin de non-recevoir ou comme un rejet. Si, au contraire, je conçois que c'est à moi de faire ma place, leur attitude me paraîtra acceptable, même si elle m'est désagréable. Il arrive aussi que l'on appréhende d'être rejeté. Dans le troisième exemple, je m'attends à être frappé d'ostracisme pour avoir dérangé la majorité de l'assemblée par mes propos.

Quelle que soit la situation, l'émotion que j'éprouve me dit que les personnes dont je crains qu'elles me rejettent ont une valeur à mes yeux. Ce sont des personnes auxquelles j'attribue un pouvoir quelconque, celui, par exemple, de reconnaître ma valeur, ou ce sont des personnes dont le regard sur moi influence mon appréciation, ou encore des gens que j'aime et avec qui je souhaiterais avoir un lien ou une relation d'intimité. Ainsi :

- si je crains souvent d'être rejeté ou si je m'empêche d'agir par crainte du rejet, c'est le signe que j'ai encore du travail à faire pour m'assumer devant les autres ;
- si j'interprète comme du rejet le fait que les gens ne s'offrent pas pour prendre mes besoins en charge, c'est le signe que je leur laisse plus ou moins la responsabilité de ma satisfaction ;
- s'il m'arrive souvent d'être réellement rejeté, il y a lieu de me questionner sur les raisons qui font que j'ai un tel impact sur les autres.

QUE FAIRE AVEC LE REJET ?

La peur d'être rejeté peut avoir une incidence paralysante à la fois sur ma recherche de satisfaction dans la vie et sur ma croissance psychique. La peur du rejet m'incite en effet à la prudence, voire à l'inaction. Au point que ma vie entière peut être organisée à seule fin de m'éviter le rejet.

La peur du rejet, comme toutes les peurs, doit être affrontée pour être dépassée[63]. La première chose à faire pour avancer dans ma peur du rejet consiste à reconnaître ma dépendance, sur le plan affectif, vis-à-vis des personnes dont je crains le rejet. Une fois cela admis, je pourrai travailler sur cette peur tout en étant « en contact » avec les personnes qui ont cette importance pour moi. La psychothérapie de groupe constitue souvent une aide fort utile pour mener à bien ce travail.

63. Michelle LARIVEY, « Transfert et conquête de l'autonomie », *op. cit.*

La solitude

DES EXEMPLES

1. *Je me sens seul aujourd'hui.*
2. *Je me sens seule dans la vie.*
3. *Je me sens seule parmi cette foule.*

QU'EST-CE QUE LA SOLITUDE ?

La solitude n'est pas une émotion, c'est un état de fait. Lorsque nous employons ce mot, c'est toutefois pour traduire autre chose qu'une situation de fait ; à savoir, un sentiment. Souvent, il s'agit de tristesse ou d'ennui. Mais cette signification ne se déduit pas automatiquement, car être seul peut s'avérer agréable. Cela dit, l'expression *Je me sens seul* a toujours une connotation de manque, de privation.

À QUOI SERT LE SENTIMENT DE SOLITUDE ?

L'expression « se sentir seul » fait image. Cette image est une forme d'approximation de nos sentiments qui peut revêtir diverses significations. Ainsi, *Je me sens seul aujourd'hui* (exemple 1) peut être une façon de dire *Je suis triste, car je n'ai d'importance pour personne,* ou *J'ai besoin de contact.* Et *Je me sens seule dans la vie* (exemple 2) peut vouloir dire *Je n'ai personne dans la vie sur qui m'appuyer* ou *Je n'ai pas de contact réellement nourrissant, Je n'ai pas d'ami intime, Je n'ai pas la relation amoureuse dont j'ai besoin… et cela m'attriste.*

Le manque affectif engendre la tristesse. Se sentir seul peut être considéré comme l'antichambre de la tristesse ou comme une manière voilée de parler de sa tristesse. Mais la solitude n'est pas toujours empreinte de peine. *Je me sens seule dans cette foule* (exemple 3) peut avoir toutes sortes d'autres sens comme *Je ne connais personne et j'ai peur*, *Je suis étrangère à tous ces gens et cela me déplaît*, *Je n'arrive pas à établir des contacts et cela me déçoit* ou, au contraire, *Personne ne fait attention à moi et cela fait bien mon affaire !*

Le sentiment de solitude s'accompagne toujours d'émotions. Ce sont ces dernières qui permettent d'identifier ce que l'état de solitude traduit vraiment.

QUE FAIRE AVEC LA SOLITUDE ?

Il est impératif d'identifier les émotions vécues dans cette solitude. Ce sont elles qui me permettront de cerner mes besoins et de voir à les combler.

La timidité

DANS LA MÊME VEINE

La gêne, le rougissement.

DES EXEMPLES

1. *Avec tous ses diplômes, il m'intimide. Jamais je n'oserais dire mon opinion devant lui.*
2. *Il m'a complimentée devant tout le monde. J'étais vraiment intimidée !*

QU'EST-CE QUE LA TIMIDITÉ ?

Être timide n'est pas une émotion, c'est une façon d'être. Plus précisément, c'est un adjectif qui permet de qualifier la manière d'être de quelqu'un, telle que vue de l'extérieur. Lorsque nous sommes timide ou intimidé, nous tentons essentiellement de dissimuler ce que nous éprouvons afin de ne pas nous exposer aux jugements. Et nous pensons généralement que notre tendance à nous effacer est un effet de notre timidité ; elle en est plutôt la cause principale.

À QUOI SERT LA TIMIDITÉ ?

La personne timide est réservée dans son expression. Elle dissimule ce qu'elle éprouve et ce qu'elle est. Si elle se comporte ainsi, c'est essentiellement parce qu'elle craint les jugements ou parce qu'elle n'a pas suffisamment d'assurance pour affronter la critique. Mais en se tenant à l'écart, elle évite la plupart des occasions d'assumer devant d'autres ce qu'elle vit. C'est ce qui l'empêche de bâtir son assurance et entretient sa timidité[64].

Le premier exemple illustre bien la peur de ne pas être à la hauteur et l'évitement systématique qui s'ensuit. C'est le modèle de comportement *Jamais je n'oserai...* Lorsque la timidité sert ainsi de prétexte pour éviter de faire face à une situation difficile, elle se renforce elle-même. En effet, en renonçant à une occasion de m'assumer (ici, à exprimer mon opinion en affrontant le jugement d'une personne qui m'impressionne), non seulement je n'augmente pas ma capacité de m'assumer, mais en plus, je baisse encore dans mon estime de moi-même. La prochaine fois, la difficulté sera encore plus grande. Le deuxième exemple illustre un «moment de timidité»: je suis embarrassée par le compliment et j'éprouve sans doute de la gêne. Celle-ci surgit parce que je cherche à cacher mon plaisir. C'est le cas dans cet exemple: je m'inhibe plutôt que de montrer ouvertement mon contentement. Si, au contraire, je permettais à mon interlocuteur de voir que j'ai été touchée par son compliment et en suis heureuse, j'assumerais ce que j'éprouve et cette expérience contribuerait à ma croissance psychique.

QUE FAIRE AVEC LA TIMIDITÉ ?

Pour sortir de la timidité, je dois accepter de sortir de l'ombre et de vivre au grand jour. Autrement dit, je dois travailler à m'assumer. Bien évidemment, je ne parviendrai pas à ce

64. Jean GARNEAU, « La confiance en soi », *op. cit.*

changement du jour au lendemain, mais petit à petit et si je m'y applique au jour le jour.

Le travail sur moi-même consistera essentiellement à bâtir ma confiance en moi dans les zones de ma vie où elle est déficiente. Pour ce faire, il me faudra tenter l'expérience. Imaginons que je suis timide en groupe, je pourrai décider de suivre les étapes suivantes :

> *Au lieu de fuir les groupes comme la peste, je recherche les situations où les gens se côtoient. Et au lieu de m'effacer, comme j'ai l'habitude de le faire, j'essaie de participer à la conversation. Au début, je rougis, je bégaie. Je suis certain que j'ai l'air ridicule et que ma gêne est visible ; et, bien sûr, j'ai très peur d'être jugé comme une personne n'ayant pas confiance en elle et qui est timide (ce que je suis précisément !). Au fond, je crains que les gens ne portent sur moi le jugement que je porte déjà. Qu'à cela ne tienne, j'en prends le risque (ainsi que de faire face à l'humiliation qui pourrait l'accompagner). Il est très important que je fasse cette expérience « à froid », sans aucun subterfuge visant à minimiser les risques de m'exposer. Prendre un verre ferait tomber mes inhibitions et me rendrait les choses plus faciles, mais comme je n'aurais pas eu à courir le risque, l'expérience n'aurait pas d'effet véritable. Elle ne m'aiderait pas à m'assumer davantage. Non seulement il est crucial que je fasse ces expériences volontairement et en toute conscience, mais il est aussi nécessaire que je demeure en contact avec ce que j'éprouve en les faisant. Me durcir pour éviter d'être remué émotionnellement et fragilisé ne donnerait aucun résultat. L'expérience serait pénible et sans aucun bénéfice.*
>
> *Comme dans toute expérience de développement de soi, il est important de graduer la difficulté. Je peux, par exemple,*

augmenter progressivement le nombre de mes interventions, commencer avec des personnes avec lesquelles je me sens plutôt à l'aise, et graduellement me tourner vers des personnes qui m'impressionnent davantage, dont je crains plus les réactions.

Je peux faire ces expériences au quotidien, prendre note de ce que je vis et de ce que j'apprends, et identifier les changements que je remarque chez moi, d'une fois à l'autre. Tenir un journal lorsque je travaille à mon développement peut aussi être très utile[65].

65. « Le Journal de bord », http://redpsy.com/outils/journal.html

La trahison

DES EXEMPLES

1. *Un collègue que je considérais comme un ami m'a trahi en s'appropriant un contrat qui m'était destiné.*
2. *L'aventure de mon mari n'est pas si grave en soi. C'est sa trahison que je ne « digère » pas.*

QU'EST-CE QUE LA TRAHISON ?

La trahison n'est pas une émotion. C'est le geste d'une autre personne, vécu ou interprété comme brisant une loyauté. Pour qu'il y ait trahison, il faut qu'il y ait déjà un lien et il faut que ce lien implique une fidélité quelconque.

À QUOI SERT DE SE SENTIR TRAHI ?

Avoir le sentiment d'être trahi nous ramène automatiquement aux ententes explicites ou implicites qui existaient entre nous et celui qui nous a trahi. Cela nous permet aussi de constater que nous comptions sur le fait que l'autre serait solidaire de cette entente. La trahison surgit en effet toujours comme une surprise. Elle rompt la confiance. Nous ne nous sentons jamais trahi par quelqu'un à qui nous ne faisions pas confiance. En conséquence, nous pouvons considérer qu'être trahi nous dit que nous avions tort de faire confiance à cette personne. Nous voilà invité à réviser notre évaluation de cette relation et à nous réajuster pour tenir compte d'une solidarité moins importante que prévu.

QUE FAIRE AVEC LA TRAHISON ?

Si je tiens au lien avec la personne qui m'a trahi, quelles que soient les émotions que j'éprouve à cet égard, je choisirai de lui exprimer ce que ses actes ont provoqué en moi. Il est difficile de prévoir ce qui s'ensuivra. Il est cependant certain que le lien de confiance devra être reconstruit. Si la trahison est importante, ce sera long.

La violence

DES EXEMPLES

1. *Mon adjointe est colérique. Elle se montre facilement blessante dans ses propos.*
2. *Il est très intense; cela m'impressionne et je le trouve violent.*
3. *Sa mère le dénigre et le ridiculise continuellement.*
4. *Il arrive à mon mari de me frapper lorsqu'il est hors de lui.*

QU'EST-CE QUE LA VIOLENCE?

La violence est synonyme d'agressivité à outrance. Elle a la même étymologie que le mot «violer» (du latin *violare,* traiter avec violence), c'est-à-dire enfreindre les limites. La violence consiste à agir sur quelqu'un ou à le forcer, contre sa volonté, en utilisant la force physique ou psychique. L'usage de force se fait en intimidant, en menaçant, voire en frappant, autrement dit en infligeant des blessures physiques ou morales. La violence comporte de plus une forme d'abus ou de tricherie. Cette fourberie est vécue comme une trahison lorsque c'est un proche qui nous violente. Dans l'exemple 3, le parent qui dénigre son enfant abuse de son statut pour le blesser là où il ne possède aucune défense. Ce genre d'attaque à l'intégrité psychique est pernicieux et fait souvent plus de mal qu'une blessure physique. Vis-à-vis d'un coup, l'enfant peut au moins se débattre. De même, le conjoint battu ne peut plus accorder sa confiance à son partenaire. Ce dernier a abusé de sa force pour obtenir ce qu'il voulait, trahissant ainsi le contrat implicite d'égalité entre eux (exemple 4).

Il n'est pas facile de déterminer si un comportement est violent ou non. Pour y arriver, il faut examiner l'action concernée de deux points de vue: celui de la personne qui subit et celui de son auteur. Ces deux dimensions ne concordent pas toujours et il arrive que quelqu'un soit violenté sans que l'auteur ait fait preuve de violence.

Le point de vue de celui qui l'exerce

Faire preuve de violence, c'est tenter d'atteindre mon but en utilisant la force pour contraindre l'autre. Mais pour que l'on parle de violence, il faut aussi que j'aie eu l'intention d'enfreindre ses limites et de le forcer. Blesser quelqu'un par inadvertance n'est pas un acte de violence. Le frapper volontairement, même à cause d'une perte de contrôle, constitue au contraire une manifestation de violence (exemple 4).

Le point de vue de celui qui la subit

Il faut distinguer deux volets chez celui qui subit la violence. Être violenté, c'est d'abord subir une atteinte à mon intégrité physique ou psychique. Cette atteinte est déterminée par deux facteurs: la nature du geste de mon interlocuteur d'une part, et mes limites personnelles d'autre part. Pour qu'il y ait violence, le geste doit être *intrusif*. Quant aux limites personnelles, elles sont déterminées par la *capacité objective d'absorber l'expérience*. La boxe, par exemple, est un sport rude. Mais les boxeurs ne font pas nécessairement preuve de violence l'un envers l'autre lorsqu'ils tentent de se mettre *knock-out*. Objectivement, ils ont tous deux choisi de s'impliquer dans un combat en respectant certaines règles, ils sont entraînés et sont de calibre comparable. En comparaison, beaucoup moins d'énergie est nécessaire pour faire perdre l'équilibre à un vieillard ou à un enfant en le rudoyant. Mais il s'agit d'un acte violent parce que ceux-ci ne sont pas «objectivement» de taille pour résister ou se défendre. Par contre, pousser vigoureusement son mari ou sa femme sous l'effet de la colère n'est pas nécessairement un acte de violence dans la mesure où il s'agit de deux adultes capables d'absorber ce coup. Mais administrer une claque au visage de son mari ou de sa femme pourrait sûrement être considéré comme violent. Ce n'est pas parce qu'ils sont physiquement incapables de l'absorber, mais parce que le geste est humiliant; parce qu'il atteint l'intégrité psychique. En somme, il n'est pas facile d'établir les limites objectives lorsqu'on veut définir la violence. Elles sont souvent confondues avec les limites subjectives, comme nous le verrons ci-après.

L'atteinte à l'intégrité est un peu plus facile à déterminer. Le boxeur se fait molester, mais cela fait partie des règles du jeu. Ce n'est pas sa personne qui est vraiment la cible des coups. Par contre, le joueur de hockey qui reçoit un coup de bâton au visage est victime de violence. Le coup est une intrusion qui n'est pas autorisée par les règles du jeu et ne fait pas partie des attentes normales de celui qui choisit de jouer au hockey. Ces distinctions mettent en évidence qu'une personne peut être violentée sans que le geste qui en est la cause soit vraiment violent. Ainsi: je lui marche sur le pied par accident; il a très mal parce que j'ai exacerbé une blessure déjà existante; il est donc violenté. Le contraire n'est pourtant pas possible. Il tente de m'intimider avec des menaces pour que je ne dénonce pas sa fraude, mais il ne me fait pas peur. Son action est violente même si elle demeure inefficace.

À QUOI SERT LA VIOLENCE?

La violence est un moyen d'obtenir quelque chose qui nous échapperait autrement ou qui nécessiterait une plus grande dépense d'énergie. C'est un moyen d'arriver à nos fins ou de nous satisfaire (Je libère mon agressivité sur le dos d'un plus faible) en nous appuyant non pas sur nos propres forces, mais sur la faiblesse ou la vulnérabilité de notre interlocuteur. Il est plus facile de renverser une vieille dame pour lui voler son sac à main que d'attaquer un homme pour le dépouiller de son portefeuille ou de travailler pour gagner de l'argent.

Lorsqu'elle est hors d'elle-même, la personne colérique m'utilise plutôt que de faire l'effort de bien identifier ce qu'elle vit et d'en cerner l'importance pour elle (exemple 1). Au lieu de me donner accès à ce qu'elle ressent, ce qui l'impliquerait beaucoup émotionnellement, elle choisit de se venger en me blessant. Elle peut ainsi libérer une partie de sa charge émotive sans se rendre vulnérable, en se servant de l'intensité de la blessure qu'elle m'inflige. Cela dit, cette façon de faire fait rarement bien passer un message. L'exemple 4 illustre un comportement comparable[66].

La peur des émotions intenses et le règne du « politiquement correct » ont fait que le terme de violence est galvaudé dans les rapports interpersonnels. Les limites objectives étant difficiles à déterminer, nous introduisons toutes sortes de distorsions et même d'abus. C'est ainsi que notre incapacité à recevoir (ou à ressentir) de l'agressivité peut nous amener à qualifier de violent un propos ou une personne qui ne le sont pas. La peur de la colère est-elle une limite réelle ? Si elle l'est pour celui qui la vit, doit-elle nécessairement le devenir pour ses interlocuteurs ? Dans un rapport sain entre adultes, la réponse est négative. Mais il n'est pas facile de tracer la ligne. La capacité d'un enfant de recevoir de la colère n'est pas la même que celle d'un adulte, mais où se situe précisément la différence ? La capacité d'un nourrisson est

---

66. Pour plus de détails sur la nature de la colère et la place de l'expression, voir « Agressivité et affirmation » et « L'expression qui épanouit », *op. cit.*

nulle. Mais quelle est vraiment celle d'un enfant de cinq ans? Lorsque nous tentons de museler la colère de quelqu'un parce que nous en avons peur, nous abusons de l'impopularité de cette émotion. Si bien que, paradoxalement, nous faisons nous-même acte de violence: pour éviter de montrer notre vulnérabilité, nous tentons de contraindre l'autre à s'abstenir de s'exprimer d'une façon émotive. Il est souvent tentant de contrôler l'autre si nous sommes impressionné par l'intensité de son comportement (exemple 2).

Violence et intensité

La violence est généralement intense, mais l'intensité ne comporte pas nécessairement de violence (exemple 2). L'intensité marque le degré de force de ce qui est vécu. Une colère, comme une peine ou une joie, peut être très intense. La colère ne devient violente que lorsqu'elle implique une transgression par rapport à l'intégrité de l'autre. Celui qui casse des objets sous le coup de la colère fait preuve de violence envers ces objets, mais pas envers les personnes si ses gestes n'ont pas pour but d'intimider. Celui qui terrorise son environnement quand il est mécontent fait preuve de violence. Celui qui dit très fort sa colère, parce qu'elle est très intense, n'est pas violent: il s'exprime avec intensité. Cette distinction est extrêmement importante parce que la peur peut nous faire rejeter toute forme d'expression intense chez les autres (et chez nous-même). Or, nous priver d'une expression intense de colère, ou en priver les autres, c'est nous condamner à ne pas pouvoir régler à fond nos conflits et partant, à garder sur le cœur des sentiments qui nous minent et détruisent nos relations.

QUE FAIRE AVEC LA VIOLENCE ?

Il ne faut jamais supporter la violence. Il n'y a aucune bonne raison à cela. Excuser mon conjoint, la mère de mes enfants, un collègue ou un étranger qui ont eu recours à la brutalité et ont abusé de moi pour arriver à leurs fins est malsain dans tous les cas. Accepter une seule fois, c'est permettre à l'engrenage de se mettre en marche. Accepter régulièrement, c'est huiler un engrenage qui ne peut que devenir infernal.

Il y a bien sûr des situations exceptionnelles dans lesquelles réagir ouvertement à la violence peut mettre ma vie en péril si je n'ai pas la force suffisante. Les régimes totalitaires, le terrorisme en sont des exemples. Mais même dans ces cas, il importe de tenter de m'y soustraire autant que possible. Il en va de ma santé mentale. Dans les cas les plus désespérés, il ne reste parfois que la révolte intérieure, comme l'a si bien expliqué Bruno Bettelheim à propos de la violence dans les camps de concentration nazis[67].

Comment procéder? D'abord *distinguer* si c'est moi qui réagis mal à l'intensité de l'émotion de l'autre ou si c'est réellement l'autre qui fait preuve de violence. Au besoin, un peu d'introspection, et d'exploration au sein de mes relations, me permettra de faire la part des choses.

Ensuite *réagir immédiatement et sans ambiguïté* à la violence. Premièrement en y mettant un terme, deuxièmement en la dénonçant et en affirmant clairement et fermement ce qui est inacceptable à mes yeux.

Je surprends mon épouse à humilier notre enfant. Je l'interromps sur-le-champ et sans vergogne et lui indique que

67. Bruno BETTELHEIM, *Le cœur conscient, op. cit.*

je veux lui parler immédiatement, dans l'intimité. Je lui explique ma vision de ce qu'elle est en train de faire, lui dis mon désaccord, lui recommande de se livrer à un peu d'introspection sur cette question : pourquoi faut-il qu'elle ait recours à un moyen aussi déloyal ? Devant une fermeture éventuelle, j'insisterai sur l'importance qu'elle se questionne sur son comportement. Si elle ne peut le faire seule, je lui recommanderai de chercher l'aide d'un psychothérapeute. Je me ferai gardien de mon enfant sur cette question. Je le ferai tant que je ne serai pas assuré que mon épouse n'aura plus recours à de tels moyens dans l'éducation de notre enfant.

Un collègue a l'habitude de faire des scènes au bureau. Il lui arrive de m'insulter comme il le fait envers d'autres collègues[68]*. Je l'interromps. J'élèverai la voix aussi haut que nécessaire et aurai des propos aussi intenses qu'il le faudra pour qu'il m'entende. Je lui dis que je suis prêt à l'écouter parler de lui, mais pas de moi ! Les insultes n'apportent rien à sa cause. Je suis intéressé à savoir ce qui le dérange exactement et dans quelle mesure. S'il est de mon ressort de régler son problème, je le ferai. Je fais en sorte qu'il soit très clair pour lui que son attitude, mais pas son insatisfaction, est intolérable, inacceptable. Lorsqu'il se montre violent avec d'autres collègues, si ceux-ci ne réagissent pas, j'interviens. Je le fais avec la même conviction et la même fermeté que lorsqu'il s'agit de moi. Je me ferai peut-être un ennemi, mais au moins, je me ferai respecter. D'ailleurs, ai-je besoin de bons rapports avec une personne qui me traite de cette façon ? Se laisser faire n'a jamais été bon pour l'estime de soi !*

68. Marie-France HIRIGOYEN, *Le Harcèlement moral: la violence perverse au quotidien*, Paris, éditions La Découverte et Syros, 1998.

Conclusion

Contrairement à la croyance populaire, il n'y a pas de danger à nous laisser guider par nos émotions. Au contraire. Nous fier à elles nous assure de faire des choix pertinents qui tiennent compte de l'ensemble de notre personne. Mais nos émotions ne s'avèrent un bon guide que dans la mesure où nous respectons les différentes phases du processus émotionnel. Sinon, elles ne peuvent nous orienter adéquatement.

Si nous laissons le processus vital d'adaptation convoyer l'émotion, le vieux débat opposant les points de vue intellectuel et émotionnel n'aura plus de raison d'être. De lui-même, et grâce au développement de l'expérience émotionnelle, ce processus conjugue tous les aspects de notre personne : physique, intellectuel (ou spirituel), moral et émotionnel. La vie émotionnelle ainsi vécue forme une synthèse, toujours à jour, des différentes dimensions de notre personne. Chaque nouvelle expérience est alors intégrée, contribuant à nous construire intérieurement et nous permettant de trouver l'harmonie.

Bibliographie

BACH, George. *L'agressivité créatrice,* Montréal, Le Jour, éditeur, 1989.

BRANDEN, Nathaniel. « The Seven Pillars of Self-Esteem », *The Six Pillars Of Self-Esteem,* New York, Bantam Book, 1994.

D'ANSEMBOURG, Thomas. *Cessez d'être gentils, soyez vrais,* Montréal, Les éditions de l'Homme, 2001.

GARNEAU, Jean (éd.), *La lettre du psy,* http://redpsy.com/letpsy/index.html, 1979

GARNEAU, Jean, LARIVEY, Michelle. *L'Auto-développement : psychothérapie dans la vie quotidienne,* Montréal, Red éditeur, 1979.

GARNEAU, Jean, LARIVEY, Michelle. *Savoir ressentir* (programme d'auto-développement), Montréal, Red éditeur, http://redpsy.com/letpsy/index.html, 1994, 2001.

GARNEAU, Jean, LARIVEY, Michelle. *L'art d'être expressif* (programme d'auto-développement), Montréal, Red éditeur, http://redpsy.com/letpsy/index.html, 2002.

GARNEAU, Jean, LARIVEY, Michelle et LA PLANTE, Gaëtane. *Les Émotions source de vie,* coll. La lettre du psy, Montréal, Red éditeur, 2000.

GENDLIN, Eugene T. *Focusing: au centre de soi,* Montréal, Le Jour éditeur, 1984.

HIRIGOYEN, Marie-France. *Le Harcèlement moral,* Paris, éditions La Découverte et Syros, 1998.

ST-ARNAUD, Yves. *J'aime : essai sur l'expérience d'aimer*, Montréal, Les éditions du Jour 1970, 1978.

ST-ARNAUD, Yves. *S'actualiser par des choix éclairés et une action efficace,* Boucherville, Gaëtan Morin éditeur, 1996.

Autres publications

Programme d'auto-développement *Savoir Ressentir*, par Jean Garneau et Michelle Larivey

Red éditeur (1994, 2001) ISBN 2-921693-27-5

http://redpsy.com/editions/sr.html

Un outil pour rétablir son équilibre intérieur.

25 fascicules et 4 enregistrements sur CD pour parfaire sa capacité à reconnaître et à se servir de ses émotions. (Aussi en version Internet: http://redpsy.com/editions/sro.html).

Programme d'auto-développement *L'art d'être expressif*, par Jean Garneau et Michelle Larivey

Un outil pour régler des situations et s'épanouir.

Version Internet (2002)

http://redpsy.com/editions/exo.html

L'Auto-développement: psychothérapie dans la vie quotidienne, par Jean Garneau et Michelle Larivey

Red éditeur (1979) ISBN 2-921693-56-9

http://redpsy.com/editions

Une présentation de l'approche Auto-développement en psychothérapie incluant la conception du transfert, le processus vital d'adaptation et les dénis existentiels.

Les Émotions source de vie, par Jean Garneau, Michelle Larivey et Gaëtane La Plante

Red éditeur (2000) ISBN 2-921693-55-0

http://redpsy.com/editions

Le rôle des émotions, y compris au travail. Le processus émotionnel, l'expression mais aussi, la confiance en soi, la fidélité à soi-même.

L'enfer de la fuite, par Jean Garneau, Michelle Larivey et Gaëtane La Plante

Red éditeur (2002) ISBN 2-921693-57-7

http://redpsy.com/editions

Les différents problèmes auxquels nous confronte la fuite des émotions ainsi que leur solution.

Ravage et... délivrance, poèmes humanistes, par Michelle Larivey, préface de Jacques Salomé

Red éditeur (2000) ISBN 2-921693-54-2

http://redpsy.com/editions

Recueil de poèmes au sujet de différentes expériences humaines.

La lettre du Psy (1997...), Jean Garneau, psychologue, éditeur (mensuel gratuit).

Revue électronique du site web de Ressources en Développement présentant, entre autres, des articles sur diverses problématiques psychologiques.

http://redpsy.com/letpsy.html

Site Web <redpsy.com>, une source d'information en psychologie humaniste.

Red Éditeur, 40, chemin Bates, suite 220, Montréal, Canada, H2V 4T5, tél.: (514) 271-8737, fax: (514) 274-8097

Remerciements

Je remercie Jean-Marie Aubry qui, grâce à son charisme, a su attirer l'attention des Éditions de l'Homme sur ce manuscrit; sa vision de lecteur averti m'a été très utile. Je remercie aussi Jean Garneau, éditeur de *La lettre du psy,* pour ses précieuses critiques et pour m'avoir fourni, dans sa revue électronique, l'encadrement qui m'a permis de mener enfin à terme cet ouvrage. Je suis reconnaissante aux lecteurs de *La lettre du psy* et aux internautes qui m'ont abondamment écrit pour m'informer de l'aide que *Le Guide des émotions* (titre de la version originale du présent livre sur notre site Internet) leur apporte. Leurs réactions ont renforcé ma persévérance à aller jusqu'au bout. Enfin, je suis redevable à Yves Comeau, médecin formateur en prévention active de la santé, pour sa révision des explications des phénomènes physiologiques et pour ses suggestions.

Table des matières